U0454123

看得懂的金融投资课

向松祚 — 著

中信出版集团|北京

图书在版编目（CIP）数据

看得懂的金融投资课 / 向松祚著 . -- 北京：中信
出版社，2020.1（2020.3重印）
ISBN 978-7-5217-1115-8

I. ①看… II. ①向… III. ①金融投资—通俗读物
IV. ① F830.59-49

中国版本图书馆 CIP 数据核字（2019）第 220463 号

看得懂的金融投资课

著　　者：向松祚
出版发行：中信出版集团股份有限公司
　　　　　（北京市朝阳区惠新东街甲 4 号富盛大厦 2 座　邮编　100029）
承 印 者：北京楠萍印刷有限公司

开　　本：880mm×1230mm　1/32　　印　张：12.75　　字　数：221 千字
版　　次：2020 年 1 月第 1 版　　　　印　次：2020 年 3 月第 2 次印刷
广告经营许可证：京朝工商广字第 8087 号
书　　号：ISBN 978-7-5217-1115-8
定　　价：59.00 元

财富的传承和转化不仅是每个人、每个家族关心的问题，也是一个国家繁荣富强的秘密。

目　录

前　言

推动人类文明进步的力量

货币金融是工业文明发展进步最重要的润滑剂和催化剂，纵观历史，凡是科技和经济飞速发展的国家都有一个共同特点，即货币金融市场非常发达，这是一个重要的历史规律。因此在今天，全球各个大国都围绕货币金融展开了激烈的竞争。

货币金融为什么会对人类文明产生这么神奇和巨大的作用？让我们先通过纵向和横向两个维度来观察一下人类文明史。

从纵向维度来看，人类文明从农耕时代走向工业时代，再走向信息科技时代。在这些重大的历史转变里，货币和金融都发挥了极其重要的作用。

首先，从农耕时代逐渐过渡发展到工业文明时代，必须依靠货币和金融的发明。根据考古发现，早在公元前700年左右，中国商朝和古希腊小亚细亚地区的人们就已经开始把贝壳、金属等物品当作货币，代替过去以物换物的交易模式，极大地促进了商品流通和经济发展。可以说，货币是商品经济诞生的关键因素。

工业文明诞生的核心推动力量，就是货币和金融市场的创新。第一次工业革命之所以会率先发生在英国，其中重要的原因是，伦敦为当时世界上最重要的金融中心，拥有极其丰富的金融工具，这些金融工具可以帮助企业家筹集资金。而且伦敦从阿姆斯特丹、威尼斯等城邦国家那里学会了金融创新。

早在800年前，为了给远洋贸易和战争筹集资金，欧洲人首先发明出债券，特别是国债，随后又发明了商业银行、中央银行债券、股份公司、股票，使得大家能够把很少的钱集中起来，去办高风险的大事，从而推动了科技进步和大规模的经济生产。这些重大的金融创新都与货币息息相关，其背后的秘密即为货币金融所具有的特点：跨期交换和风险共担。

从20世纪50年代开始，人类文明进入第三个阶段——信息科技时代，也就是我们今天生活的时代。信息科技时代的主要推动力量之一，是我们现在非常熟悉的风险投资，有时也叫创业投资。除了各种货币市场、债券市场、证券市场、股份公司、商业银行、中央银行以外，信息科技时代还衍生了更多的货币金融工具，如风险投资、私募股权产业基金、量化交易、金融期货、衍生金融工具，以及最近这些年开始兴起的区块链、比特币、P2P（点对点网络借款）等。现代信息科技的发展极大地提高了货币和金融工具的使用效率，降低了个人和企业融资的成本，鼓励了无数人创业。

所以，从纵向来看，人类文明的演变发展离不开货币金融的创新。如果没有货币金融的创新，就不可能有农耕文明时代向工业文明时代的转变，更不可能有工业文明时代向信息科技时代的转变。

从横向来看，人类文明逐渐从封闭走向开放，从小圈子走向大圈子；从部落社会走向统一的主权国家，再从主权国家走向全球化时代。实现这样的横向转变，货币金融同样是不可或缺的重要工具。

第一个转变是从部落社会过渡到主权国家，这需要货币的统一。人类早期的社会组织是部落，从部落社会过渡到统一的国家，除了政治、军事上的统一之外，最基本的条件就是语言文字和货币的统一。例如秦始皇扫平六国后便实行"车同轨，书同文"以及统一度量衡、统一货币。

通常而言，一个国家主要就是主权统一、货币统一和法律制度统一。即使在现代社会，如果出现了一个新的主权国家，这个国家需要做的第一件事就是发行自己的货币，因为货币是主权的象征。

第二个重大转变，是货币金融从区域化走向全球化，这个过程主要是由投资贸易主导的。人类历史上发生过的殖民掠夺和侵略行为，主要也是为了进行远洋贸易和掠夺贵金属。

人类文明在过去 500 年间经历了三次重要的全球化。

第一次全球化是在 15 世纪末期，哥伦布等探险家发现新大陆，推动了第一次全球化。白银是当时全球的通用货币，所以哥伦布在拉丁美洲发现丰富的银矿后，滚滚的白银便流向欧洲、流向全世界。有学者认为，美洲的白银流入欧洲是推动欧洲社会变革和工业革命的核心动力。

第二次全球化发生在 19 世纪，由英国主导展开。当时世界的主要货币是英镑，全球的金融中心在伦敦。

第三次全球化是在二战之后，美国引领和主导了全球化，随后美元便成了全球最主要的货币。

总而言之，货币金融是推动人类文明发展和进步的特殊、重要的工具。因为人类文明，特别是人类经济文明进步的本质，就是资源的流通、货物的流通、商品的流通、信息的流通，以及资源和人力的有效配置和使用。

换句话说，货币金融对于人类文明发展进步的推动作用主要体现在以下五个方面。

第一，货币金融是推动商品流通不可或缺的工具。

第二，货币金融方面的创新和发展，极大地推动了契约精神与法律制度的建立和完善。

第三，货币金融帮助人类将分散的资源集中起来使用，也就是集中力量办大事。

第四，货币金融帮助人类管理财富，进行投资管理和分散风险。

第五，货币金融制度已经发展成为人类社会最重要的基础设施之一。

接下来我会主要谈前面三个重要的推动作用，其他的之后会再详细谈。

货币推动人类文明进步最基本的作用就是促进商品流通。这个作用看似平常不过，却是最重要的。中国古代名著《管子》中有一句话是："万物通则万物运，万物运则万物贱。""万物通"，就是指物品流通、相互交换；"万物运"，就是指物品能够运到全国各地乃至世界各地；"万物贱"，就是物品的价格便宜。这句话阐述了经济学一个最基本的道理，即市场规模的扩大会推动经济增长，让商品变得便宜。但市场规模扩大的前提是有货币作为媒介来进行商品交换，如果没有货币这个润滑剂，就无法实现"万物通"。

货币金融推动人类文明进步的第二个主要作用，是极大地推动了契约精神与法律制度的建立和完善。

我们天天说市场经济是企业经济、法制经济、信用经济，要高度重视法治、重视契约，那么这种契约精神和相关的法律制度从何而来呢？

首先，契约的产生是从借钱开始的。人类最早的契约就是人们相互借钱的契约。根据考古学家、历史学家的考证，人类最早的借贷合约可以追溯到公元前3500多年，中国类似的合约至少可以追溯到公元前800年。

其次，世界各国的很多法律都跟货币金融有关，有的直接源于货币金融交易的需要。例如，世界上最早发明国债的威尼斯在1262年就颁布了《债券法》，该法成为后来欧洲类似法律的渊源。12世纪，意大利城邦国家开始发明各种货币金融工具的时候，人们将罗马帝国时期著名的《查士丁尼法典》重新找出来加以改写，该法典后来成为欧洲各国金融货币法律的最重要起源，并且从多个方面对后世法学有深远影响。美国在1789年建国之初，最早的法律也是关于国债和中央银行的。今天，世界上有关货币金融的法律非常多，比如公司法、证券法、银行法、保险法、期货法、外汇管理法等，这些法律也是法制社会、法制体系非常重要的组成部分。

货币金融推动人类文明进步的第三个作用是帮助人类

将分散的资源集中起来使用，即我们通常讲的集中力量办大事。历史学界有个热门话题"李约瑟之谜"，即18世纪前，无论是物质财富、科技水平，还是文化发展、社会管理，中国都远远领先于欧洲，但为什么近代科学和工业革命没有发生在中国，而是发生在欧洲的英国。关于该话题的讨论深入地展现了货币如何推动人类文明发展，而且证明了货币金融的发展、创新能够改变国家和世界的历史发展方向。

李约瑟是一位英国学者，长期致力于研究中国古代科学技术史，写过多卷本的《中国科学技术史》。在这套书里他提出的这个问题也被世界上很多历史学家称为东西方的"大分流"，即东方和西方的发展在18世纪出现了分流，欧洲发生工业革命开始走到前面，中国则逐渐落后。

人们提出了很多理论和学说来解释"李约瑟之谜"和东西方的大分流。例如林毅夫认为中国的科举制度妨碍了科学进步，特别是实验科学的进步。美国著名历史学者彭慕兰提出了地理决定论，认为中国的地理环境限制了资源的有效运输和充分利用。除此之外，还有很多其他的说法，学术界对此话题已讨论了几十年之久。

现在学术界公认的造成东西方大分流的一个核心原因是，中国和欧洲之间的货币金融创新和发展出现了巨大的差距。造成这种巨大差距的关键不是纸币的发明，而是货币金融市场、货币金融工具，特别是国债市场、股票市场和股份公司的出现。

欧洲一直是多国相互争夺的地区，在工业革命爆发之前，欧洲处于类似中国当年诸侯争霸的局势，国家间频繁发生战争，而战争首先需要粮草和金钱。政府为战争筹资只有两个办法：要么印钞，要么征税。但欧洲国家都比较小，货币流通范围很有限，因此通过印钞筹不到太多钱；它们又不像中国是大一统的集权国家，征税的能力很弱，征税的成本也很高。

在此背景下，威尼斯的城邦政府创造性地发明了国债，即用国家未来的税收收入和国家信用作为担保向民众借钱。债券迅速被民间机构采用，目前已知最早的公司债券诞生于意大利的一个城邦国家比萨，并逐渐从比萨、威尼斯、佛罗伦萨扩展到德国汉堡、荷兰阿姆斯特丹，18 世纪后期在英国伦敦大放异彩，伦敦迅速崛起，成为当时世界上最大的国债市场。

根据法国历史泰斗费尔南·布罗代尔的详细研究，18 世纪的英国正是利用国债筹集资金，建立起庞大的海军，最终战胜了宿敌法国，从而迅速崛起，成为主导世界 100 多年的大英帝国。与此同时，英国企业家和商人也利用债券和股票筹集资金、兴办企业和推动科技进步。人类历

史上的第一次工业革命最先在英国发生，并不是偶然的
事件。

　　货币金融是推动人类文明进步、国家进步发展的最强
大力量，它能彻底改变一个国家乃至整个人类的命运。

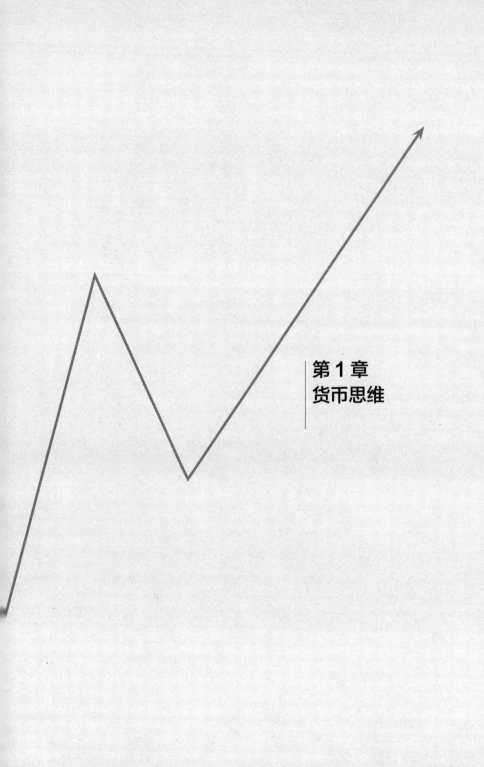

第 1 章
货币思维

哪些部分构成了国家金融体系

金融体系是每个国家运行发展的基础之一，随着货币的出现而开始建立，并逐渐变得错综复杂、包罗万象。一般情况下，一个国家的金融体系由四大部分构成：金融机构、金融产品、金融市场和金融基础设施。它们是货币金融体系的四大支柱，彼此交错，牵一发而动全身，共同构成一个有机的整体。

第一，金融机构。进行投资理财主要就是和金融机构打交道。金融机构有很多种，其中最核心的是中央银行。中央银行是一个国家最重要的机构之一，它的制度安排决定了货币的发行、流动性管理、利率调节，以及金融市场的稳定，它最根本的作用是维持货币的稳定，防止通货膨胀、通货紧缩。① 除了中央银行以外，金融机构还包括商业银行、投资银行、保险公司，以及非银行金融机构。金

---

① 通货膨胀，指现实购买力大于产出供给，导致货币贬值，从而引起物价持续而普遍地上涨。通货紧缩，指市场上流通的货币减少，购买力下降，造成物价下跌。

融机构与其他商业机构有着本质的区别，从事金融业务的机构必须有监管部门颁发的牌照才能合法经营，而其他商业机构只需要到工商部门办理工商注册即可经营，这从侧面反映了金融业是一个非常特殊的行业。

第二，金融产品。其本质就是关于投资收益和风险的合约。我们都购买过金融产品，比如最常见的银行存款，以及各种金融机构发行的理财产品、股票、保险等。现在市场上的金融产品五花八门，客户想要选择符合自己需求的金融产品并不容易，所以出现了很多专业的理财师、投资顾问，甚至还有机器人投资顾问。理财投资俨然已成为一门高度专业化的学问。

第三，金融市场。即金融产品交易和流通的场所，包括货币市场、外汇市场、债券市场、股票市场、期货市场、衍生金融品市场等。这些市场可以无限延伸，甚至每天都可能会有新的金融产品或新的金融市场诞生，每个市场也都可再单独细分。如中国股票市场可分为主板市场、中小板市场、创业板市场、新三板市场等；美国股票市场除了纽约交易所以外，还有纳斯达克交易市场、场外交易市场[①] 等。

---

① 场外交易市场，又被称为柜台交易市场，因为没有固定的交易场所，是由证券买卖双方在交易场所外议价成交的，所以这类市场被称为场外交易市场。中国的新三板市场可进行场外交易。

第四，金融基础设施。它的范围非常广，但主体是金融支付结算体系。无论是买卖商品、买卖公司，还是买卖股票，所有金融交易都需要交易、结算、登记等，这就是支付结算体系的功能。除了金融支付结算体系以外，还有信用评级、信用登记机构等。例如，全球著名的三大信用评级机构——穆迪、惠誉、标准普尔，为各个金融机构、金融产品，甚至国家进行信用等级评估。信用等级的评估结果可以直接决定金融机构发行产品的价格，以及金融产品的收益率。

稳定、强大的金融体系是一个国家经济持续发展和社会稳定的基础，也是每个人安心生活的基础。如果整个金融体系出现系统性问题，必然会引发货币动荡、汇率动荡，甚至出现严重的通货膨胀、利率飙升，从而让整个经济陷入停滞、衰退，这种情形即货币金融乱局。

历史上曾经发生过多次严重的货币金融乱局，由此导致全面的经济危机、社会政治危机，甚至政权的崩溃。例如，1929 年美国华尔街股市崩盘，导致美国金融制度的垮台，大量的金融机构、企业破产，美国陷入了长达 10 年的严重经济衰退，失业率高达 25%。

历史上的惨痛教训告诉我们，一个国家想要社会稳定、经济持续增长，货币金融制度就必须要稳定、高效。一个管理良好的货币金融体系，至少要有三个方面的保障。

第一，稳健的货币。保持货币的稳健和流动性是一个国家货币金融体系稳定、高效的基本前提，也是人们生活稳定的基础。

第二，严格透明的金融监管，包括对金融机构、金融市场、金融产品和金融创新的监管。经济学家、历史学家详尽地分析了 1997 年爆发的亚洲金融危机、2008 年由次贷危机引发的全球性金融海啸，认为引发这些金融危机的关键原因就是监管的缺位和失职。

第三，安全、高效、稳定的金融基础设施。任何国家金融安全的核心组成部分都是金融基础设施，特别是其中的支付清算体系，它的背后是一套非常复杂的制度安排，国家为了确保其平稳运行，一般都有多个备份。支付清算体系每时每刻都在处理多达数亿笔，甚至数十亿笔的金融交易，所以它对整个经济的稳定来说至关重要。美联储前主席艾伦·格林斯潘在其回忆录中提到，2001 年"9·11"恐怖袭击事件发生时，他正在瑞士巴塞尔参加一个国际会议，得知消息后的第一反应就是立即打电话给美联储委员会的同事，要其确保美国金融支付体系的绝对安全。

在现实中，世界各国有不同的金融体系，但我们在观察时都可以从这三个方面入手。了解金融体系的构成和运作，可以帮助我们更好地理解资金如何运转，更加清晰地分辨理财产品的风险与真实情况。

什么是货币最重要的功能

货币是日常生活中最常见的物品，但它扮演着重要的角色。其具备的支付、储藏和价值尺度三大基本功能使它成了经济生活中的必需品。

货币最重要的功能就是支付功能。我们在日常生活中会用到现金、信用卡、支付宝等，它们的共同特征是可以用来支付，以完成交易。

你可能会疑惑，为什么是货币而不是其他物品担当支付工具呢？

第一个原因是货币有公认的信用，大家都相信它、接受它。任何东西，无论它多么贵重，如果不能成为大家普遍接受的支付工具或支付手段，就称不上货币。所以我们判断一个物品是不是货币，是不是支付手段，首先就是要看大家是否都接受它作为交易活动的支付工具。

第二个原因是货币能够大幅度地降低经济活动中交易的成本，这也是更重要的原因。随着技术的不断进步，货币作为支付手段，经过了从贝壳、白银、黄金等实物货币，到纸币再到电子支付这三个重要的发展阶段，货币形态变化目的就是降低交易成本。

一般情况下，货币的支付手段也被称作流通手段。如今在市场经济下，几乎所有交易都是用货币来完成的，比如企业购买生产资料、出售商品和服务、给员工发工资、向政府缴税等，有交易就有流通。如果个人之间、企业之间相互拖欠，货币流通就会受阻，有的企业可能就无法支付供应商的货款，无法按时向员工支付薪水，这会影响人们正常的生活，所以货币的支付功能和流通功能都是货币本质的体现。

虽然货币作为支付手段可以降低交易成本，提高交易效率，但也可能带来巨大风险，即威胁信息安全或者数据安全。例如，每个人都使用银行卡、支付宝、微信，虽然不用担心丢现金，但是如果银行卡丢了，或者黑客窃取了金融信息，个人就可能会遭受重大财产损失。

不仅个人如此，国家也是如此。国与国之间要进行交易，必须要有一个发达、畅通、安全的交易系统。SWIFT（环球同业银行金融电讯协会）是全世界最重要的跨国金融支付交易平台之一。它的总部设在欧洲，英国、美国、欧盟是其主要成员，美国和欧盟也正是凭借这一全球金融支付体系，常常联手对其他国家进行金融制裁。例如，2014年俄罗斯和乌克兰发生领土纷争，美国和欧盟联合制裁俄罗斯，其中有一项是威胁要把俄罗斯从SWIFT里面踢出去，这样做的结果意味着俄罗斯的整个国际支付活动将完全停顿，所有贸易都将无法进行。当时俄罗斯总统普京强硬回应称，美国、欧盟要真这么做，就等于直接向俄罗斯宣战。中国为了更好地维护国家金融安全，已经建立起自己独立的跨境支付体系——人民币跨境支付系统。

　　货币作为支付手段看起来好像很简单，但以小见大，实际上它是一件非常复杂的大事。个人、企业、国家都离不开支付手段，它是经济活动的本质。支付手段的安全也极其重要，国家金融安全的重要任务就是确保货币金融信息和数据的安全。

我们为什么不再存"钱"

　　我们一部分的财富是以纯粹的货币形式存在的，以货币的形式被保存、储藏，这就是货币的财富储藏功能。

　　货币是一种财富，但大部分财富都不是货币，而是各种有形资产，如房子、股票和债券等。现在几乎没有人在家里储藏黄金和白银了，也许会存放一点现金，少则几百元、几千元，多则上万元，仅此而已。可以说，经济越发展，收入越高，我们的财富就越多，但今天以纯粹货币的形式保存的财富，只占全部财富的一小部分。

　　为什么人们渐渐不储藏纯粹的货币呢？因为这种方式

有两个缺点。

第一个缺点是货币本身不仅不会产生任何收益和利息收入，还可能造成损失。大家都说"钱能生钱"，但实际上你必须进行投资和理财，才有可能获得利息收入和投资收入。我们将财富变成货币放在家中保险柜里，这种做法不会带来任何利息和收入增长，而且在出现通货膨胀时，我们还会蒙受损失。

第二个缺点是货币有可能丢失和被盗。大量现金放在家里可能会被盗，携带大量现金出门也非常不安全。

虽然货币作为财富储藏手段有不可避免的缺点，但它也有两个显而易见的优点。

第一个优点是方便。货币可以随时使用，没有比货币更方便的财富了。日常用来支付的各种借记卡、信用卡、支付宝、微信支付账户里的钱，大部分都不会产生利息。有些账户不仅没有利息，可能还要支付一些手续费。人们之所以能够方便地用这些手段进行支付，是因为这些账户里面有以货币形式储藏的财富。

第二个优点是货币有很好的流动性。这个好处不容小觑，它不仅对个人重要，对企业和金融机构也非常重要。无论是个人投资，还是企业经营，都要保持一定的流动性，即随时有现金流。如果财富都是房子、股票或者其他有形资产，那么在急需大量现金的情况下，人们可能会着急卖房子、抛售股票，贱价甩卖资产。个人和企业都会如此，譬如一些企业虽然财务报表上资产规模不小，但当它有借款到期，账上又没有足够的现金时，它就可能陷入流动性危机，被迫贱卖资产，甚至破产。

为了获得流动性，一个国家也需要以货币形式储存财富。国家如果大量借外债，也需要保持一定程度的流动性，即要有足够的外汇储备，否则就可能陷入债务危机。1997年亚洲多国的债务危机和 2013 年俄罗斯的债务危机，都造成了不少金融机构和企业破产。

总而言之，货币是储藏财富的手段之一，利用经济学最基本的工具分析看来，以货币形式储存财富既有好处，主要的好处就是流动性带来的便利，当然也有坏处，坏处就是以货币形式储存财富就必须放弃利息或投资带来的收益。

什么是价值尺度

货币是衡量一切物品价值的尺子，甚至是衡量个人价值的尺子，通常被称为一般等价物，或者一般的价值尺度。研究清楚货币价值的变动规律，有助于我们理解资产价格、一般商品服务价格的波动，以及国家经济活动的变动。

电影《肖申克的救赎》中有这样一个情节，男主角安迪进入监狱的时候，老犯人瑞德和别人打赌，并以10根香烟作为赌注。在这个电影里面，香烟是监狱里的"货币"，几乎能换取一切东西。事实上，不只是在电影中，在美国监狱禁烟之前，香烟确实是监狱里面的硬通货。

为什么香烟能成为监狱里的硬通货呢？抛开美国监狱不准用货币的规定，香烟的几个特点决定了它能成为硬通货。

第一，价格明确，而且稳定、易保存、不容易变质；第二，容易分割，便于流通，一条香烟可以拆成好几包，一包烟又可以拆成很多根；第三，价值被广泛认同，监狱里面男性比较多，有烟瘾的犯人比较多。正是这些特性，让它在特殊的环境里成了衡量各种产品服务价值的尺子。

同样作为一般等价物或者价值尺度的货币，主要有三个实际用途：

第一，为全世界所有的商品和服务定价。据初步统计，全世界每天进行交易的商品和服务的种类已经超过了110亿种，仅亚马逊和淘宝两个电子商务平台出售的商品，就已经达到数亿种。除了商品和服务外，劳动力、智慧、知识产权都要用货币来计价。比如，你作为一个劳动力，月薪、年薪就是衡量你在市场上的劳动价值。

第二，给各种资产定价。这里的资产包含的范围非常广泛，从各种固定资产到金融资产，比如一块土地值多少钱，一座矿产值多少钱，一家公司经营状况如何等，这些都要通过货币这个标准的尺子来衡量，才能够做比较。

第三，衡量国家的经济实力和综合国力。我们可以通过货币的价值尺度来比较世界各国的经济增长速度和经济规模。例如，现在美元是全世界通用的计价标准，美国现在的 GDP（国内生产总值）大约为 19 万亿美元，中国的大约是 12 万亿美元，所以中美之间 GDP 的差距大约是 7 万亿美元。

货币要成为一个好的一般等价物，需满足两个前提。

第一个前提是货币的币值要相对稳定，最好是高度稳定。好比当我们测量人的身高、体重时，如果尺子本身像个弹簧一样变来变去，则无法完成测量，所以尺子要固定不动。货币作为价值尺度也是一样，要确保币值的基本稳定，货币才能够正常地发挥其功能，如果货币价值暴涨暴跌，根本不稳定，那么企业的经营就无以为继，日常交易、国与国之间的交易同样无法进行。这就是世界各国的中央银行最重要的职责，甚至唯一的职责是维持货币稳定的原因所在。

第二个前提是货币的使用范围要足够广泛。有些货币的使用范围仅限于一个很小的区域，就很难成为全世界标准的价值尺度。现在衡量不同国家的金融数据都用美元来

计价，就是因为美元除了稳定以外，还是全世界使用范围
最广的一种货币。

如何实现资源的跨时空配置

货币金融本身就是一门技术，能够帮助我们完成很多
工作。在学术领域，一些全球顶尖的大学都开设有非常热
门的金融工程专业。金融有时直接被称为金融技术，从事
金融工作的人被称为金融工程师。

货币金融作为一门技术，可以帮助我们实现跨时间、
跨空间的资源配置。跨时间的资源配置，是指资源在现在
和未来之间的配置；跨空间的资源配置，是指资源在不同
的个人、企业、产业、地区之间的配置。这两种资源配置
的本质都是资源在时间上的交换，在学术上叫作资源的跨
期配置，或跨时期配置。

我们可以将货币金融看作一台配置资源的时间机器，
所有的金融活动都可以从这个角度来理解：一方面现在用
未来的钱，即借钱或者负债；另一方面，把现在的钱用于
未来使用，即贷款和投资。

人们每天的经济生活都是在做现在和未来之间的资源

配置，借钱就是预支未来的收入，只不过是用未来的收入
做抵押，将来要归还。随着货币和金融的发展，我们可能
不再找个人借钱，而是找机构借钱，也就是贷款。以按揭
贷款为例，如果大家二十几岁结婚需要买房，但由于刚参
加工作不久，没有足够的资金，我们就可以利用按揭贷款，
以未来 20 年、30 年的收入为抵押，就能贷款购买房子。
贷款体现的就是货币金融跨时间资源配置的功能，没有货
币金融这样的工具，年轻人就很难马上拥有自己的房子。

　　同理，企业每天也在做这种资源的跨时间配置。普通
的企业贷款就是以企业未来的收入为抵押，以便今天的经
营活动得以进行。通常而言，企业去银行贷款，银行一定
会看企业未来的现金流或者有没有抵押品，未来的经济活
动能不能带来很好的收益，以及有没有能力偿还贷款。

　　国家也是如此，国防、外交、基础设施建设、公共服
务都需要大量的资金，国家通常只有两个渠道来筹集这些
资金：一个是征税，另一个是发行国债，即国家用未来的
税收收入作为抵押来发行债券，从而筹集现在所需的资金。
发行国债是一种用时间换空间的融资方式，民众持有的债
券是一种财富，他们愿意购买；而收税是调整财富分配模
式的手段，没有几个人愿意缴税。现在很多国家筹集资金，
不仅向本国的民众销售国债产品，也会向世界各地的民众
出售。

现在有一个很时髦的说法，就是让市场在资源配置里发挥决定性作用。这个作用其实就是最充分地利用货币金融这台神奇的资源配置机器。因为所有的资源配置，本质上就是跨时间、跨空间的配置，要实现市场在资源配置中的决定性作用，关键是要建立一个完善、高效的金融体系。这就是中国、美国以及其他国家都高度重视本国金融市场、金融产品的发展和创新的原因。

如何对冲未来可能的风险

货币金融是一门技术，是一台神奇的机器，还是一种魔法。它能帮助我们管理风险和分散风险。我们可以从时间和空间两个维度来理解风险。

跨时期的管理，被称为管理风险。把一种风险在不同的人群之间、不同的机构之间、不同的企业之间进行分散，被称为分散风险。这二者之间有微妙的差别，我们需要从不同的角度来理解。

从时间上来管理风险，就是让未来变得可预期、有保障，让生活变得比较有确定性。人类生活最基本的一个现实就是未来的不确定性，我们不知道明天会发生什么事情，如果明天生了大病、失业、财产遭受重大损失，或者遇上难以预料的重大自然灾难，那么我们该怎么办？如何化解这种不确定性？货币金融就为我们提供了非常神奇的工具，能让未来的生活变得可预期、有保障，帮助我们消除焦虑。

人们从时间上管理风险，拥有很长的历史。据说最古老的退休保障年金制度可以追溯到古埃及托勒密王朝时期的婚姻合约。在当时的婚姻合约中，丈夫必须有一笔财产，以确保在他遭遇不测，或者妻子年满多少岁之后，妻子每年都有固定的收入，以保障她的生活能够非常安定，这大概就是今天社保体系的最早版本。在古罗马和古希腊时期，人们就已经发明了各种各样的年金制度。

年金制度是最古老的退休保障制度，有的是国王用土地的收入为担保给士兵发放年金，有的是强制要求士兵和公民购买年金。最著名的是18世纪的法国，该国曾经发明了一种年金，小孩出生之后购买该年金，只要他能够活到特定的年龄，每年就能获得一笔固定收入。据说早在1535年，荷兰阿姆斯特丹政府的财政支出中，年金支出就已经超过了全部财政支出的60%。现在世界上很多国家的社保体系与这个古老的年金制度非常相似，具体的操作机制就是年轻人工作的时候，自愿或者在政府的强制要求下购买社会保险，当他们退休或达到某个年龄时，就能每年获得固定的收入，让退休生活有基本的保障。

　　除了政府的年金、政府强制要求大家购买的退休保障之外，还有大量的商业退休保险、疾病保险、伤害保险等。生活充满各种不确定性，什么事情都有大大小小的风险。在金融工具发明之前，当我们无法工作、生病或遇到自然灾害时，只能听天由命。

　　自从有了货币金融，金融工具便慢慢出现，并发展出保险产品，可以让人们在很大程度上管理未来生活的各种风险，让各种风险变得可预期。企业同样需要跨时间的风险管理。企业未来的生产资料、贷款成本等，都可能发生剧烈变化，有可能因此而面临亏损，甚至面临巨大的危机。在几百年以前，人们就发明了各种风险管理工具，来帮助企业、投资者管理未来的风险。它们发展到现在，就是石油期货、黄金期货、工业金属期货、铁矿石期货、橡胶期货、大豆期货、玉米期货等各类期货产品。

　　这些都是在世界经济体系里最重要的大宗商品，或者通常被称为战略性商品。通过期货来确保企业未来的生产资料价格是可预期、可保障的。如果你担心价格上涨，可以现在购买相关期货，把未来的生产资料价格确定下来。除此以外，还有金融的期货。金融期货针对企业经营，我们发明各种金融期货来确保企业不因汇率风险、利率波动而承受巨大损失。

　　如今，全球的外汇期货产品已经非常丰富，除了套期保值以外，它还能够对冲风险。此外，还有各种利率掉期的期货产品。假如你担心未来的利率会上升，那现在可以购买一个期货，把未来的贷款成本固定下来。所以无论是个人还是企业，都可以通过各种金融工具跨时间管理风险。

分散风险与跨时期的风险管理有微妙的差别。分散风险是把个人的风险分散到无数人身上，把个人财产的风险分散到无数的个人和无数的机构之中。历史上，人们已经发明了数之不尽的风险产品，比如火灾保险、地震保险、飓风保险、意外事故保险。除了这些保险以外，还有为保险公司再分散风险的再保险公司。分散风险的主要办法就是把单个财产的损失，让众多的个人和机构分担。

2005 年，"卡特里娜"飓风登陆美国，几乎摧毁了某个镇上所有的房屋，但是因为人们曾为房屋购买保险，所以在飓风过后，保险公司马上就进行了理赔，人们有了这笔资金就可以马上购买新房，生活也不会因此受到重大的影响。同样，很多公司都会为公司的设备购买各种保险，以避免重大自然灾害造成的损失。

第 2 章
货币金融

东西方货币是如何发展的

1976年，考古学家在河南省安阳市发掘出商朝的一座皇家陵墓。20平方米大小的棺椁里装着一具女性尸体，周围有16名殉葬者。随葬品非常丰富，有400件祭祀用的青铜器、590块玉器、560块骨头雕刻的艺术品以及7 000多枚贝壳。这个皇家陵墓的女主人是商朝赫赫有名的一位女性，她的名字叫妇好，是商朝君主武丁的妻子，也是商朝著名的女将军。当然，货币学家最感兴趣还是妇好墓里的7 000多枚贝壳，因为这就是当时流通的货币，也是迄今为止在中国找到的历史最悠久的货币，证明了中国的货币历史至少有3500年。

在中国，贝壳曾经长期承担货币的职能，中国的文字可以佐证这一点。在中国的文字里，跟金钱相关的字多数都是"贝"字旁，如货物的货、财富的财、贷款的贷、赌博的赌、负债的负等。经济学者认为，在商朝之前人们就已开始使用货币，不过目前还没有找到确实的证据。

货币的发明是人类经济活动的必然结果，早期的部落社会和原始社会实行以物换物，人们很快发现以物换物成本太高，为了降低货物交换的成本，人们逐渐找到一种大家共同接受的交换媒介和一般等价物，也就有了货币。马克思曾经感叹说："商品价值从商品体跳到金体上，像我在别处说过的，是商品的惊险的跳跃。"① 这一跳让人类从原始经济时代跳到了商品经济时代，或者说货币经济时代。

最早的货币都是某种商品或实物，后来才逐渐发展到使用金属货币和纸币。中国最早的金属货币是在公元前约700年发明的青铜币。有趣的是，几乎同一时期，地中海小亚细亚半岛的吕底亚王国发明了金银合金铸币，印度也出现了类似的金属货币。所以历史学家猜测，当时可能出现了横跨欧亚大陆的技术进步。

自金属货币发明以来的2 000多年时间里，中国的货币金融创新有5座重要的里程碑。

第一座里程碑是秦始皇统一全国的铸币制度。秦始皇将圆形方孔半两钱推行至全国，废除了战国时期形形色色的货币，同时规定铢和两为主要的货币单位。这种形状的货币和计量单位在中国通行了1 000多年。

第二座里程碑是唐朝发明的飞钱。飞钱相当于今天的汇票，它的发明主要是因为当时商业发达，人们携带大量

---

① 马克思，恩格斯.资本论（第一卷）[M].北京：人民出版社，2004.

金属货币不便于交易，与今天不带现金而采用汇款的道理相同。

第三座里程碑是北宋初年成都商人发明的交子。交子是世界上最早的纸币，它的发明是中国货币史上划时代的大事。宋朝建立于 960 年，965 年就吞并了统治四川地区的蜀国。蜀国原本有自己的货币体系，用铁铸造货币。宋朝吞并蜀国之后，要求百姓使用铜钱，但当政者确立了错误的铜钱比价，使得铜贵铁贱，铜钱完全退出了市场，铁钱急剧贬值。之后，朝廷依然要求百姓用铜钱缴税，结果激起民变，最终朝廷彻底关闭了铁钱铸币厂。起义被平息后，朝廷没有立刻重开造币厂，整个四川地区货币奇缺，经济活动几乎陷于停滞。在这种情况下，商人自己发行了私人票据交子。交子最初只是在商家之间流通，很快又流通到百姓当中，后来朝廷觉得有利可图，专门成立了负责发行交子的机构，称交子务，或交子货币局。

第四座里程碑是明清时期的票号和钱庄。江浙钱庄和山西票号是 20 世纪之前中国最有名的货币金融机构，具有银行的某些特征。

第五座里程碑是改革开放之后中国迅速建立起现代货币和金融体系以及多层次的资本市场。

与中国的货币历史不同，西方货币金融的发展历史完全是另一条轨迹。

根据历史记载，公元前 700 年左右，小亚细亚地区的吕底亚王国发明金属铸币。吕底亚王国的创建者名叫巨吉斯，但真正对货币制度产生不朽影响的不是他，而是他的第四代传人——王国最后一代君主克罗索斯。克罗索斯比他的先辈们更具侵略性，他很快征服了希腊的各个城市，攫取了大量的黄金和白银，这为他创造金币、银币并存的货币体系奠定了坚实的基础。他首创的黄金白银合金的货币体系，被后来的波斯帝国等希腊城邦国家继承下来，深刻影响了欧洲 2 000 多年的货币和金融发展。

欧洲货币金融 2 000 多年的发展历史也有 5 座重要的里程碑。一是 12 世纪、13 世纪以威尼斯、热那亚和佛罗伦萨为中心的城邦国家发明的债券市场，特别是国债市场。二是 17 世纪初期，荷兰阿姆斯特丹发明了中央银行和股票市场，并且迅速崛起成为全球金融中心。三是 1688 年英国光荣革命之后出现的金融革命，使伦敦成为全球最重要的金融中心，助推英国成为大英帝国，称霸世界一个多世纪。四是 1944 年，布雷顿森林体系宣告美元取代英镑的霸主地位，世界正式进入美元时代。五是 1999 年欧元这个超主权货币的诞生和 21 世纪人民币开始走向国际市场。尽管美元依然占据绝对的主导地位，但世界开始进入多元货币或战国货币时代。

展望未来，人民币能否成为与美元并驾齐驱，甚至超越美元的国际货币，将是人类货币历史演变最有趣，也是最有意义的问题，让我们共同期待。

银行、债券与战争有什么关系

　　研究人类货币金融发展史时，你会发现一个基本的规律，即几乎所有重要的货币金融创新都是被战争逼出来的。生活中离不开的现代商业银行，特别是跨国商业银行体系和网络的发明，就是因此而萌生的。

　　现代商业银行的发明过程可以用不可思议来形容。

　　1099 年，欧洲各地虔诚的信徒开始涌向耶路撒冷朝圣。他们从欧洲出发，如果走陆路要跨越意大利、希腊、叙利亚、黎巴嫩等多个国家，如果走水路就要穿越地中海或者里海。路途遥远，朝圣者的人身安全和财产安全就成为大难题。所以，大约 20 年后，教皇为了保护朝圣者的人身安全和财产安全，下令成立了一个新的组织——圣殿骑士团。加入圣殿骑士团的人首先要做三件事：第一，宣誓放弃一切个人财产，永远保持清贫和贞洁；第二，保证任何时候离开圣殿骑士团的时长不能超过一个晚上；第三，时刻准备为保护来朝圣的基督徒献出自己宝贵的生命。

圣殿骑士团最初的任务有两个：一个是为朝圣者提供人身保护，类似保镖；另一个就是为朝圣者提供财产运输和财产保管服务，同时他们还协助十字军守卫某些关键的据点、城堡、港口、要塞等。

显然，圣殿骑士团成立之初只提供相当于中国古代的保镖和镖局的简单服务，而且当时所有成员都发誓自己不会拥有任何财产，保持清贫、保持贞洁，但在历史的演变过程中，圣殿骑士团很快变成了真正意义上的商业银行。

圣殿骑士团最先发明了汇票服务，这类似于中国唐朝发明的飞钱服务。朝圣者从欧洲大陆到耶路撒冷要经过漫长的路程，携带大量金银珠宝显然不方便，也不安全，所以圣殿骑士团就在伦敦、巴黎、威尼斯等地方建立了城堡和教堂，基督徒可以将财产存放在这些据点，等到了耶路撒冷后再提取。

圣殿骑士团推出的第二项服务就是给信徒们提供财产保护服务，类似今天的银行保管箱服务。很多欧洲贵族、富豪的珍贵财产就保存在圣殿骑士团的教堂和城堡里，比如英国国王的宝石，甚至王冠。

第三项服务是存款和贷款。刚开始他们主要是为王室、贵族服务，后来也为普通人服务。

第四项服务是出售养老保险，或者叫养老年金。

第五项服务是帮助一些君主和贵族进行投资管理和理

财，作为回报，君主和贵族往往也会给予圣殿骑士团非常慷慨的捐赠。

第六项服务是参与土地经营和一些基础设施项目的直接投资。

这些服务几乎就是今天商业银行的全部业务，所以圣殿骑士团在成立后的几十年里面，迅速演变成当时欧洲最大的商业银行网络，而且是真正跨国的商业银行网络，它的分支机构遍布欧洲各地，从伦敦到巴黎，再到叙利亚、威尼斯和耶路撒冷。

遗憾的是，圣殿骑士团未能一直存在，在创办 100 多年之后，由于得罪了法国国王腓力四世和英国国王爱德华一世，更关键的是得罪了教皇本人，圣殿骑士团的财产被全部没收，很多成员被抓捕和审判，他们因此而解散。不过，圣殿骑士团虽然消失了，他们发明的金融服务却被永久地保留了下来。圣殿骑士团提供的金融服务被视为现代商业银行真正的鼻祖。

除了现代商业银行以外，12 世纪和 13 世纪意大利城邦国家威尼斯发明的国债，也是被战争逼出来的，它是欧洲和整个世界金融历史上最重大的创新之本。

西罗马崩溃之后，意大利涌现出很多城邦国家，它们虽然只是城市，却拥有庞大的殖民地。这些城邦国家进行对外扩张、远洋贸易、远洋探险，必然也会和其他国家发生利益冲突，冲突通常演变为血腥的战争。1171年，威尼斯在亚得里亚海与拜占庭帝国发生了激烈的冲突，当时拜占庭帝国的皇帝扣押了一大批威尼斯最富有的商人，把他们关押在君士坦丁堡，所以威尼斯的总督必须要组建军队，和拜占庭帝国打仗，以解救这些最富有的威尼斯商人。一般情况下，组建庞大的军队作战都是靠征收税款，但在此时此刻，紧急征税也来不及，威尼斯的总督急中生智想出了一个办法，他强迫所有居民按照他们纳税额的比例借钱给政府，也就是政府强行向每个居民借钱。

但是这个强制的措施与以前的不同，就是政府承诺每年会为这笔借款支付5%的利息，直到本金还完为止。威尼斯的总督利用强制借款组建了远征军，不过他并没有赢得战争，这支庞大的舰队还没有交战就因为瘟疫的暴发而彻底崩溃，这个总督后来也被威尼斯的暴民打死，但他发明的债券却被保留下来，成为后来威尼斯政府筹资的主要方法。

1262年，威尼斯政府颁布了债券法，允许债券自由转让和自由交易，有一部分债券甚至变成了所谓的永久政府债券，也就是政府永远不还本，每年按时支付利息。此后，每次遇到重大战争，威尼斯政府都通过发行国债来筹集资金，这种方式很快被热那亚、佛罗伦萨、比萨等其他城邦国家借鉴，成为它们首要的融资工具。

　　这一融资工具为何会迅速扩散并被众多国家重视呢？
首先，老百姓愿意购买国债，他们觉得持有国债就是持有
一笔财富，不像政府征税那样会直接把财富拿走。其次，
债券可以交易和转让，极大地增加了债券的流动性，人们
需要资金的时候就可以卖掉债券。

　　基于债券的这两个特征，威尼斯的国债很快就吸引了
大量的资金。可交易、可转让、大量资金进入就意味着利
率较低。当时采用国债来融资的这些城邦国家，它们的市
场利率只有 5%，而欧洲其他城市的利率至少在 15%。一
个具有流动性的、可交易的国债市场，可以使利率大幅下
降。这其实是金融市场的一个规律：任何金融产品如果不
能自由交易或流动性不足，投资者购买或投资的意愿就会
不足，融资成本或金融产品的利率就会很高；一旦金融产
品可以自由买卖，融资成本或利率就会下降。这能让我们
更好地理解今天的利率市场化和国债市场。投资国债、公
司债，以及其他任何的金融资产，都要考虑金融资产的流
动性是否良好。

　　经过数百年的发展，威尼斯发明的国债从意大利的这
些城邦城市转移到阿姆斯特丹、伦敦，到纽约，再到世界
其他地方，不断发扬光大，国债从此成为很多国家和全世
界金融市场最重要的支柱之一。

中国银行的雏形是什么

银行是经济中最为重要的金融机构之一。西方银行业的出现，为经济发展、金融创新提供了诸多便利。中国商业银行的雏形是票号和钱庄。

票号和钱庄都属于民间金融机构，两者活跃的地区主要是在山西和江浙，所以人们经常会把它们称作山西票号和江浙钱庄。电视剧《乔家大院》和《胡雪岩》中就展现了这两种商业形式。

钱庄的起源其实很早，发展繁荣的阶段是明清时期，其代表人物胡雪岩的故事至今仍被人们津津乐道。胡雪岩以经营钱庄闻名于世，他具有卓越的经商才能，深谙人情世故，尤其善于结交高官显贵，凭借钱庄、丝绸贸易等多种生意，短短十几年就将生意做到大半个中国。清朝赏给他二品顶戴，他也一跃成为赫赫有名的红顶商人。曾经有一句话广为流传："当官要学曾国藩，经商要学胡雪岩。"左宗棠抗击俄国侵略者，收复新疆伊犁的时候，胡雪岩曾经帮助清政府从汇丰银行借款 500 万两，这是中国有史以来第一次从外国银行借款。胡雪岩的财富神话，打响了江浙钱庄的名声。1883 年，胡雪岩经营的阜康钱庄倒闭，一年内 68 家中小规模的钱庄也跟着倒闭，当时在中国引发了一场金融危机。

票号主要由中国著名的晋商开设，晋商以善于理财而闻名。19 世纪后期，全国最著名的 10 家票号全部是山西人开办的。民国时期曾经担任财政部部长的孔祥熙，其家族就是山西太谷的票号世家。清朝晚年创办的大型银行的第一任行长就是山西榆次人贾继英，他以前就是经营票号的著名人物，中国人民银行的第一任行长南汉宸也是山西人。当年山西票号主要集中在平遥县、祁县和太谷县，这三个地方正好连成一条线，被称为"中国的华尔街"。1900年，八国联军侵占北京，慈禧太后逃跑的时候就曾经向晋商借了一笔巨款，可见当年山西票号是富可敌国、风光无限。

19 世纪末 20 世纪初，随着西方现代银行和金融机构进入中国，盛极一时的江浙钱庄和山西票号很快就被边缘化，后来完全退出历史舞台，成为中国货币金融史上令人叹息的故事。

必须肯定的是，江浙钱庄和山西票号是中国货币金融史上的重要创新。江浙自隋唐以来就一直是中国最繁华、最富庶的地方，北宋著名词人柳永就曾经写下"东南形胜，三吴都会，钱塘自古繁华"，盛赞江南的富庶。经济的发达也让钱庄在江浙一带应运而生，钱庄的生意在初期主要是兑换货币，后来逐渐发展到汇票、存款、放款等。

山西票号的前身，有人说是唐朝的飞钱，也就是汇票，但实际上，山西票号的直接起源是清朝道光年间，晋商从事的染布颜料运输、贩卖的生意。染布颜料市场主要在北京、天津这样的大城市，但原材料都是从四川购买的，从四川到北京路途遥远，携带大量银子非常不方便，所以他们就想到了汇兑。票号起初主要是做汇兑，后来逐渐发展到货币兑换、存款、放款、理财和保管。我们可以看到，钱庄和票号的最初业务起点有所不同，但是基本上业务和现代商业银行的业务都差不多。

除了金融业务的创新和拓展之外，钱庄和票号在组织结构和经营管理上也有一些非常重要的创新。钱庄和票号一般采取合伙制或合股制聘请职业经理人，既有相当严格的管理制度和职业守则，也有相当规范和严格的企业文化。比如，有些票号和钱庄规定员工不准赌博、不准纳妾、不准吸食鸦片。

很多钱庄和票号高度重视教育和员工培训，对老师极其尊重。比如，电视连续剧《乔家大院》讲述了山西最有名的票号巨头乔致庸的经商史。他创办的大德通、大德恒两家票号曾遍布中国各地的码头、商业区，资产多达数千万两白银。乔家有很多家规、家法，其中有一段话是这么写的："想发家要致富，打好教育是基础。只要认真读好书，子孙才能有前途。学好四书和五经，胜过家里顶财神。期盼儿女能成人，知识就是金和银。"重人品、守信用、重知识与人才是多数钱庄和票号共同的家族文化和企业文化，这些都是很了不起的理念，非常值得今天的我们借鉴。

此外，钱庄和票号在经营管理的技术方面也有不少的创新，有一些钱庄和票号的分支机构遍布全国，其业务甚至扩展到日本的大阪和东南亚很多地方。当时一些钱庄和票号的财富，达到数百万甚至千万两白银的水平。晚清政府一年的财政收入最多时也才不过 3 000 万两白银，说钱庄、票号富可敌国绝非虚言。

为什么在西方现代银行大举进入中国之后，钱庄和票号就很快被边缘化，随后逐渐消失了呢？原因很复杂，但最重要的原因是 19 世纪后期中国积弱积贫，没有跟上工业化和现代化的步伐，国家的经济落后，银行业不可能繁荣发达；此外，晚清政府腐败无能，签订了大量丧权辱国的不平等条约，很多重要的国家利益都拱手让给外国侵略者；还有就是国内先后发生多次内乱，军阀混战，金融机构根本没有和平的发展环境。

除了这些重大的历史原因之外，钱庄和票号之所以无法与西方的现代银行、金融机构竞争，首先是因为钱庄和票号始终是家族企业、合伙制企业，从来没有形成真正的股份公司制度，所以资本规模非常受限。其后果就是，当 19 世纪后期西方拥有庞大资本的现代银行进入中国市场的时候，钱庄和票号往往无法和它们抗衡。

　　除了制度落后，钱庄和票号的理念也不够现代化。第
一，钱庄和票号虽然运行了几百年，但是它们从来没有发
展出抵押贷款的理念，钱庄、票号发放的都是信用贷款。
仅仅依靠信用，没有任何实质抵押品，一旦遇到金融危机
和借款人出现经济困难，钱庄和票号往往就血本无归。第
二，它们完全没有发展出现代储备银行和资产负债的管理
理念，结果一有风吹草动，就会出现严重的挤兑，这往往
会导致破产关门。第三，它们也没有发展出现代中央银行
和最后贷款人的制度，当遇到金融危机、公众挤兑时，钱
庄和票号就只能听天由命。第四，它们的主要业务是为政
府官员和少数的巨贾服务，既没有为普通老百姓开发出任
何金融产品和服务，也没有扶持起像样的工业。第五，它
们一直没有形成真正的金融市场，特别是没有建立起债券
市场和股票市场，这是最重要的一点。清政府只好向外国
银行或金融财团大量借款，而这竟成了清朝覆灭的重要催
化剂之一。

　　清朝灭亡的导火线是对外借款。1911 年，清朝政府想
要将湖南、四川等地的铁路收归国有，同时向日本横滨正
金银行借了 1 000 万日元来修铁路，实际上就是将铁路建
造和经营的管理权拱手让给日本人，由此引发著名的保路
运动，直接导致辛亥革命的爆发和清朝的灭亡。

　　我们从钱庄和票号的兴衰历程中可以看出，欧洲和中

国的货币金融的发展道路有着根本性差别。欧洲发展出国债市场、公司债市场、股票市场、股份公司、金融市场，成为动员资源和配置资源最有力的工具，政府的运转可以依赖金融市场。而中国恰恰相反，始终没有发展出现代化金融市场和金融工具，政府始终过度依赖税收，金融机构寄生在政府身上，没有任何独立性。钱庄和票号的兴衰，正是东西方在经济发展上出现"大分流"的一个缩影。

全球首个金融中心为什么在荷兰

圣殿骑士团意外发明了现代商业银行，城邦国家威尼斯因战争所迫发明了国债，这两大金融创新开启了公元1000年后欧洲第一次货币金融大创新的时代。17世纪的荷兰阿姆斯特丹、18世纪的英国伦敦和随后的美国纽约，则开启了第二次货币金融大创新时代。在这三座城市中出现了真正的货币金融革命，现代金融机构、金融产品、金融市场和金融基础设施的创造发明，直接引发了人类第一次工业革命和第二次工业革命，从根本上改变了欧洲和美国的面貌，也改变了整个世界经济的格局。

全球首个金融中心出现在荷兰的阿姆斯特丹。荷兰的领土面积很小，不是一个自然资源丰富的国家。首都阿姆斯特丹的许多土地是填海造出来的，其最大的优势就是它的地理位置，它拥有优良港口，很早就是北欧地区海外贸易的枢纽。

虽然从地理上来看荷兰是一个小国，但在经济金融产业，它却是一个不折不扣的大国。在16—18世纪，荷兰是世界上最强大、最富裕的国家之一。直至今天，荷兰仍拥有众多著名的跨国公司，如荷兰银行、联合利华公司、荷兰皇家壳牌石油公司和飞利浦集团等。

荷兰的金融革命使这个欧洲小国成为世界上最强大的国家，随之而来的就是荷兰的黄金时代。从16世纪下半叶开始，阿姆斯特丹成为整个欧洲最重要的贸易中心、金融中心、航运中心和财富中心。历史学家认为，在此后至少长达150年的时间里，阿姆斯特丹是欧洲，乃至全球贸易、货币、金融的主导者，甚至还是很多领域的垄断者。

当时的阿姆斯特丹至少有八大金融创新是根本性的和革命性的。第一，1609年创办了世界上第一家中央银行——阿姆斯特丹银行。第二，创办了世界上第一个比较完善的股票市场。1609年，荷兰东印度公司发行了世界上第一只可以自由转让的公司股票。第三，借鉴威尼斯、热那亚和佛罗伦萨的经验，进一步完善了国债市场，包括政府债券市场。今天世界上仍然存在的最古老的市政债券，就是荷兰乌特勒支水务委员会为修建莱克河大坝所发行的永久债券，发行日期是 1648 年 5 月 15 日，年利率为 5%，至今仍然在支付利息。第四，建立了世界上最早的、较为完善的社会保障体系和年金市场。早在 1535 年，阿姆斯特丹就有 60% 的财政开支用来支付年金债券。第五，发明了世界上最早的共同基金，众多普通投资者将资金集合起来进行多样化投资。按照荷兰语的说法，荷兰最早的共同基金名称是"团结就是力量"。第六，是期货市场的发源地。第七，是期权市场的发源地。第八，是国际银团贷款的发源地。1776 年，为了摆脱英国的殖民统治，美国爆发独立战争。为了给战争融资，美国向欧洲其他国家借钱，荷兰就是其中之一。很多荷兰的金融机构联合向美国放贷，这就是银团贷款的起源。

当然，这八大金融创新并不足以概括阿姆斯特丹传奇般的金融历史，但足可以说明阿姆斯特丹金融的辉煌，此后所有的金融创新不过是对它的学习和借鉴。这也说明一个道理：自然资源的多寡并不是一个国家富裕发达的充分条件，甚至不是必要条件。阿姆斯特丹之所以能催生出如此多的金融创新，简单来说有三个原因。第一，阿姆斯特丹是欧洲最重要的港口和贸易中心，荷兰以远洋贸易和全球探险起家，荷兰人的基因里一直都拥有冒险精神，他们将其称为海盗精神，做金融创新必须要有想象力和冒险精神。第二，荷兰是欧洲最早创办共和国的国家，人民享有充分的创业和创新自由。第三，荷兰是欧洲对犹太人比较开明的地区，犹太人最擅长金融创新。事实上，本节提到的金融创新的发明者，绝大多数都是荷兰籍犹太人。

17世纪和18世纪阿姆斯特丹令人眼花缭乱的金融创新，为当代世界确立了完整的货币金融基因体系，这些基因后来传到了伦敦，又传到纽约。可以毫不夸张地说，阿姆斯特丹是"现代金融之母"。

为什么说英国崛起靠金融革命

全球金融中心从阿姆斯特丹转移到伦敦，是一场战争的结果。1687年，荷兰正处于鼎盛时期，荷兰君主威廉组织了一支规模相当于西班牙无敌舰队规模4倍的庞大海军，穿越英格兰海峡向英格兰进军。

荷兰进军英格兰的目的是推翻信奉天主教的国王詹姆斯二世，解放那里的新教徒。当时英国反对天主教国王的暴动此起彼伏，国王的军队也纷纷倒戈，詹姆斯二世只能选择逃命。荷兰兵不血刃拿下英国后，威廉和王后玛丽（詹姆斯二世的姐姐）成了英国的联合君主，这就是英国历史上著名的光荣革命。光荣革命不仅代表着英国君主权力的削弱和现代君主立宪制度的真正开端，也揭开了英国震惊世界的金融新时代的序幕。

跟随荷兰征服英国的是一大批荷兰籍犹太金融大亨和商业精英，他们将阿姆斯特丹的货币金融基因全部带到英国，并发扬光大。《鲁滨孙漂流记》的作者丹尼尔·笛福将光荣革命之后英国的金融繁荣时期称为杰出时代。荷兰君主和金融精英们将阿姆斯特丹所有的金融机构都带到了伦敦，包括中央银行、股份公司、股票市场、国债市场、期货市场、期权市场、保险公司等。不过，伦敦金融革命的关键因素，还是在于英国新国王威廉和王后玛丽的亲自推动。

1694 年，威廉和玛丽联合伦敦最著名的商业精英组建英格兰银行，其目的之一就是筹集战争经费。英格兰银行从创办之日起，就是一家全能银行：发行货币、代理发行政府债券、为国王发放贷款和筹集资金，以及其他各种金融业务。该银行在成立之初就采取股份制，股份可以自由转让。所以在短短两周内，英格兰银行就从 1 208 名股东那里筹集到 120 万英镑的股本金，这在当时是个天文数字，而且国王和王后是大股东，占有的股份超过 10%，保证银行不会破产。如此显赫的股东背景和强大的资本金让英格兰银行从诞生之日起，就是英国和世界最强大的金融机构，拥有无限的货币创造和金融扩张能力。

有了英格兰银行这个强大的中央银行作为后盾，伦敦其他的金融市场也迅猛地发展起来，尤其是国债市场。英格兰银行和国债市场成为英国发起战争、对外扩张的提款机。光荣革命之后，英国几乎和欧洲大陆上所有的大国，包括法国、西班牙、荷兰等国家对抗，并且都赢得了胜利，大英帝国由此诞生。英国赢得战争的关键力量之一，就是英格兰银行和伦敦金融市场可以源源不断地供应战争所需的资金。

对于伦敦金融革命和大英帝国崛起之间的关系，历史学家早有共识，他们认为伦敦划时代的货币金融创新，是"日不落帝国"崛起的关键力量和最重要的催化剂。举个例子，费尔南·布罗代尔的名著《15—18世纪的物质文明、经济和资本主义》中曾提出一个问题：在18世纪英国经济明显高涨的众多标志里，我们应该记住哪些？哪些标志应该列在首位，哪些力量是最关键的？

布罗代尔的回答是：英国得益于一系列特殊的机遇，正是这些特殊机遇让英国走上了现代化道路。首先，英镑是一种现代货币，英国的银行体系是朝着现代化迈进的金融体系。英国国债作为一种永久性的债务坚如磐石，公债是英国经济健康的最佳标志，这正是英国金融革命的最佳成果。

　　布罗代尔用了很长的篇幅来描述英国的金融市场、金融革命对英国兴盛的重要性。他曾经说，国债就是英国取得历次战争胜利最重要的法宝，法国在与英国的战争中以失败告终，就是因为法国没有一个完善的国债市场，其信贷体系和金融体系非常不完善。所以伦敦的金融创新全方位地展现了现代货币金融的神奇魔力。

　　伦敦金融革命的巨大作用不局限于给一国政府和国王融资，其更重要的作用或许在于激发了无数企业家创新和创业的热情。根据金融史学家的研究，光荣革命之后，伦敦创业热潮高涨，堪比 1990 年席卷全球的互联网创业热潮。1694 年英格兰银行成立的公开股票交易公司多达数十家，这在当时是独一无二的。

　　这些新的股份公司覆盖了当时所有的新兴行业，包括矿业、渔业、林业、农业、纺织业、机械制造、海外贸易、基础设施、房地产、租赁行业和金融业。早在 1623 年，英国就颁布了《垄断法》，以确保发明家能够从自己的发明中获得排他性利益，这是对知识产权的保护。金融创新成功地实现了金融资本与企业家创新和知识产权的完美融合。1695 年股份公司的资产仅占英国全部财富的 1.3%，到 1720 年其占比已经达到 13%，股份公司的财富在短短 20 多年间增长了 10 倍。股份公司、股票市场、企业家的创新精神和知识产权，是推动技术进步、产业发展和经济腾飞的 4 个关键因素，它们直接催生了人类历史上第一次工业革命。

总之，光荣革命是英国政治史上一次划时代的革命，同时也引发了英国和世界史上一次划时代的金融革命。这场金融革命有两大深远的影响：以英格兰银行为核心支柱的英国金融市场，特别是国债市场，源源不断地为英国的全球扩张提供资金，成为推动英国成为世界强国和获取世界霸权的关键力量；以股份公司和股票市场为核心的资本市场，极大地激发了企业家的创业热情和创新精神，引发了史无前例的创业和创新热潮。

以今天的眼光来看，这正是我们所说的多层次资本市场和具有广度和深度的金融市场。因此，300 多年前的伦敦金融革命，对今天思考中国的金融改革和金融发展，具有非常重要的意义。

美国金融霸权的化身和代言人是谁

纽约的历史很有意思。300 多年以前它并不叫这个名字，而是叫新阿姆斯特丹，因为纽约当年是荷兰人的殖民地。

1664 年，一支英国海军远征队占领此地。荷兰人投降的那一天，正好是英国约克公爵的生日，所以他们就把这块地方送给约克公爵作为礼物，把这个地方改名为 New York（意即"新约克"），这就是纽约这个名字的来历。今天的纽约仍有一条街道名为"新阿姆斯特丹"（New Amsterdam）。华尔街的英文名为 Wall Street，"Wall"是"墙"的意思。当时荷兰人为了防止英国人入侵，修了一道防卫墙，虽然这道墙后来被拆掉了，但是当年荷兰人就在这里做金融交易，华尔街也因此声名远扬。

过去 100 多年里，华尔街是举世公认的世界金融中心。如果历史回到 200 多年前的 18 世纪，当时的美国还只是英国的北美殖民地，没有自己的货币，更没有金融市场。从 1783 年美国独立战争结束，到 1789 年美国正式建国[①]，美国经济一片萧条，几乎毫无希望。然而在 1789 年之后，短短数年之内，年轻的美国从金融混乱、国家破产和经济衰退中奇迹般地迅速崛起，成为欧洲资金争先恐后投资的地方。

用 8 个字来总结美国崛起的历史经验，是制度、教育、科技、金融。制度是根本，教育是基础，科技是先导，金

[①]　1776 年《独立宣言》宣告美利坚合众国成立。1789 年才选举出第一任总统并成立联邦政府，宪法正式生效。

融是工具。历史经验证明，善用金融工具和金融市场的国家，可以很快成为真正富裕强大的国家。

如果说世界金融中心从阿姆斯特丹转移到伦敦，是因为光荣革命，那么世界金融中心从伦敦开始转向纽约，则是因为一个人——亚历山大·汉密尔顿（Alexander Hamilton）。

汉密尔顿是美国建国之父里最年轻的一位，也是美国制宪会议的主要发起人之一。美国的 10 美元钞票上印的就是汉密尔顿的头像。汉密尔顿是"美国梦"最杰出的代表。1755 年，他出生于加勒比海地区的一座小岛上，7 岁时父亲离家出走，12 岁时母亲去世。10 岁时他到码头打工谋生，14 岁时就出任一家贸易公司的总经理。17 岁的时候，有几位商人欣赏汉密尔顿的绝顶天才，资助他到当时纽约的国王学院学习，即今天的哥伦比亚大学。

美国独立战争爆发后，汉密尔顿很快被华盛顿看中，出任其贴身副官，在独立战争中建立了不朽的功勋。战争结束后，汉密尔顿回到纽约学习法律，他用半年时间准备并通过了律师执业考试，而平常人最快也要 4 年才能完成。不到 3 年，他就成为纽约最有名、最赚钱的律师之一，这为他撰写《联邦党人文集》提供了很大帮助。

1789 年，汉密尔顿出任美国第一任财政部部长，也是美国迄今为止最年轻的财政部部长，他当时年仅 34 岁。汉

密尔顿对美国最持久、最伟大的贡献，就是他在当财政部
部长期间为美国创立的货币金融体系。100 多年后，这个
体系成为主导全球的货币金融体系。

汉密尔顿为建立美国货币金融体系做的第一件事，就
是恢复和提高美国的国家信用。一个国家的货币金融体系
里最重要的资产就是国家的信用。

美国独立战争期间，大陆议会和各个州发行了大量债
券和不可兑换为贵金属的纸币。这些债券没有真实的资产
和财政收入做担保，加上当时战争紧急，所需数额巨大，
所以这些债券和纸币发行之后往往很快贬值。独立战争结
束后，这些债券和纸币几乎变得一文不值，没有任何投资
者愿意购买这些债券，所以新的债券也很难发行。汉密尔
顿意识到，美国要吸引欧洲的投资，首先要恢复和提高美
国的国家信用。1790 年 4 月，出任财政部部长仅几个月的
汉密尔顿向国会递交了后世皆知的那份《关于公共信用的
报告》。经过紧张和艰苦的工作后，国会最终通过了这份报
告，在华盛顿总统签署后生效。这份报告的核心内容就是
由联邦政府全面承诺，偿还独立战争期间大陆议会和各个
州发行的所有债券，所有债券还本付息都由联邦政府负责。

联邦政府靠什么来还本付息呢？当然要靠税收。所以
汉密尔顿的第二项工作就是建立起比较完善的美国税收体
系，特别是关税和消费税制度。

税收的增长需要依靠经济增长，要刺激经济增长，就必须鼓励制造业。所以汉密尔顿的第三项工作就是向国会提交《关于制造业的报告》，以各种政策鼓励制造业发展，鼓励资本家投资制造业。但当时美国还没有感受到发展制造业的紧迫性，他的报告未获通过。

汉密尔顿的第四项工作就是创建美国的货币体系和中央银行。因为经济增长还需要货币的流通，需要信用来配置资源。美国的第一家中央银行就是在 1791 年 2 月创立的美国银行，史称"美国第一银行"，不过国会颁发的执照有效期只有 20 年，到 1811 年，这个银行的执照延期申请被国会否决。所以美国在 1811—1913 年的 100 多年里没有中央银行。

汉密尔顿的第五项工作是创办现代商业银行和华尔街金融市场。至今仍在营业的纽约银行就是汉密尔顿创办的，被誉为美国历史上最稳健、盈利能力最强的银行之一。今天的华尔街金融中心，最初是进行国债买卖、外汇买卖和外汇兑换的市场。纽约交易所也是在汉密尔顿国债政策的推动下创办起来的。

汉密尔顿为美国确立金融战略的经验主要来自荷兰阿姆斯特丹和英国伦敦的金融发展历程。在出任财政部部长之前，他曾写过这样一段话："从 17 世纪 90 年代开始，英国创建了英格兰银行、税收体系和国债市场，18 世纪，英国的国债市场迅猛发展、急速扩张，不仅没有削弱英国，反而创造出数之不尽的巨大利益，国债帮助英国缔造了皇家海军，支持英国赢得了全球战争，协助英国维持了全球商业帝国。与此同时，国债市场极大地促进了国家经济的发展，个人和企业以国债抵押融资，银行以国债为储备，扩张信用，外国投资者将英国国债看作最佳的投资产品。为了美国的繁荣富强，我们要从根本上摆脱美国对欧洲资金和英国资本市场的依赖，必须迅速建立起自己的国债市场和金融体系。"

汉密尔顿的货币金融体系有着极其坚实的理论基础：国债市场是整个国家信用的最佳指示器；中央银行负责维持银行体系和货币供应量的稳定；统一的铸币体系和后来的纸币体系，极大地降低了经济金融交易的成本，促进经济的迅速发展；税收体系确保了财政健全和国债市场的良性循环；制造业是整个金融、货币和经济最坚实的基础。

汉密尔顿曾这样描述美国的货币金融体系："一个国家的信用必须是一个完美的整体，各个部分之间必须有着最精巧的配合和协调，就像一棵枝繁叶茂的参天大树一样。"正是汉密尔顿的远见和智慧，使美国国债和整个金融市场仅用了 10 年，就获得了欧洲投资者给予的最高信用评级。

如果说汉密尔顿是美国金融战略的制定者和宏伟蓝图的描绘者，那么 19 世纪中期开始崛起的摩根财团则是美国金融战略的伟大实践者，是美国金融梦想的完成者，也是华尔街成为全球最大金融中心的主要贡献者。简而言之，摩根财团是美国金融霸权的化身和代言人。摩根家族三代人创造了摩根财团的金融传奇，最著名的是第二代掌门人约翰·皮尔庞特·摩根，人们习惯上称其为 J. P. 摩根。

人们对摩根财团对美国和全球金融的巨大影响力众说纷纭。有的说 J. P. 摩根再造了新大陆。摩根财团对美国货币金融产业发展的巨大影响力可以说是独一无二的。有的说在 1913 年美联储创办之前，摩根财团不仅是美国最大的金融财团，还是事实上美国的中央银行。有的说，从整个世界历史来看，没有哪个金融财团曾对一个国家乃至世界产生过如此深远和巨大的影响，就连曾经富可敌国、不可一世的罗斯柴尔德家族也望尘莫及。

摩根财团对美国和全球货币金融业究竟做出了多大的贡献？

摩根财团的第一个重要贡献是它不仅开启了现代金融的三个时代，还是这三个时代最典型的代表。这三个时代分别是大亨时代、外交官时代和交易金融时代。

大亨时代指 19 世纪后期。当时美国涌现出一大批世界级的产业和金融大亨，除了摩根之外，还有"铁路大王"范德比尔特、"石油大王"约翰·洛克菲勒、"钢铁大王"卡耐基等，摩根则是"金融大王"和"华尔街国王"。

外交官时代指从 20 世纪初期到二战期间。当时，金融家、银行家在世界外交舞台上发挥着举足轻重的作用，他们不仅贸易规模大，还深入参与国际外交和国际政治。例如，一战结束之后，美国总统威尔逊主持了巴黎和会上《凡尔赛和约》的签署，其中德国和英国、法国的战争赔款中所有条款和赔款的具体实施，都是由摩根财团主导实施的。今天被称为"中央银行的中央银行"的巴塞尔国际清算银行，最初就是为处理战争赔款而创立的，而摩根财团则是巴塞尔国际清算银行的具体设计者和执行者。

二战之后，随着金融的自由化和全球化，全球金融也逐渐进入交易金融时代，有人把它称为赌场金融时代，即二战之后各种金融创新，特别是衍生金融工具迅速发展，金融业出现了完全崭新的变化。在这个时代，摩根财团的继承者依然是整个世界新型金融工具、新型金融产品最重要的发明者和参与者之一。摩根大通银行和摩根士丹利就是其中最杰出的代表。

摩根财团第二个重要贡献是，它几乎参与了 19 世纪后期以来全球范围内所有最重要的货币金融大事件。

例如，1871 年著名的普法战争结束后，法国惨败、帝国崩溃，新成立的法国共和国急需资金维持运行。摩根财团给新生的法国共和国政府 1 000 万英镑的贷款，相当于今天的 150 亿英镑。在很大程度上，可以说是摩根财团的贷款拯救了新生的法国。

又如 1925 年，英国要恢复金本位制，当时英国政府没有外汇储备来支持英镑的汇率，摩根财团牵头协调，美国政府给英格兰银行贷款 2 亿美元，摩根财团本身单独给英国财政部 1 亿美元的贷款，约相当于今天的 500 亿美元，这都是天文数字。

再如 1910 年，美国、英国、德国、法国共同发起"四国银团贷款计划"，给清朝政府数千万美元的贷款，以此来控制中国的关税、铁路、矿产和其他重要的资源，其牵头人也是摩根财团。1913 年美联储的创立、1935 年罗斯福新政、20 世纪 80 年代拉美债务危机的处理等，摩根财团都是最重要的参与者之一。

摩根财团的第三个重要贡献是，它将阿姆斯特丹发明的银团贷款发扬光大，甚至可以说是做到了极致。银团贷款就是组织多家银行一起联合贷款给借款方。摩根财团将银团贷款的模式扩展到债券发行、股票发行、企业收购兼并，在其过程中，摩根财团始终是银团的牵头人和领导者。通过这种方式，不仅可以动员大规模的资金，而且极大地增强了财团的影响力和领导力。

此外，从 19 世纪后期开始，摩根财团还是金融全球化、金融自由化、跨国资本流动、跨国贷款和债券发行的积极推动者和主导者。

摩根财团的第四个贡献可能是最重要的，就是它牵头掀起了美国 19 世纪后期和 20 世纪初期最大规模的企业并购和重组浪潮，主导创办了美国和世界企业历史上最著名、规模最庞大的公司，包括当时的美国钢铁公司、通用电气公司、通用汽车公司、杜邦公司、AT&T（美国电话电报公司）、美国中央铁路公司等。这些公司不仅在当时是美国和世界上最大的公司，很多到现在依然如此。通过大规模的收购兼并，摩根财团重新塑造了整个美国产业的版图，从根本上改变了美国的经济面貌。

摩根财团为什么能创造如此辉煌的业绩？这是由多方面因素推动的。

第一，美国本来就是一个崇尚企业家自由创业的国家，19 世纪又是美国历史上一个真正的自由时代，一大批企业家迅速崛起，所谓"乱世出英雄"，J. P. 摩根就是其中的杰出代表，他具有敢于承担风险的巨大勇气和超乎寻常的想象力，和欧洲的罗斯柴尔德家族一样，摩根财团的格言是：做最大的生意、做国家的生意、做帝王的生意、做改变历史的生意。

第二，他们非常善于选拔人才，极其重视人才的培养。摩根财团汇集了当时美国最优秀的金融家和银行家，比如其合伙人拉蒙特、戴维逊等，都是美国历史上顶尖的金融奇才。美联储前主席格林斯潘也曾长期担任摩根财团的董事，现任香港交易所集团行政总裁的李小加曾是摩根大通中国区的主席，这些都是世界金融货币舞台上的杰出人物。

今天，中国金融要迈向全球，人民币要走向国际化，迫切需要真正具有创新精神的金融家，需要具有全球视野的金融战略家。这就是华尔街发展历程给我们的最重要的启发。

金本位制是个什么样的制度

在整个货币历史上，最具神秘色彩的货币毫无疑问是黄金。纵观历史，黄金的吸引力一直伴随着我们，"只有黄金才能最终抵抗通货膨胀"这样的观念深入人心。黄金在货币历史上有非同寻常的重要性，主要体现在三个方面。

第一，在相当长的一段时间里，黄金本身就是铸造货币的材料。早在公元前 700 年左右，世界上很多地区，特别是小亚细亚地区的人们就开始用纯度很高的黄金铸造金币。直到 20 世纪初期，金币依然是欧洲很多国家，特别是美国的流通货币。

第二，金本位制是历史上最重要的货币制度之一，它不仅深刻影响了现代世界的货币理论思想和制度安排，还在很大程度上影响了人类历史的发展进程。尽管金本位制已经消失了近百年，但是很多人依然在怀念和赞扬金本位制，甚至呼吁各国恢复金本位制。

第三，黄金在今天依然是世界各大中央银行重要的储备资产，甚至是最主要的储备资产。如今全球中央银行的黄金储备资产总额大约有 13 亿盎司^①，人类迄今为止发现的全部黄金在 40 亿盎司左右。

金本位制究竟是个什么样的货币制度？实际上，金本位制就是以黄金作为一切货币的本位、货币的本体、货币的标准和最终的价值保证。

金本位制可以分为纯粹的金本位制和金汇兑本位制。纯粹的金本位制就是一个国家流通的货币，全部都是金币。但严格来说，历史上从来没有出现过一个国家只用黄金作为货币。

金汇兑本位制就是市场上流通的货币不一定都是黄金，可能也有其他的货币，比如银币、铜币、铁币，还有纸币，以及各种票据等，只是这些都能够以固定价格兑换为黄金或者金币。历史上存在的金本位制，严格说来都是金汇兑本位制。

1821 年，英国凭借着战胜拿破仑的威风，一跃成为世

---

① 　1 盎司 ≈ 28.35 克。——编者注

界第一强国，并在当年正式立法，实施金本位制。1873年，虽然德国和法国没有正式立法，但也实施了金本位制。同年，美国也通过了新的铸币法案，放弃了铸造银币，实行金本位制。到1900年，美国则正式颁布金本位制法案。奥匈帝国和日本分别在1892年、1897年实施金本位制。这些都是当时最主要的经济强国和经济大国。

当时的英国、德国和法国在全世界拥有很多殖民地和附属国，宗主国实施金本位制，就意味着那些附属国也间接实行金本位制。到1900年，金本位制已经覆盖了全世界2/3以上的地区。由此可见，19世纪到20世纪初期，金本位制不仅是国家经济强大、稳定、富裕的象征，更是全球最基本的货币标准。

金本位制在19世纪究竟有多重要？

著名社会学家卡尔·波兰尼在《大转型：我们时代的政治与经济起源》一书中写道："19世纪的人类文明有四大支柱，第一个支柱是欧洲的权力均衡体系；第二个支柱是国际金本位制，它象征和维系着世界经济的有效运转；第三个支柱是自我调节的市场体系，它创造出前所未有的物质财富；第四个支柱则是自由的主权国家。"

卡尔·波兰尼认为，这四大支柱里最关键的是金本位制，它不仅维系着世界贸易和经济的平稳运行，还维持着全球政治的和平与稳定。经济学者当然不一定同意他的观点，不过从他的这一段话里可以看出，金本位制在人类历史上曾经多么重要。

当一个国家实施金本位制时，它会有怎样的特征呢？

第一，一个国家如果要想实施金本位制，首先需要有足够的黄金储备。当人们拿纸币或其他货币到中央银行兑换黄金的时候，中央银行必须有足够的黄金储备以供兑换。黄金储备从哪里来？要么是本国有足够的金矿，可以生产足够的黄金，要么是依靠出口商品，从其他国家那里换取黄金。所以，实施金本位制的国家基本都要追求贸易顺差，追求出口多于进口，才能够增加黄金储备。如果是进口大于出口，黄金储备就会流失。如果进出口恰好平衡，本国的黄金储备不增不减。

第二，所有实施金本位制的国家并没有那么多的黄金储备来保证同时兑换所有发行在外的货币。例如，美联储成立的时候，法律上规定美联储每发行 1 美元的钞票，它只需要有 40% 等价的黄金来做储备金，并不需要等额的黄金储备。因为货币基本功能的实现主要取决于人们是否对其信任和抱有信心，平常人们使用钞票就是为了支付方便，并不是为了换成黄金，所以中央银行不需要有等额的黄金储备。现在商业银行也正是建立在这种部分储备的基本理念之上的，全部的存款只需要一小部分作为准备金应对储户来提款就可以了。

第三，一个国家不能出现巨额财政赤字。如果出现巨额的政府债务，甚至中央银行大发纸币去购买国债，那么人们对金本位制就会丧失信心，金本位制就要面临崩溃的危险，所以遇到战争时，金本位制要么暂时停止，要么彻底垮台。

正是因为这些特征，实施金本位制的国家的纸币发行必然要受到约束，如果这个国家纸币发行过多，可能就会导致人们丧失信心。很多人会同时把纸币拿去兑换黄金，这样肯定不够兑换，金本位制就要遭到质疑甚至崩盘。这就好像如果人们突然有一天不信任商业银行了，同时排队去提款，这必然会导致银行倒闭，这就是挤兑。所以，这些国家的物价水平一般而言是非常稳定的。经济学者对金本位制下的物价水平有过详细的分析。在实施金本位制的数百年时间里，欧洲国家的物价基本上是非常稳定的，没有出现过严重的通货膨胀，虽然出现通货紧缩的情况比较多，但总体物价很稳定。

金本位制所创造的相对稳定的国际货币环境，使得金本位制成为强国的象征之一，并且是最重要的象征。金本位制帮助多个国家迅速增强了经济实力，例如当时的美国、德国、法国、英国、日本、俄国等。19世纪后期经济的快速增长，形成了全球经济的权力格局，率先崛起的西方大国凭借自身强大的经济实力和军事实力重新瓜分世界，这样的格局在某种程度上一直延续到今天。金本位制在那个时代，很大程度上推动这些国家成为经济强国，同时也彻底改变了世界的经济格局和政治格局。

金本位制成为强国象征，原因在于它让所谓的自由自主、自发自动的市场调节机制，成为主导人类经济政策的基本理念。19 世纪的经济政策理念有四大支柱，即金本位制、自由贸易、零关税低税收、小政府大市场，其中最重要的就是金本位制，其他三大政策理念都是围绕金本位制展开运作的。

哲学家、经济学家大卫·休谟系统地阐述了金本位制的调节机制。休谟发现，金本位制有一个自我调节机制，当一个国家出口很多的时候，它就会拥有较多的黄金，这意味着这个国家能够发行更多货币，而货币量增加会导致通货膨胀，通货膨胀就意味着这个国家的实际汇率升值，国内产品变得很贵，如此出口自然就会开始下降，进口开始增加，黄金储备也随之下降，逐渐达到一个均衡的水平，所以金本位制意味着一个国家的经济体系能够自我调节。这就是金本位制成为后来自由市场经济的中流砥柱的核心原因。

金本位制成为强国象征的原因，还在于它在巅峰时期所取得的辉煌成就，很快转变为一种近乎宗教信仰的虔诚信念。无数政治家和金融家对金本位制的迷恋达到了心醉神迷的程度。金本位制成为那个时代最坚定的政策信条，是国家信用的象征、强盛的标志，也是国家必不可少的荣耀。

在19世纪，中产阶级开始崛起，成为新财富的拥有者和银行储蓄的供给者，他们深信只有金本位制才能制约和管理货币的发行，才能保障他们的储蓄和财富不被通货膨胀吞噬。国际银行家也是金本位制最坚定的捍卫者和信奉者，从伦敦到纽约、从柏林到巴黎、从阿姆斯特丹到维也纳，银行家的共同信念就是金本位制，其中最主要的代表就是驰骋整个欧洲乃至全世界的罗斯柴尔德家族和摩根财团。

金本位制还让所有审慎和保守的经济政策哲学有所发展，以至金本位制这个信念渗透到人们生活中时，它成为一种审慎、保守的生活方式和道德准则的象征。也正是这种宗教式的僵化，绝对和片面的金本位制信条，让欧美政治家和金融家在一战之后，完全不顾本国经济和国际经济的基本现实，顽固地坚持要恢复金本位制，将全球经济拖入了20世纪20年代的股市疯狂，最终导致1929年的股市崩盘和随后的大萧条。

所以，如果想充分利用一个货币制度的优势和好处，尽量避免它的缺点和劣势，就需要人们有所取舍，需要人们的智慧，需要高超的政治和经济操作技巧。

为何总有人对金本位制念念不忘

如果从一战算起，金本位制崩溃已经有 100 多年了，如果从 1931 年英国第二次脱离金本位制和当时其他很多国家脱离金本位制算起，也已经有 80 多年了。但至今依旧有很多人怀念，甚至希望恢复金本位制，尤其在 2008 年全球金融海啸之后，恢复金本位制的呼声一度非常高涨。例如，美联储前主席格林斯潘在他的回忆录《动荡的世界》里，就深情地回忆过金本位制带来的货币和物价稳定。他说，过去半个多世纪的货币动荡，总是令人怀念金本位制时代的物价稳定。从这个角度来看，人们认为金本位制是一个真正的黄金时代。

有经济学者统计了人类在第一次工业革命后 100 多年间金本位制下物价水平的变化，也就是全球物价指数在一个长周期中的变化。1780 年的物价指数是 142，1824 年是 139，1874 年是 139，1915 年是 143。由此可见，在金本位制下，物价变动的幅度非常小，所以经济学者将金本位制下的物价稳定称为黄金常数。

当然，长期平均数可能是一个假象，它掩盖了通货膨胀和通货紧缩交替出现的事实。尽管如此，今天大多数经济学者和银行家都还是承认，与过去 50 多年全球反复出现的通货膨胀和资产价格泡沫相比，金本位制时代稳定的物价确实令人向往。

但金本位制也有其弊端。一个国家的货币发行量必然受制于其拥有的黄金总量，而整个世界的黄金储备是非常有限的，黄金大发现也是碰运气的事，所以在金本位制实施的年代，很多国家遭遇的麻烦不是通货膨胀，而是通货紧缩，即货币不够用。物价持续下降，企业无法生存，必然导致经济衰退，甚至停滞，金本位制的内在缺陷最终导致了它的崩溃。

要维持金本位制的良性运转，国家必须实施非常严谨、慎重的财政政策和货币政策，不能大搞财政赤字。如果遇到大规模战争，或者需要增发货币来刺激经济，金本位制就会遇到大麻烦。因此一战摧毁了欧洲各国的金本位制。

当然，金本位制的好处早已深入人心，它成为一种坚定的信念。一战结束后不久，欧洲各国就开始了恢复金本位制的艰难历程。它们认为恢复金本位制不仅可以恢复货币秩序、金融经济秩序，更重要的是可以恢复一个国家的荣耀，其中最著名的案例是英国。

1925 年 4 月 28 日，英国时任财政大臣丘吉尔在议会发表慷慨激昂的演讲，郑重宣布英国恢复金本位制。然而英国在一战后已经从全球经济第一强国的位置上跌落，工业和经济综合实力排在美国和德国之后。此时英国更加急需的是使用扩张性的货币政策来刺激经济，通过汇率贬值来刺激出口。可是丘吉尔和时任英格兰银行行长的诺曼完全不顾当时的实际情况，执意要按照战前美元和英镑的汇率来恢复金本位制。

战前英镑和美元的汇率是 1 英镑等于 4.86 美元，这个汇率实际上已经完全不适合一战之后英国的经济情况。结果，由于英镑汇率被严重高估，恢复金本位制之后的数年里，英国经济陷入急剧的衰退。丘吉尔和诺曼之所以会一意孤行，是因为他们相信这个汇率代表着帝国昔日的辉煌，是英国国力的象征。

不过当时也有人强烈反对英国恢复金本位制，那就是大名鼎鼎的经济学家凯恩斯。丘吉尔曾经和凯恩斯讨论恢复金本位这个事情，他原本以为凯恩斯会支持他，结果两人不欢而散。凯恩斯撰文批评丘吉尔恢复金本位制，题目为《丘吉尔先生政策的经济后果》。凯恩斯在文中预言，恢复金本位制必然将英国经济推入衰退的深渊。事实证明，凯恩斯是对的。

按照美联储前主席本·伯南克和加州大学伯克利分校著名教授巴里·格林的研究，恢复金本位制，就是给这些国家套上黄金枷锁，让它们动弹不得，很多国家会因此陷入严重的通货紧缩、停滞和衰退。当时刚成立不久的美联储在摩根财团的游说下，支持英国恢复金本位制，前者不仅给英国提供巨额贷款，还刻意降低美国金融市场的利率，以防资金从英国流入美国，从而支持英镑过高的利率和汇率，结果此项政策导致了华尔街的股市泡沫和其最终的崩盘。

到 1928 年，那些恢复金本位制的国家再也无力承受，纷纷开始脱离金本位制。英国则硬撑到 1931 年，不得不宣布脱离金本位制。英格兰银行行长诺曼因此得了严重的抑郁症，不得不远赴加拿大休养。所以在 1931 年前后，世界上多数国家都挣脱了黄金的枷锁，金本位制从此在世界舞台上销声匿迹。

很多经济学家认为，一战之后各国恢复金本位制造成的货币和经济乱局，特别是欧洲各国的经济萧条、美国华尔街股市泡沫以及随后出现的经济崩溃，是导致二战的重要原因。由此可见，货币管理不善将给单个国家，甚至整个世界带来巨大灾难。

回顾历史，金本位制对经济有其独特的优势，对很多国家的崛起也确实做出了重要的贡献，但任何货币制度都不是完美的。当今世界依然有很多人怀念金本位制，但金本位制是不可恢复的。

第一，恢复金本位制就等于为货币政策套上一个枷锁。从控制通货膨胀来说，这当然是一件好事。可是从调节经济、刺激经济的角度来说，套上黄金枷锁就很难动弹。今天，世界各国频繁利用货币政策的魔术来刺激经济，尤其是遇到金融危机时，货币政策就是救命良药。假如美国依然实施金本位制，2008 年金融海啸之后，就不可能实行量化宽松的货币政策。财政赤字、债台高筑、货币刺激是今天世界各国最善于利用的魔术。

第二，如果各国恢复金本位制，就等于恢复固定汇率。但是在当今世界，浮动汇率已经是大势所趋，国际货币基金组织长期致力于在全世界推广浮动汇率。实行金本位制等于将汇率锁死，这是根本不可能实现的。

第三，世界上黄金储备不足。假如今天世界各国或某一个国家决定实施金本位制，黄金的价格定为多少合适？这个问题本身也很难回答。

人们怀念金本位制时代的物价稳定，这是完全可以理解的，然而正如苏轼所说："曾日月之几何，而江山不可复识矣。"人们在之后的很长时间里，只能依靠中央银行来控制通货膨胀和资产价格泡沫了，我们应该积极主动地与货币洪水和资产价格泡沫共舞。

古代中国为什么选择了银本位制

18 世纪和 19 世纪时，世界上很多国家纷纷实施金本位制，只有中国、印度、墨西哥等少数国家实施银本位制。为什么中国没有实施金本位制？实施银本位制又给中国历史带来了什么影响？

首先回答第一个问题，为什么中国没有实施金本位制？

有两个原因。一个是历史原因。中国人铸造金属货币的历史很长，一开始铸造青铜币，后来又大量铸造铁币，但从没有铸造过金币，这个传统就沿袭和继承下来了。当然，在中国，黄金一直是重要的财富储藏手段，也曾经被当作价值尺度，但从来不是广泛流通的支付工具。

另一个原因是，中国历史上从未发现特别大的金矿。中国的黄金产量很少，弥足珍贵。黄金供应帝王宫廷或用于制作工艺品都不够，当然舍不得用于货币流通。何况中国人很早就认识到，支付手段和流通手段并不需要那么贵重的金属。

中国用银却有悠久的历史，当然中国并不是从一开始就实施银本位制，白银早先主要是用于工艺品的制作。在宋代，白银只是一种辅助的支付工具，一直到元朝末年，白银也算不上真正的货币。从 15 世纪 30 年代起，明朝政府才开始用白银支付。

为什么明朝初期没有用白银作为货币？主要是因为明朝开国皇帝朱元璋采取闭关锁国的政策，不允许任何人经商，同时强制推行使用纸币的货币制度。然而民间却不接受纸币，到了明朝英宗年间，朝廷实在没有办法，不得不放松银禁，各种物价就开始主要用白银来计价，这样中国才真正成为一个用白银作为价值尺度和支付手段的国家，不过市场上广泛流通的货币还是铜钱和铁钱。

但明朝政府没有颁布相应的法律来确立银本位制。到明朝嘉靖年间，各种铜币都与白银有了固定的价格比例，中国也算正式进入银本位制时代。到明朝万历年间，张居正推行一条鞭法①之后，各种税收也开始以白银为标准来计算和上缴。

清朝的货币制度大体上继承了明朝的制度。清朝初期的 100 多年里，银块、银锭是最主要的价值尺度和流通手段，铜钱、铁钱是辅助性的流通工具。在嘉庆之后的近 100 年间，随着西方列强大举侵入中国，与中国开展贸易，外国银圆开始大规模流入中国，成为主要的流通货币。直到清朝晚期，政府才发行自己的银圆，并将其确立为法定货币，中国才算正式在法律上规定实施银本位制。但好景不长，清朝不久就灭亡了，中国又进入了军阀混战的时期，货币变得非常混乱，各大军阀都在自己的地盘上发行自己的货币，直到民国政府成立，中国才开始统一全国货币

---

① 一条鞭法，把各州县的田赋、徭役以及其他杂征合并成一条，征收银两。此举简化了税制，方便征收税款，同时使地方官员难以作弊，进而增加中央政府的财政收入。

制度。

1933 年，中国正式实施"废两改元"的币制改革，废除之前军阀混战时流通的各种银两货币，统一铸造发行银圆。南京国民政府试图以此正式确立银本位制，但这次币制改革的时间点并不好。废两改元的政策才实施不到一年，美国新任总统罗斯福就颁布了《白银法案》，授权美国财政部在国内外市场上大量购买白银，使得白银价格相对黄金价格大幅上涨，这就等于当时中国的货币汇率相对于美元汇率大幅升值。此举造成了灾难性的后果。

第一，汇率的大幅升值严重打击了当时中国的出口产业；

第二，大量白银开始被出口和走私到海外，因为国际市场上白银的价格更高；

第三，因为白银数量急剧下降，国内货币开始严重紧缩，很多企业破产，经济遭遇极大困难。

1935 年 11 月 4 日，国民政府为形势所迫，开始实行法币政策，进行第二次币制改革。改革的内容主要有三项：第一，统一货币发行权，实行法币制度；第二，实行白银国有，禁止白银流通；第三，放弃银本位制，采用外汇本位制，即法币的价值用外汇汇率来表示，与英镑保持固定汇率，当时规定法币 1 元等于英镑的 1 先令 2.5 便士。1935 年的币制改革，实际上宣告了银本位制在中国正式结束。

那中国的白银从哪来？

第一个来源是国内的银矿。明朝万历年间，朝廷曾鼓励开采银矿，当时的河南、山东、山西、浙江、陕西都有银矿。不过总体上，中国的银矿资源并不丰富，白银的产量根本不足以支撑银本位制。

第二个来源是国外白银的输入。数百年以来，有很多国家向中国输入白银。宋元时期，中国和西域地区有大量的贸易往来，这是当时中国白银的重要来源。明朝中后期，中国的白银主要来自日本，当时日本白银产量快速上升，日本国内的银价比中国的低很多。16 世纪后，中国的白银来源地主要是美洲，美洲的白银先流入欧洲，然后通过欧洲商人在中国做生意，从而使得美洲白银输入中国。

由此可见，在历史上的对外贸易中，中国是商品出口的大国，用大量的商品出口获取白银。鸦片战争的起因也跟白银有关，因为英国不是一个物产丰富的国家，只能用白银从中国换取大量商品，但英国白银储量有限，为了把白银从中国换回来，英国开始向中国出口鸦片，最后酿成了禁烟运动和鸦片战争，这也是中国历史的一个重要转折点。

中国实施银本位制，却因为白银的储量不够，在很长时间里只能依靠国外白银的输入，这经常给国内的经济造成麻烦。所以银本位制的重要教训就是，国家的货币制度不能受制于外国力量。货币制度和货币政策需要保持高度的自主性和独立性。

布雷顿森林体系是如何建立的

从一战导致金本位制崩溃到二战结束的 30 年时间里，全球货币金融处于有史以来最混乱的时期。

这 30 年究竟有多么混乱？首先，一战近乎天文数字的战争债务和财政赤字，导致许多国家出现史无前例的通货膨胀。其次，20 世纪 20 年代很多国家为控制通货膨胀、恢复货币秩序，努力恢复金本位制，结果却导致了很多国家出现严重的通货紧缩和经济衰退。

1930 年前后，各国的金本位制迎来了第二次崩溃。因此各国为了获得出口优势，其货币和汇率竞相贬值。英国极力让英镑贬值；法国极力让法郎贬值；美国总统罗斯福每天起床，财政部部长或者他的私人助理就第一时间到其卧室里面请示当天美元和黄金的比价，罗斯福则会参考当时其他国家货币和黄金的比价来确定美元和黄金的比价，尽量不让其他国家占便宜。美元和黄金的比价，也就是美元和其他货币的汇率，是在美国总统每天起床的时候决定的。

各国还大打贸易战，相互征收惩罚性关税。最臭名昭著的就是美国总统胡佛在 1930 年 6 月 17 日签署的《斯姆特－霍利关税法》①，引来其他国家的报复行为。结果 1929—1934 年的 5 年时间内，全球贸易额急剧萎缩，降幅达到 66%。很多经济学者认为，《斯姆特－霍利关税法》引发的贸易战，是导致 20 世纪 30 年代大萧条的关键原因。

除此之外，1930 年整个世界的政治局势也极度不稳定，军国主义、纳粹极端主义横行，结果导致了二战爆发。当然，混乱也意味着建立新秩序的机会。美国政治家和金融战略家非常善于抓住机会，借机推动美元成为世界霸权货币以维护美国的国家利益。

1914 年 8 月 2 日，也就是一战打响第一枪的 5 天之后，为防止欧洲战争导致美国金融市场剧烈动荡，特别是防止欧洲投资者大规模抛售他们在美国金融市场上的投资，美国总统威尔逊和财政部部长麦卡杜命令美国所有金融市场

---

① 《斯姆特－霍利关税法》，将 2 000 多种的进口商品的关税提高到历史最高水平。该法案通过后，许多国家对美国采取了报复性关税措施，使美国的进口额和出口额都骤降 50% 以上。尽管很多经济学家力劝总统否决该法案，但他仍然签署了这一法案。其中的部分原因是胡佛在 1928 年竞选时曾承诺提高农产品的进口关税以帮助受困农民。

停止交易，并立刻禁止黄金出口。这项命令从 1914 年 8 月 2 日一直执行到当年的 12 月 12 日，确保了美国金融市场免受欧洲局势的冲击，避免欧洲投资者将美元兑换成黄金运回欧洲。

一战结束后，这个超乎寻常的行动让美国处在国际货币体系中非常有利的地位。大战期间英国、法国等国家向美国购买军火物资，或者向美国借债，必须以硬通货，也就是黄金来支付。所以，在战争结束之后，美国的黄金储备不但没有流失，相反，世界大国中只有美国还能继续维持金本位制，同时美国也成为最大的债权国。德国的战争赔款最初也是向美国借钱来支付给战胜国的。事实上，一战结束之后，美元已经是全球最重要的货币。

二战开战不久，美国总统罗斯福就命令财政部和英国方面一同谋划战后的国际货币秩序。美国战略家认识到，只要美国参战，取胜的一方必然是美国和它的盟国。因为战争的胜败最终取决于工业能力和经济实力。他们同时清楚地认识到，战争结束后最重要的事情就是重建世界秩序，特别是重建世界货币金融和贸易秩序。美国方面参与战后国际货币金融秩序建设的主要人物是怀特，他毕业于哈佛大学经济学系，是美国财政部副部长级别的高级经济学家，英国方面的参与者是凯恩斯。

怀特和凯恩斯设计了两套不同的方案。凯恩斯方案的核心是创建一个全球中央银行和全球支付体系，该体系能够发行全球性的货币——班柯，所有成员国的货币都跟班柯挂钩，实施受管理的浮动汇率。怀特方案则是建立一个以美元为核心的全球支付体系，所有成员国的货币汇率和美元挂钩。怀特的方案本质上反映了美元在当时的全球霸主地位。

1944 年，以美国为首的 29 个国家的代表团，来到美国新罕布什尔州著名的度假胜地布雷顿森林的一个酒店开会，讨论战后国际货币体系如何建立，其基础就是凯恩斯方案和怀特方案。罗斯福总统当然是全力支持以美元为中心的怀特方案，以这个方案为基础设计出来的一个全新的货币体系，一般就被称为布雷顿森林体系。当时中国国民政府也派出了规模仅次于美国代表团的队伍参加布雷顿森林会议，所以中国也是战后国际货币体系的重要参与者。

布雷顿森林体系简单来说就是双挂钩：第一个就是美元和黄金挂钩，按照 1 盎司黄金等于 35 美元的固定价格，用美元可以兑换黄金。当然只有布雷顿森林体系成员国的中央政府能够按这个固定价格把美元兑换为黄金，私人部门和个人不能兑换，所以布雷顿森林体系并不是一个金本位制。

第二个就是布雷顿森林体系成员国的货币都按照固定的汇率和美元挂钩，也就是所有成员国的货币汇率与美元固定，波动的幅度不能超过协议所规定的幅度。这就决定了布雷顿森林体系是一个固定汇率体系。

双挂钩决定了美国和其他成员国各自应该履行的责任和义务：美国的首要责任是确保黄金和美元按照固定价格兑换；其他成员国的首要义务是必须保证它们的货币对美元的汇率不能有超过规定幅度的涨跌。

《布雷顿森林协定》决定建立国际货币基金组织和世界银行，具体负责这个货币体系的运作。国际货币基金组织的资金来自成员国的股份投资，即出资，美国当然是最大的股东，而且拥有一票否决权。出于对欧洲的妥协，美国同意让欧洲人担任国际货币基金组织的总裁，美国人则必须出任第一副总裁职务，至今依然如此。

显然，美国和美元在布雷顿森林体系里处于一个极其特殊的地位，所有成员国的货币都和美元挂钩，美元和黄金挂钩，也就是说，美元的地位等同于黄金。毕竟，二战结束时，美国经济总量占世界经济总量的一半以上，工业产值占世界工业总产值的70%，黄金储备占世界总储备量的85%。

二战结束以后的较长一段时间里，美元比黄金更重要，因为欧洲和日本都急需美元，用它从美国购买各种物资。另外，美国不用操心美元和其他货币的汇率，维持汇率稳定是其他成员国的责任。假如它们的手中没有美元，就可以从国际货币基金组织借钱，但是国际货币基金组织借不借还是由美国说了算，因为美国拥有一票否决权，所以布雷顿森林体系的建立意味着美国真正主导了整个国际货币体系。

从理论上我们通常用三个维度来定义一个国际货币体系：第一，储备货币的种类；第二，汇率体系是固定汇率还是浮动汇率；第三，国际收支的调节机制，即如果成员国出现贸易逆差或顺差，从而让汇率大幅贬值或升值时，依靠什么方式来解决。

从这三个维度看，在布雷顿森林体系中，美元是储备货币，汇率体系采用的是固定汇率，调节机制主要靠国际货币基金组织的借款和各国履行自己的责任。因此，布雷顿森林体系就是以美元为超级货币的货币体系，或者说以美元为中心货币的国际货币体系。

布雷顿森林体系为什么会崩溃

两次世界大战让美元登上世界之巅，成为全球硬通货，布雷顿森林体系也成为全球货币金融体系。但这个体系在设计上的内在缺陷，导致其必然走向崩溃。这个内在缺陷主要就是美元和黄金的挂钩。原因有两个：一是美国可能违约或耍赖，不再同意成员国用美元钞票兑换黄金；二是即使美国始终坚守承诺，只要成员国用美元钞票兑换黄金，它就同意换。当黄金终有一天不够兑换的时候，这个体系就会难以维持，后来历史的发展正是如此。

二战结束后 15 年内，这种情况还没有出现。当时欧洲、日本已经成为一片废墟，急于恢复经济，需要从美国购买大量物资，所以需要大量美元，因此需要马歇尔计划的援助和从美国借款。那个时候，欧洲、日本根本没有美元可以拿去兑换黄金。所以我们通常将 1945—1960 年的 15 年，称为美元比黄金还要贵重的 15 年。何况二战结束时，美国拥有的货币性黄金占当时全球货币黄金总量的85%，差不多有 10 亿盎司，美国和其他成员国根本不用担心美元不够兑换。

然而欧洲和日本的经济很快就迎来高速增长，这在很大程度上得益于美国的支持。一个是马歇尔计划，另外一个就是美国分别帮助联邦德国和日本实施货币改革计划，将联邦德国的马克和美元的汇率确立为 1 美元兑 4.2 马克，将日元汇率确立为 1 美元兑 360 日元。这个固定汇率大大促进了联邦德国和日本对美国的出口，帮助它们迅速开启了经济高速增长的时代。1950 年之后的 20 多年里，联邦德国和日本出现了人类历史上罕见的经济奇迹。结果从 20

世纪 60 年代开始，欧洲和日本对美国的贸易顺差日益增长，这就意味着欧洲人和日本人手中的美元越来越多。

这些手上累积了越来越多的美元储备的国家，自然就会用美元去兑换黄金，因为黄金才是真正的硬通货，美元作为钞票有可能贬值。特别是二战后，美国到处打仗，先是发动朝鲜战争，后来是越南战争等，财政赤字越来越大。美国的财政赤字越大，印的钞票越多，其他国家手上的美元贬值就越快，它们兑换黄金的愿望就越强烈。

到 1968 年的时候，美国的黄金储备已经下降到 3 亿盎司左右，只有战后初期黄金储备的 1/3。美国黄金储备越是下降，其他国家就越是想兑换，因为担心以后没得换了。所以整个 20 世纪 60 年代，美国和欧洲、日本围绕贸易、货币问题纠缠不休，甚至打起了贸易战和货币战。欧洲要求美国限制财政赤字，不滥发货币，美国则抱怨欧洲各国之所以对美国出现巨额贸易顺差，是因为它们的货币汇率被低估，要求联邦德国马克和日元升值。

联邦德国和日本是战败国，美国又是两国的核保护"伞"，所以它们不敢和美国公开叫板。法国就不一样，法国是战胜国，又是安理会常任理事国，对美国就不像联邦德国和日本那样那么客气了。20 世纪 60 年代，时任法国总统的戴高乐经常大骂美国实行霸权主义，针对美国人抱怨欧洲人获得巨额贸易顺差一事，戴高乐说过一句著名的话："美国享受着美元所创造的超级特权和不流眼泪的赤字，它用一钱不值的废纸去掠夺其他民族的资源和工厂。"

吵架归吵架，问题总是需要解决，联邦德国和日本后来同意将货币汇率相对美元大幅升值。与此同时，国际货币基金组织邀请一些专家商讨如何解决黄金储备不足的问题。专家们先后提出两个方案：一是提高黄金价格，二是创建能够替代黄金的新的全球储备资产。第一个方案美国同意，但其他成员国不同意，因为提高黄金价格意味着它们手中的美元立刻大幅度贬值。第二个方案美国勉强同意，所以后来国际货币基金组织就发行了特别提款权（特别提款权，亦称"纸黄金"）。简单来说，特别提款权就是国际货币基金组织发行的一种国际通货，最初也是由黄金作担保。最初的汇率是 1 特别提款权等于 1 美元，但美国并不是完全同意国际货币基金组织大量发行特别提款权，因为这意味着美元被替代。

20 世纪 60 年代，国际货币体系命途多舛。欧洲和日本贸易顺差继续增加，美国财政赤字也继续增加。市场上美元相对黄金大幅贬值，贸易顺差的欧洲国家急于将手中的美元兑换为黄金，美国眼看自己手中的黄金储备越来越少，自然不想再自由兑换了。1971 年 8 月 15 日，美国总统尼克松召开记者会，高调宣布终止美元与黄金之间的兑换，这标志着 1944 年创立的布雷顿森林体系崩溃。

　　严格来说，抛弃美元和黄金的兑换，实际上是美国单方面抛弃《布雷顿森林协定》，拒绝履行它的国际义务。欧洲国家当然非常愤怒，它们将尼克松的行为称为"货币战争"，但它们没有办法阻止或惩罚美国。为了维持布雷顿森林体系的另外一个挂钩，即成员国货币和美元的固定汇率，1973 年，各成员国在美国华盛顿史密森尼学会召开的会议上签订了一个新的固定汇率协议，史称《史密森协议》。这份协议很快也完全失效，因为失去了美元和黄金挂钩这根"定海神针"，其他货币和美元实行固定汇率也就失去了基础。所以自 1974 年起，西方国家之间的货币汇率基本都是浮动汇率。人类迎来了一个崭新的货币体系，再也没有任何货币和黄金挂钩，人类的货币体系真正成为一个纯粹的信用法定货币体系。

　　经济学家将这个货币体系称为美元本位制。以前的国际货币体系中真正的储备资产、储备货币都是黄金或者白银，即使在各国的货币和美元挂钩的布雷顿森林体系中，各国的终极储备资产还是黄金。美元和黄金脱钩后，美元成为最主要的储备资产，尽管表面上各国货币的汇率都是浮动汇率和有管理的浮动汇率，但实际上任何国家都无法承受本国货币汇率任意大幅度的波动。为了稳定汇率，各国都需要储备美元，并且美元储备越来越庞大，这就是美元本位制。因此，美元成为国际货币体系真正的本位货币、

中心货币、霸权货币，而且美元背后再没有任何资产和黄
金做保证。我们今天依然生活在美元本位制的时代。

第一个超主权货币是什么

　　1999 年诞生的欧元，是人类历史上第一个真正的超主
权货币，它的诞生经历了复杂且漫长的过程。

　　1956 年发生的苏伊士运河危机，与欧元的诞生有直
接关系。埃及苏伊士运河曾长期由英国人和法国人控制，
1956 年 7 月 26 日，埃及总统萨达特宣布苏伊士运河国有
化，决心将英国和法国的势力赶出去。英法调兵遣将，试
图夺回苏伊士运河的控制权。美国立刻抓住这个机会，于
同年 11 月 2 日，在联合国提出停火协议，之后更明确要求
英国从埃及撤军。英国刚开始当然拒绝了美国的要求，美
国则利用货币金融工具迫使英国让步。

　　英国向埃及调兵之时，也是英国经济停滞不前、英镑
汇率快速贬值之时。当时根据《布雷顿森林协定》的要求，
英国不能放任英镑汇率相对美元大幅贬值，英国政府有义
务稳定 1 英镑兑 2.8 美元的固定汇率。更重要的是，一旦
英镑汇率急剧贬值，那些将货币汇率与英镑挂钩的英联邦

国家就会转而与美元挂钩，这就意味着英镑将彻底丧失在国际货币中的地位。

当时市场上抛售英镑的压力巨大，英国政府若要稳定汇率，必须卖出美元买入英镑，恰好那时英国拥有的美元外汇储备岌岌可危，只有不到 20 亿美元。唯一的办法就是向国际货币基金组织借美元。美国就此扼住英国的脖子，因为美国是国际货币基金组织的大股东，有一票否决权。美国不同意借钱给英国，除非英国从埃及撤军。

英国政府最初还想死扛，但英镑汇率继续大幅下降，仅仅过了两周，英国就被迫同意美国的条件，从埃及撤军。1956 年 12 月 2 日，英国宣布从埃及撤军的时间表，第二天美国财政部部长汉弗莱同意国际货币基金组织借款给英国。

苏伊士运河危机充分说明美国能够利用货币金融霸权改变世界格局。这场危机对欧洲乃至全世界都震动巨大，联邦德国总理阿登纳说："如果我们欧洲人不想在起了根本变化的世界走下坡路的话……欧洲的联合是绝对必要的。"所以欧元的诞生是欧洲努力实现一体化的主要成果。

欧洲为什么要实现一体化？原因很复杂，最主要的原因是，欧洲各国经历了漫长的互相征战、互相残杀的历史，特别是两次世界大战让欧洲人民充分认识到欧洲的未来和希望在于整合和一体化，在于实现欧洲的统一。

欧元诞生的另一重要原因是为了摆脱对美元的依赖。二战结束之后，虽然欧洲各国对嚣张的美元霸权十分不满，但不得不接受现实。1988 年 2 月，联邦德国外交部部长根舍曾经提交过一份高度保密的备忘录，鼓励创建欧洲单一货币，以支持欧洲单一市场的发展。

这份备忘录有三个核心要点：第一，创建单一货币；第二，创建单一货币是为了加强欧洲货币体系；第三，要尽可能扩大欧洲货币单位的使用范围。这一份备忘录相当于联邦德国积极参与创建欧元的宣言书。

二战结束之后，欧洲一体化进程，即欧元诞生的过程经历了三个重要阶段。第一个重要阶段是实体经济一体化，特别是贸易方面的一体化。这个标志性的事件就是 1951 年 4 月 18 日《巴黎条约》的签订。该条约创立了欧洲煤钢共同体。1965 年 4 月 8 日，欧洲煤钢共同体与欧洲经济共同体、欧洲原子能共同体合并，统称欧洲共同体，简称欧共体。欧共体的核心成果有五项：第一，取消成员国之间的贸易壁垒；第二，建立一致对外的贸易政策；第三，协调成员国之间的运输系统、农业政策和一般宏观经济政策；第四，取消限制自由竞争的措施；第五，保证成员国之间劳动力、资本和企业家的流动性。

第二个重要阶段是 1979 年 3 月正式成立欧洲货币体系，又称欧洲货币制度。其主要目的就是要摆脱当时剧烈波动的美元对欧洲各国货币汇率的影响。

欧洲货币制度的主要内容是：第一，成员国之间实行固定汇率，对非成员国则实行浮动汇率；第二，创设欧洲货币单位，这是欧元的前身；第三，筹备创立欧洲货币基金，以构建和加强对货币市场的干预，以及为成员国提供信贷支持，欧洲货币基金是欧洲中央银行的前身；第四，对遭遇经济困难的成员国提供资助。整个欧洲货币制度的架构后来被欧元继承下来，欧元就是在欧洲货币制度这个架构上建立起来的。

第三个重要阶段，是欧元诞生。1991 年 12 月 9—10日，欧共体的 12 个国家在荷兰马斯特里赫特举行会议，签署了著名的《欧洲经济与货币联盟条约》以及《政治联盟条约》。这两个条约被统称为《欧洲联盟条约》，即著名的《马斯特里赫特条约》。

《马斯特里赫特条约》标志着欧盟诞生，这是欧洲一体化道路上最重要的里程碑。《马斯特里赫特条约》签署之后，欧元的创立加速推进。1993 年 11 月，《马斯特里赫特条约》正式生效。1994 年 12 月 15 日，欧盟在西班牙马德里召开的首脑会议决定将欧洲单一货币定名为欧元。1998年，欧洲中央银行正式成立，这是国际货币历史上第一个超越主权国家的中央银行，是一次真正重大的货币金融创新。

1999 年 1 月 1 日，欧元在欧盟成员国中正式发行，它是一种具有独立性和法定货币地位的超主权国家货币。经过 3 年过渡期，2002 年的 1 月 1 日，欧洲单一货币——欧元正式流通，欧元区所有成员国的货币停止流通，欧元的纸币和硬币正式成为欧元区唯一的法定货币，欧元一诞生就立刻成为全球第二大货币。

欧元的诞生是理论和实践完美结合的产物。欧元区的理论基础，就是最优货币区理论，所以最早提出该理论的罗伯特·蒙代尔教授被誉为"欧元之父"。1999 年欧元诞生的时候，蒙代尔荣获当年的诺贝尔经济学奖。最优货币区理论的核心思想是：从经济、金融、资源最优配置的角度看，货币的最优边界和流通范围并不是主权国家，而可能是超越主权范围的一个很大的货币区。这个理论彻底颠覆了货币的传统思维，为创建欧元奠定了坚实的基础。

从实践方面看，创建欧元要面临的最大挑战就是要跨越政治上的各种阻碍。欧洲几代领导人，特别是德国和法国的领导人为此做出了巨大贡献。德国和法国的第一代领导人，联邦德国总理阿登纳和法国总统戴高乐，为欧元的诞生奠定了坚实的政治基础。两位领导人成功地实现了德国和法国的和解与精诚合作，这是欧洲政治史上最大的成就之一。两国的第二代领导人，联邦德国总理施密特和法国总统德斯坦，则推动了欧洲汇率机制的创建，为欧元的诞生铺平了道路。两国的第三代领导人，德国总理科尔和法国总统密特朗则运筹帷幄，精心谋划，特别是主导《马斯特里赫特条约》的签署，最终促使欧元成为现实。

后来几代领导人为欧元的顺利运行，特别是领导欧元渡过 2008 年全球金融海啸和随后几年的欧债危机付出了巨大努力，其中德国总理默克尔居功至伟。从推动欧元的诞生，到保持其稳定和发展，德国和法国始终是欧元的中流砥柱和核心力量。

如果全世界只用一种货币会怎样

所谓全球单一货币，就是全世界所有国家都采用同一种货币，拥有同一个中央银行和同一种货币政策。这听起来像是一个乌托邦，是一种完全不可能实现的理想化状态。然而全球实行单一货币并非完全是异想天开。

首先，它有现实的基础，全球单一货币的构想正是欧元给我们的启示。尽管在过去 20 年里，欧元遇到很多危机，很多人都预测欧元区要崩溃，要解体、破产，但是欧元到今天依然运行良好，欧元现在是仅次于美元的全球第二大货币。欧元这个超主权的货币自然给了人们无限的想象空间，所以在 20 世纪末到 21 世纪初，很多人就讨论亚洲有没有可能推行一个亚元，非洲有没有可能推行一个非元，或者我们干脆能不能推行一个全球单一货币。

其次，全球单一货币有坚实的理论基础。如前所述，蒙代尔在 1960 年就提出过超主权货币的思想——最优货币区理论。美联储前主席保罗·沃尔克也长期支持全球单一货币的构想。他说，我们今天是一个真正的全球性经济，是一个全球性的贸易体系和金融体系，所以我们需要一个全球的货币。

为什么要追求创建一个全球单一货币？因为从理论上说，全球单一货币对整个人类来说是有很大好处的。

第一，消除汇率风险。如果各国都采用全球单一货币，那么我们今天看到的这些汇率浮动、汇率风险、汇率套期保值等就完全不需要了。例如，1995 年欧元诞生之后，欧元区成员国之间就不存在汇率波动的风险，因为国与国之间没有汇率。如果全世界创建全球单一货币，那么世界上所有的汇率波动风险就会被完全消除。

第二，防止全球货币的滥发。过去 50 年的历史经验告诉我们，随着布雷顿森林体系的崩溃，全球的货币供应量，特别是基础货币供应量，从 1971 年的不到 500 亿美元，已经增长到今天的超过 15 万亿美元。所以在过去这些年里，我们看到全球出现过无数次的资产价格泡沫和金融危机，很多国家的经济出现脱实向虚的情况，即金融资产的规模越来越庞大，实体经济的增速却极其缓慢甚至萎缩。如果有一个全球单一货币，我们就可以建立起一个机制，让全球过剩的货币供应量得到控制，以及让全球的货币量增长符合实体经济的需要。

第三，消除外汇投机对经济的不良影响。如果有一个全球单一货币，那耗费人力和资金成本的很多外汇交易和衍生金融交易就完全没有存在的必要了。今天在美国华尔街、英国伦敦、新加坡、中国香港等国际金融中心交易的衍生金融工具和进行的外汇买卖，虽然创造了一些工作岗位，但从发展实体经济的角度来讲，这些金融交易绝大多数是不必要的。

第四，减少因汇率波动而引发的金融危机。包括蒙代尔在内的很多著名经济学家研究发现，过去发生的很多金融危机实际上是汇率急剧波动造成的，尤其是美元对其他货币汇率的急剧波动。例如 20 世纪 80 年代的拉美债务危机、1997 年的亚洲金融危机、2008 年的全球金融危机等，都是如此。

第五，减少真实经济增速下滑的风险。一旦全球使用单一货币，就不存在汇率风险，而汇率的风险正是造成过去 50 年以来，西方发达国家实体经济增速大幅下降的一个主要原因。这个问题讲起来非常复杂，也非常有趣，是一个非常重要的理论问题，也是已故的斯坦福大学著名的麦金农教授长期研究的问题。

那么既然全球单一货币有这么多好处，人们如何构建全球单一货币呢？具体来说大致有四种方案。

第一种是参考欧元和欧洲中央银行的模式来设计，即大国之间签订协议，构建全球单一货币。比如说现在有 20 国集团，它们可以像欧元区一样签订协议，构建一个单一货币，其他国家根据情况分批加入。

第二种方案是改造国际货币基金组织，将其改造成一个真正的全球中央银行，同时把特别提款权改造成一个真正的全球货币。事实上，当年人们设计特别提款权的初衷就是希望把国际货币基金组织变成一个真正的中央银行，特别提款权可以替代美元，变成一个真正的全球货币。

第三种方案是改造美联储。美元是当今世界的储备货币。原则上我们可以改造美联储，让美联储成为一个全球的中央银行，让美元成为全球的单一货币，其他国家则参与进来，成为美联储的股东，参与它的决策机制、铸币税的分配、货币政策的制定等。

第四种方案是大国之间首先签订稳定汇率的协议，比如现在的主要经济体，美国、欧盟、中国、日本等，共同签署一个稳定汇率的协议，然后再逐步过渡到全球单一货币。

然而，这些方案在政治层面上很难走通。不过，欧元的诞生给我们的一个最主要的启示就是，政治上乃至历史、文化上的障碍，长期看来都是可以克服的，但是这需要漫长的时间。因此，构建全球单一货币的梦想在短期之内是不会实现的。

全球货币体系今天已经进入大国货币竞争的时代，当今世界的货币体系是以美元、欧元、英镑、日元、人民币等货币为主要角色的多元化国际货币体系。尽管美元和欧元在里面所占的比例很高，但是我们看到人民币正在快速崛起，英镑和日元也发挥着重要的作用。也许经过了大国货币竞争的时代后，人类有望迎来一个崭新的国际货币体系，也就是单一货币时代。

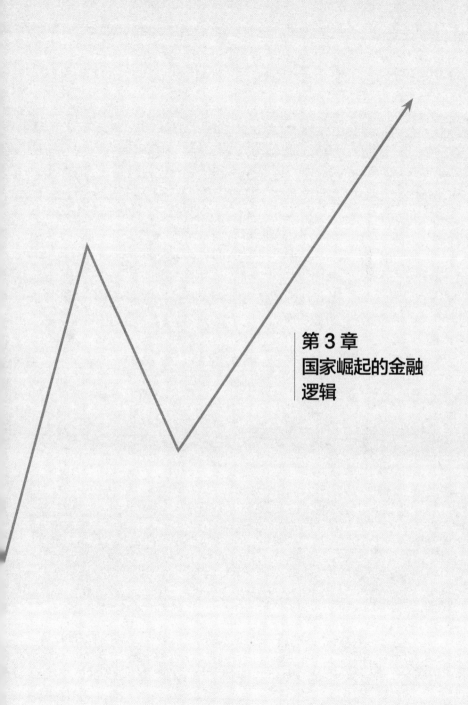

第 3 章
国家崛起的金融
逻辑

谁才能有超级货币

罗伯特·蒙代尔曾经将货币史上的一个规律称为人类货币体系的"大国定律",也叫"超级大国定律"。这个规律是指只有强大的国家才能拥有强大的货币,只有超级大国才能拥有真正全球性的超级货币。

明白这个规律,能够帮助我们理解货币金融史上的一些极其重要的货币现象。例如 18—20 世纪,世界贸易金融投资为什么由英镑主导? 20 世纪到今天,全球的贸易、金融、外汇交易、投资等金融活动,为什么由美元主导?为什么美国能够持续半个世纪一直拥有庞大的贸易赤字和国际收支赤字?为什么美国可以持续数十年发行巨额的国债而不用担心财政赤字?为什么世界各国那么多货币的汇率要和美元挂钩?为什么美联储的货币政策对全球有那么重要的影响? ……这些问题不仅能够帮助我们理解历史以及判断汇率和国际金融大趋势,还能让我们明白,美国历年多次挑起各类国际贸易争端的用意何在,其内在机制是什么。

理解这个规律，还能够帮助我们认识人民币，思考如何实现人民币国际化，如何让人民币成为真正的国际货币，以及这样做的重要性。当然理解这个规律对我们做投资，特别是做对外投资、外汇投资也同样重要。

那么大国定律究竟是什么？

首先我们需要了解如何定义一个强大的国家。一个强大的国家要满足五个标准：政治稳定、经济繁荣、科技进步、文化发达、军事强大。

那么又该如何定义一个强大的货币？至少也要满足五个标准：第一，币值要高度稳定，不能忽涨忽落、通货膨胀、通货紧缩；第二，流通范围要非常广，一个货币的流通范围太窄，就不可能成为一个强大的货币；第三，这个货币是重要的财富储藏介质，无论是个人、企业，还是国家，都愿意用这样的货币作为储备货币和财富储蓄的货币；第四，它是世界上重要的金融交易计价和结算的货币，特别是在国际金融市场上的交易、定价、结算上，它占有重要地位；第五，它必须是全球大宗商品交易、计价、结算的重要货币，大宗商品包括石油、铁矿石、工业金属、贵金属、粮食等。这五个标准是我们从漫长的货币金融史中总结出来的。

在很久以前，金融市场不发达，大宗商品交易、跨国金融交易还非常少，那时候衡量一个强大的货币的主要标准是它的币值是否足够稳定，流动范围是否足够广。随着金融市场的快速发展，尤其是全球性金融市场的迅猛发展，经济金融的快速全球化，后面的三个标准，即储备货币、金融交易结算货币、大宗商品交易结算货币就变得越来越重要，并且成了强大货币的重要标志。

强大的国家和强大的货币是相互联系在一起的。只有强大的国家才能拥有、创造、发行和管理强大的货币，也才能够从强大的货币里面获得巨大的利益。

为什么只有强大的国家才能创造和管理强大的货币，小国和弱国就不能拥有一个强大的货币呢？

道理很简单，首先，只有一个强大的国家，才有能力掌控和垄断货币的发行权。在贵金属货币时代和金本位时代、银本位时代，铸造货币所需的材料，包括黄金、白银以及其他金属都是由国家垄断的。在纸币时代，国家必须要有能力严厉打击假币，维护本国信用货币、主权货币的尊严。如果假币泛滥，这个国家的主权信用、货币信用就会遭到严重的削弱。

其次，一个强大的国家必然拥有庞大的市场规模、稳定的法律和政治制度、繁荣和持续增长的经济和持续进步的科学技术。这样全球的投资者自然愿意用这个国家的货币来进行投资、理财和储蓄。这个国家的货币自然会成为全球性的储备投资、货币金融交易、大宗商品交易结算的货币。

最后，一个强大的国家必然拥有广泛的国际政治、经济、军事、外交、文化等多方面的影响力，它不仅能够主导全球贸易、经济、货币金融规则的制定，还能够主导跨国性的金融机构，因此，这个国家的货币就会成为全球货币金融体系的支柱货币，这个国家也自然而然就会成为全球重要的货币金融中心。

那么一个强大的货币或超级货币，能给这个国家带来什么好处？至少能够带来5个方面的重要好处。

第一，庞大的铸币税收入。简单来说，铸币税就是一个国家发行货币能够获得的收入。例如美元，100美元钞票的印刷成本只有4美分，但实实在在地能购买价值100美元的产品或金融资产，所以美国每发行100美元的钞票，获得的铸币收入约为99.96美元。由此可见铸币税能带来丰厚的收入。实际上，对于很多国家来讲，铸币税是一个国家财政收入的重要来源之一。在金属货币时代，使用某种货币的人越多，全球范围内对这种货币的需求量就越大，而需求越大，就能够创造更多的铸币税收入。

第二，推动国家成为全球金融中心。拥有强大货币、超级货币的国家，一定拥有一个超级金融中心，即全球性的或地区性的金融中心。金融中心的本质是全球的资金都在这里融通，这里会成为资金的集散地，可以推动整个国家金融事业的发展，还能够解决这个国家的大量就业，提升国家收入。

第三，主导甚至支配全球的支付清算网络、金融交易网络。从某种意义上说，一个国家掌握了全球金融交易体系和支付清算体系，也就控制了全球的金融安全。

第四，成为全球金融市场的主导者和支配者。金融市场无非就是以货币为核心的债券市场、股票市场、外汇市场等，一个国家掌握了全球最主要的货币，自然而然就主导了全球的金融市场。

第五，本国的企业和投资者受汇率动荡的影响较小。例如，今天的美国对于汇率风险的重视程度相对较低，而对于其他国家，汇率风险就是一个巨大的隐患。

随着经济全球化程度的提高，一个强大的国家货币或一个强大的国际货币给这个国家带来的利益会越来越大。

英国崛起中最厉害的武器是什么

工业革命之后，特别是 18 世纪、19 世纪，英镑是全世界最主要的货币，算是当时全球的霸权货币。它的霸权主要体现在以下几个方面。

第一，英镑在当时流通和使用的范围非常广。英国的统治范围在 19 世纪末、20 世纪初达到了巅峰，面积达到 3 300 万平方千米，占世界陆地面积的 1/4，统治着全球 4.4 亿人口。在英国的统治地区，英镑是最重要的基础货币和储备货币，所以英镑是历史上流通范围最广的国际货币之一。

第二，英镑是 19 世纪到 20 世纪初期全球贸易的主要结算货币。虽然英国直到 19 世纪中期才开始实施真正的自由贸易，但它促使世界上大部分地区接受了自由贸易的观念。英国牵头建立了多个自由贸易区，并与日本、土耳其、拉美诸国签订了很多贸易协定。巅峰时期英镑结算的贸易量占全球贸易总量的 60% 以上，与今天美元结算的贸易量占全球总量的比重差不多。

英镑对英国和全世界最重要的作用或许不是促进自由贸易，而是促进全球投资。1865—1914 年是英国海外投资的高峰期，海外投资额平均占到英国 GDP 的 7%。1914 年，英国的海外资产总额已经高达 38 亿英镑，大约相当于今天的 10 万亿美元。当时英国的海外资产占世界各国境外总资产的一半以上。英镑自然是英国进行海外投资使用的主要货币，反过来，庞大的海外投资又强化了英镑的国际投资货币地位。

第三，英镑是当时全球最主要的储备货币。19 世纪后期，英国是世界上最强大的工业国以及最大的经济体，统治着世界上最广袤的领土，伦敦自然就是全球最大的金融中心，英镑也自然是全世界主要的储备货币。事实上，英国在当时是国际货币体系的主导者和标准制定者。1821 年，英国正式实施金本位制，紧接着埃及、加拿大、澳大利亚、智利等英国的附属国，都纷纷仿效英国实施金本位制。截至 1908 年，世界上绝大多数国家都实施了金本位制，只有中国、墨西哥、印度等国家继续实施银本位制。

第四，英国还为许多附属国和殖民地设计了货币局制度，即附属国和殖民地可以发行本地货币，但所发行的货币依照固定价格与英镑挂钩。当地银行只有拥有足够的英镑，才能发行相应数量的本地货币。

19 世纪后期，英国绝大多数的附属国和殖民地都实行了货币局制度或金本位制。由于英国实施金本位制，货币能够和英镑兑换也就等于能够和黄金兑换，所以世界上许多国家名义上是金本位制，实际上是英镑本位制。因此形成了以英镑为中心的庞大的全球货币区和全球货币体系，当时英国的强盛也让人们对英镑非常有信心。

英镑的起源很早，它的历史可以追溯到罗马帝国的货币体系，追溯到加洛林王朝、拜占庭帝国、古希腊和古亚细亚。英镑最早其实是一种度量衡体系，1 英镑等于 20 先令或 240 便士。这个度量衡体系后来被英国货币单位采用了，所以英国的货币就被称为英镑体系。

英国早期流通的货币都是金属货币，包括白银铸币和黄金铸币。近代英镑发展史上有两个重要的里程碑：第一个是 1663 年英国铸造的基尼金币。这是一种纯度很高的黄金货币，成为当时英国的象征。但是基尼金币不能完全满足市场需求，所以银币、铁币、铜币等各种旧的铸币照样流通。有人甚至将新的黄金铸币和白银铸币切成小块，拿到市场上兜售。旧的铸币在流通，完好的铸币自然就会退出流通，这就是所谓的劣币驱逐良币。

各种金属铸币都在市场中流通，铸币里面的含金量和含银量都大打折扣，几乎所有铸币的金属含量或成色都严重不足。英国货币的混乱状况成了当时知识分子嘲讽的题材。有一位文学家写了一部喜剧《时髦傻瓜》。这部喜剧的主角说："贞操就像我们的货币那样降低了成色，在 16 岁少女身上寻找忠诚，就像在旧英镑货币边缘上寻找忠诚一样困难。"

为了禁止人们损坏新的铸币，当时英国实施了严刑峻法，包括绞刑和火刑。据历史记载，仅在一个早晨就有 7 个男人被处以绞刑，1 个妇女被活活烧死。据说死刑的执行者就是有史以来最伟大的物理学家之一——牛顿。牛顿在 1696 年被任命为英国皇家造币厂督办，1699 年晋升为造币厂厂长，一直干到 1727 年去世。牛顿掌管英国皇家造币厂长达 31 年，据说他处治造假币和切削货币出售的罪犯从不手软，绝不徇私枉法。

第二个是 1694 年英格兰银行的创办。英格兰银行可谓含着金钥匙出生，国王和王后是其大股东，所以英格兰银行一开业就能够发行钞票。

不过直到 1928 年，也就是英格兰银行创立 234 年之后，法律才明确规定，英格兰银行发行的英镑是英国无条件接受的法定货币。当然在此前的 200 多年里，英格兰银行发行的钞票就是事实上的法定货币，具有极高的声望，被普遍接受，而且直到 1946 年被国有化之前，英格兰银行一直是私人银行，可见中央银行并不一定是国家所有的。

自英格兰银行创立之时，它发行的钞票就成为全国通行的货币，并逐渐取代了金属货币，成为英国货币的主流。可以这样说，英镑的历史就是英格兰银行的历史。英格兰银行不仅是英镑的发行者，还发明了现代中央银行的绝大多数政策工具，例如支付清算体系、中央银行对利率和再贴现率的调节、存款准备金的管理、外汇储备资产的管理等。这些现代货币政策工具也随着英格兰银行的发展不断得到了完善。

总而言之，英镑成为全球主要货币和霸权货币有三个核心因素。第一，英国是人类第一次工业革命和第二次工业革命的主要领导国家之一，当时英国的技术持续进步，经济持续增长，建立了一个真正的大英帝国。第二，伦敦的金融市场不断扩展，金融创新日新月异，伦敦金融中心成了全球最主要的金融中心。第三，1688年光荣革命之后，英国采取了现代的君主立宪制，法治制度也日益健全，英国不仅成为世界上法治国家的典范之一，它的货币金融的监管及其相应的政策也成为全球典范之一。在这些因素的共同作用下，英镑在19世纪成为全球最重要的货币，以及一个真正的霸权货币。

什么是让美国成为世界第一的幕后推手

美元是当今世界最重要的货币，它到底强大到什么程度？可以用"6、7、8、9"来概括。"6"是全世界的储备货币有67%是美元；"7"是指世界贸易有75%用美元来交易结算；"8"是全世界有85%的金融交易，包括外汇债券、股票是用美元计价交易的；"9"就是大宗商品有90%以上用美元计价交易。

美元是今天最为全世界普遍接受的货币，是最主要的硬通货，它在全世界几乎畅通无阻。美元的重要性还可以用一个小故事加以说明。2003年12月13日，美国进军

伊拉克的特种部队历经千辛万苦，终于抓住了萨达姆。当
全世界人民怀着各种情绪观看美国士兵逮住狼狈不堪的萨
达姆时，很少有人注意到一个意味深长的细节，那就是这
个东躲西藏的伊拉克强权人物，随身携带的不是别的资产，
而是 75 万美元现钞。

　　只有了解当今世界货币体系的人，才能深刻认识到这
75 万美元现钞的象征意义和巨大的讽刺性。萨达姆曾经是
少数敢于和美国公开叫板的国家领袖，叱咤风云、不可一
世，但是当他逃难时，也不得不携带大量美元。

　　美元的发展历史可以分为 1913 年美联储创办前，和美
联储创办之后两个主要阶段。美联储创办之前，美国基本
上处于金属货币时代，有时是银本位制，有时是金本位制，
有时是复本位制，即金币和银币同时在市场上流通，而且
金币和银币有一个固定的比价。美联储创办之后，美国很
快进入纸币时代，不再与黄金和白银挂钩，美元成为完全
的信用货币。

　　现代美元的历史始于 1789 年美利坚合众国的建立。美
国建国初期实施的是复本位制，1792 年，美国联邦政府通
过了《铸币法案》。该法案规定，任何人都可以携带金银到
铸币厂，要求铸成金币或银币。《铸币法案》为新生的美
国建立统一的货币体系和发展金融市场奠定了良好的基础，
对推动美国经济腾飞具有关键性的作用。

　　淘金热是美元货币史上的大事。1849 年，加州发现金矿，成千上万的淘金客涌入加州。1847 年，美国黄金产量只有 4.3 万盎司，在随后的两年暴涨了 45 倍，达到 193 万盎司。1851—1855 年，仅加州一地的黄金产量就占到了全世界黄金产量的将近一半。拥有如此庞大黄金产量的美国，决定从法律上实施金本位制。美国国会于 1873 年通过新的《铸币条例》，实际上停止铸造银币，废除了白银的货币地位，美国开始跟随英国实施金本位制的货币体系。

　　可是没有想到，美国在淘金热后不久又迎来了白银大发现。1874 年之后，美国西部几个州，例如内华达州、科罗拉多州、犹他州都发现了超级丰富的银矿。其中内华达州的银矿，1873 年只产出了 64.5 万美元的白银，到 1875 年居然产出了 1 612.5 万美元的白银，产量暴涨了超过 25 倍。

　　所以在此后的几十年里，围绕到底是铸造金币还是铸造银币，美国各派商业和政治势力展开了激烈的较量，几度成为美国总统大选的重要话题。1900 年，美国国会干脆通过《金本位法案》，正式宣告美国实施金本位制，黄金成了美国唯一的钱。所有其他的货币，包括纸币、银币等，都以固定价格兑换黄金。当时，无论是拥有的黄金储备总量，还是整体经济实力，美国都已经远超欧洲各国，美元货币体系和金融体系推动美国经济登上了世界之巅。

　　1913 年美联储的创立是美元货币史上一个真正的分水岭。当年美国国会通过《联邦储备法案》，政治上独立的联邦储备系统正式成立，其主要职责包括监管银行系统和管理货币供应。1914 年 11 月 16 日，美联储开始发行联邦储备券（Federal Reserve Note），这是美元的正式名称。今天的美元钞票上都有一行字：Federal Reserve Note。

　　《联邦储备法案》还规定，每发行 1 美元联邦储备券，美联储需用40% 的黄金作为抵押，所以美联储成立之后发行的美元继续实施金本位制。当时美元与黄金的比价是 1盎司黄金等于 20.67 美元。

　　20 世纪 30 年代，随着欧洲各国恢复金本位制的努力宣告失败，各国汇率竞相贬值，美国总统罗斯福当仁不让，将黄金价格从 1 盎司 20.67 美元提高到 35 美元，使得美元相对黄金大幅贬值，以此应对其他国家的货币贬值。同时，美联储也能发行更多货币来刺激经济，因为黄金价格提高之后，同样的黄金储备就能够发行更多的美元了。

　　美元货币历史上最重要的里程碑之一，就是 1944 年布雷顿森林体系的创立，这标志着美元登上世界货币的霸主宝座。当时二战深刻影响了美元的发行机制，战争融资让美国政府出现大规模的赤字。在联邦政府的压力下，美联储无限量买入政府发行的国债。例如 1941 年 6 月至 1945年 6 月，美国联邦政府的债务从 480 亿美元暴涨至 2 350

亿美元，美国的货币存量也从 630 亿美元增加至 1 270 亿美元，国债事实上已经取代黄金，成为美元货币发行的主要抵押品。

在此之后，美国又实施了一系列重要的措施稳固其地位，特别是 1947 年美国政府实施的马歇尔计划。欧洲受此计划援助的国家用美国援助的美元从美国购买物资，美元自然而然就成为国际贸易和国际金融的结算货币。同时，美国帮助欧洲各国恢复贸易往来，欧洲各国之间的贸易和金融结算也自然以美元作为计价和清算货币。

可以说，马歇尔计划是推动美元成为西方世界主要货币的关键力量。从此，美元成为西方资本主义世界的记账单位、关键货币储备、货币贸易和金融的交易货币、财富储藏货币。20 世纪 90 年代，随着苏联解体，东欧各国相继融入全球经济和金融体系。中国在改革开放之后，也快速成为全球贸易、经济和货币金融体系的重要成员，美元的影响力扩展到全世界。

美元货币历史上另一个重要的里程碑，就是 1971 年 8 月 15 日，尼克松总统宣布终止黄金和美元的兑换，此举摧毁了布雷顿森林体系。美元的发行机制从黄金资产抵押完全转变为国债买卖和回购、商业票据再贴现以及美联储对商业银行的再贷款。美联储原则上可以无限度地发行和扩张货币，所以布雷顿森林体系的崩溃并没有削弱美元的地位。因为除了美国之外，世界上几乎所有国家的货币汇率都是直接或间接与美元挂钩的，都需要美元储备干预外汇市场，以确保汇率稳定。为了获得美元，很多国家开始大规模向美国出口商品，美国从此出现日益增长的贸易逆差。

美元货币历史上第三个里程碑就是 2008 年全球金融危机爆发之后，本·伯南克领导的美联储实施量化宽松货币政策。量化宽松货币政策就是每年从市场上大量购买国债和其他债券，以此增加美元货币的发行量。美联储正是通过这种方式摆脱和化解金融危机，同时向世界转嫁金融危机的损失的。美国充分享受和利用了超级货币带来的超级利益，如果换成别的国家欠下数万亿美元的外债，早就破产了，但美国不仅安然无恙，还继续大规模增加赤字、发行国债。

美元的霸权货币体系给美国带来了巨大的利益。早在1961 年，法国著名经济学者、戴高乐的经济顾问——雅克·吕夫，就曾经阐明美元霸权货币体系的本质："当代国际货币体系已经沦落为小孩子的'过家家'游戏。欧洲各国辛辛苦苦赚回美元和英镑，然后又毫无代价地拱手返还给发行这些货币的国家，就好像小孩子们玩游戏一样，赢家同意将赚回的筹码奉还给输家，游戏却继续进行。"换句话说，所谓美元的超级霸权，就是它可以直接印钞票来购买其他国家的产品、资源和工厂。

简单来讲，超级货币给美国带来超级利益的办法和机制有五个。

第一，美国可以无限度地发行美元，购买全球的资源和商品。换句话说，作为全球储备货币的发行国，美元其实是美国最大的出口商品，其他国家为了获得美元，必须拿真正的资源和商品去兑换美元。仅美元钞票一项，全世界除美国以外的其他地区，每年的需求量就超过5 000亿美元，非现金货币的需求量则更大。

由于美元是全球储备货币，美国大量发行美元就等于向全世界征收通货膨胀税，以美元贬值的方式间接"赖债"，即抵消美国所欠的部分外债。因为美元钞票发行得越多，美国所欠外债的实际价值就越贬值，尽管表面上美国从来没有出现过债务违约。

第二，操纵美元与其他货币的汇率来赚钱。美国经常指责其他国家操纵汇率，其实真正能够操纵汇率的是美国，是美联储。

第三，美国借助庞大的美元债券市场的规模效益和锁定效应，让外国政府累积的外汇储备，没有其他投资渠道，只好继续投资到美国国债市场，为美国财政赤字融资。

美国前副国务卿、哈佛大学著名教授理查德·库珀就曾说过："外国投资美国的国债越多，就越是难以自拔，美元暂时的流动性就越高，各国外汇储备投资就越是别无选择，只好继续投资美国国债市场，给美国财政赤字融资。"

第四，美国以自己的货币借外债，不存在其他国家所谓的货币错配①的问题，所以它可以大量借外债而有恃无恐。

第五，美元霸权确保了美国完全掌控国际金融规则的话语权和制定权。这是 1944 年布雷顿森林体系的结果，世界银行、国际货币基金组织、关贸总协定（世界贸易组织 WTO 的前身），都是在美国主导下建立起来的。今天美国依然拥有国际货币基金组织的一票否决权，世界银行的行长一直以来也都是美国总统提名的，所以美国对全球金融规则、货币规则有巨大的发言权和主导权。

美元霸权到底给美国带来了多大的利益？很多学者都试图弄清这个问题，最有名的研究是伦敦政治经济学院的两位经济学家做的，他们的方法是把美国想象成一个超级大银行，银行资产一方就是美国对全球的投资，负债一方就是全球在美国的投资，也就是美国的负债。银行赚钱主要是靠资产和负债的利差。两位经济学者详细计算了1952—2000 年的近半个世纪以来，美国这个全球"超级大

---

① 货币错配，一个国家不能以自己国家的货币借外债，只能以外币来借外债。

银行"的资产和负债收益率的差距，结果是，美国持有的外国资产的平均收益率是 5.72%，外国持有美国资产的平均收益率是 3.61%，二者相差 2.1 个百分点。

他们还分别计算了固定汇率时代和浮动汇率时代的资产和负债收益率的差距。1952—1973 年（布雷顿森林体系固定汇率时期），美国持有外国资产的平均收益率是 4.04%，外国持有美国资产的平均收益率是 3.78%，收益率差距只有 0.26 个百分点。进入浮动汇率后，两个收益率之间的差距就急剧扩大：美国持有的外国资产的平均收益率上升到 6.82%，外国持有美国资产的平均收益率降低到 3.5%，二者的差距达到了 3.32 个百分点。

这些数据看起来有点难理解，其实只需要记住一点，那就是在浮动汇率时代，美国作为全球"超级大银行"，利差大幅扩大，也就是说浮动汇率更有利于美国赚钱。这就说明了美国为什么要摧毁布雷顿森林体系，后来又极力鼓动世界各国大力采用浮动汇率。因为采用浮动汇率，美国的资产和负债收益率的差距会大幅度扩大，能赚更多的钱。

举一个例子，2001—2006 短短的 6 年时间，美国累计对外借款 3.09 万亿美元，然而它的净负债竟然还减少了 1 990 亿美元，相当于美国净赚 3.408 万亿美元。其中，汇率贬值赚了 8 920 亿美元，资产负债收益率差距赚了 1.694 万亿美元，其他手段赚了 8 220 亿美元。

净赚 3.408 万亿美元是个什么概念？它相当于美国 6 年的国防军事开支总和。这也就是说美元霸权创造的超级利益，相当于世界各国为美国庞大的军事开支买单。这充分说明了为什么美国可以肆无忌惮地大搞财政赤字，在全世界穷兵黩武，耀武扬威。

美元霸权能创造出超级利益的原因，除了我们前面讲的五大机制以外，还有学者提出了三个理由。

第一，美国海外投资的资金与外国投资到美国的资金在质量上是不同的。美国是世界上最主要的创新国家，所以美国在海外投入的不仅仅是资金，还包括技术专利、管理的诀窍、科技创新等，所以能获得高收益。

第二，美国的高科技拥有绝对的优势。所以美国在海外的投资往往都占领了外国的高端产业，自然能赢得高收益。

第三，美国是全球的金融中心和投资天堂，所以外国投资者，尤其是外国政府即使知道收益低，也要把巨额资金投入美国的金融市场，特别是国债市场。它们进行投资主要是出于保值和安全的需要，不太在乎收益率高低。

实际上美元霸权能为美国创造如此巨大的超级利益，其背后有非常复杂的机制。坦率地说，经济学者还没有完全弄清楚这些复杂的机制。但有一点非常明确，那就是一个霸权货币体系能够操纵全球金融市场，操纵各国货币的汇率，以此来为这个霸权国家谋得巨大利益。这就是美元超级霸权带来超级利益的本质，也是值得我们高度重视和深入研究的重大问题。

日元国际化之路的教训是什么

日元是当今国际货币体系里面一个重要货币，国际货币基金组织特别提款权篮子里面的货币只有 5 种：美元、欧元、人民币、日元和英镑。日元的占比为 8.33%，高于英镑，次于人民币，但实际上日元的国际化程度，也就是日元在国际贸易和金融中使用的广度和深度比人民币要大。

从 1950—1970 年的 20 多年里，日本经济的平均增速达到 9%，很多年增速超过 10%。日本迅速从二战后满目疮痍的战败国，崛起为世界第二大经济体。到 1980 年，日本在全球 17 个产业中称雄世界。与此同时，日本也开始了货币金融的全球化和国际化征程，具体有四个方面的动作。

第一，日本制造企业大举进入全球市场，成为真正的跨国企业。许多日本公司发展为全球著名的企业，比如丰田、日产、本田、索尼、松下、东芝、佳能等。在 20 世纪 80 年代，超过 120 家日本公司进入《财富》世界 500 强的榜单。

第二，大举进行海外投资。1982 年日本海外投资的资产只有 250 亿美元，到 1992 年，日本海外资产的总额达到了 20 352 亿美元，净资产高达 5 136 亿美元，位居世界第一，成为当时世界最大的债权国。

第三，日本金融机构迅猛扩张，成为全球金融界的风云霸主。20 世纪 80 年代末，全球十大商业银行有 9 家属于日本。1988 年，日本银行提供的国际贷款占当年全球跨国贷款总额的 38%。1990 年，日本银行在美国的分支机构的资产，占美国银行业资产总额的 13%。

第四，除了商业银行之外，日本投资银行海外扩张的猛烈程度远远超过商业银行。以野村、大河、日星和山一为代表的日本投行，从 20 世纪 80 年代中期开始，急速进军伦敦和纽约。它们采取各种非凡的手段拓展业务，比如高薪聘请英国财政部副部长担任它们伦敦办事处的主任，聘请美联储的高级官员为华尔街分支机构的负责人，还打入美国国债一级市场的交易，进军衍生金融市场。短短几年内，日本投行就成为国际金融界令人生畏的竞争对手。

第五，凭借庞大的资本输出，日本开始寻求国际政治、经济、金融货币领域的话语权。比如，它向世界银行国际货币基金组织捐款，条件就是要这些金融机构多雇用日本人；它还向美国很多大学捐资设立奖学金，尽可能扩大日本的影响力。

但是好景不长，1990 年 1 月，日本股市暴跌，到 1994 年，日本股市市值的 70% 烟消云散，房地产连续 14 年下降。从 1990 年算起，日本经济陷入长达 20 年的低速增长和衰退，刷新了历史纪录。在 1980 年日本经济发展最高峰的时候，按 GDP 计算，日本的经济规模曾经达到美国的 70%，但现在日本的经济规模还不到美国的 40%。

日本货币金融的国际化不仅没有迅猛推进，还快速地撤退或萎缩。今天，日本东京在全球金融市场里面的地位，根本不能和纽约、伦敦相比，甚至某些方面还不如新加坡和中国香港。原因是什么？主要是美国的打压，这让日本的货币政策和其他经济政策出现错误。很多经济学者研究日本在泡沫经济之后经济衰退的历史经验得出的基本结论是，美国巧妙利用金融货币手段导演了日本的泡沫经济。日本资产价格泡沫的破灭，让日本银行和企业债台高筑，堆积如山的坏账彻底压垮了日本经济，迫使日本银行和企业收缩战线，甚至破产关门。紧接着，以美国为首的国际清算银行，也就是巴塞尔清算银行，又大幅度提高银行的资本充足率[①]，让几乎所有的日本银行不再符合国际监管标准，只好退回国内。

为了遏制日本的崛起，特别是摧毁日本货币和金融称

---

① 资本充足率，是指银行自身资本和加权风险资产的比率，代表了银行对负债的最后偿债能力。

霸全球的野心，美国至少运用了如下四个手段。

第一，以贸易争端为借口，以贸易制裁相威胁，始终对日本造成高压。即美国以贸易制裁为武器，迫使日元升值，日元升值刺激国际资金疯狂进入日本资产市场，炒作股票市场、房地产市场，资产价格泡沫一日千里。日元升值的同时，普通老百姓和企业也无心进行真实的消费和投资，沉湎于房地产和股市的投机。在 20 世纪 80 年代，日本经济的投机氛围极其浓厚，最后资产价格忽然破灭，彻底摧毁了正常的融资体系和投资体系，以致真实消费和投资长期萎靡不振，整体经济陷入长期衰退。

第二，美国随时准备粉碎日元成为国际货币和区域主导货币的任何努力。当日本向世界各国大量输出资本，希望提升日元国际影响力的时候，美国始终不允许日本占据国际金融的主导权。

第三，美国的金融巨头操纵各种金融工具，控制日本的资本市场和金融市场。在日本股市暴涨期间，美国的投资银行就向日本大举推销各种衍生金融工具，操纵日经指数。1990 年，日本股市崩盘的导火线就是高盛集团发明的日经指数认沽期权。美国公司首先大量购买认沽权证，随即全力打压股市，获取暴利，顷刻间造成日本股市的雪崩。

第四，美国的金融巨头操纵外汇市场，让其始终保持着日元的升值预期，迫使日本中央银行频繁出面干预。这一方面让日本银行的货币政策完全受制于国际热钱的走向，另一方面让积累了大量外汇储备的日本中央银行被迫投放大量的基础货币，造成日本国内流动性的泛滥。

日元国际化道路上的经验教训，特别是日元国际化最终失败的这个经验教训，对于我们深刻理解国际货币体系的演变规律和认识人民币的国际化道路有很重要的借鉴意义。其中一个最主要的经验教训是，经济总量和体量与本国货币金融的国际竞争力并不是一一对应的关系。即使一个国家的 GDP 总量达到世界第二甚至第一，并不意味着这个国家的货币一定会成为全球最主要的货币，这个国家的金融市场也不一定会成为全球的金融中心。所以当我们开始谋求货币金融的国际化时，首先必须将国内的金融体系、监管体系、金融市场的根基彻底打牢，否则在非常残酷的国际货币金融的竞争中，稍有不慎就会遭受灭顶之灾。

人民币的国际化会遇到哪些挑战

从小的方面说，我们现在去海外旅游，不大需要携带大量外国的货币，因为全球多数地方都可以使用中国的银联卡来支付。

从大的方面看，人民币已经正式进入国际主流储备货币的行列。2015 年 11 月 30 日，国际货币基金组织宣布将人民币纳入 SDR（特别提款权）的货币篮子。人民币在特别提款权货币篮子里的权重达到 10.92%，仅次于美元和欧元，成为其中的第三大货币。手中持有特别提款权，就可以直接和篮子里面的其他货币（包括人民币）进行兑换。人民币加入特别提款权是一个具有重要象征意义的里程碑。正如国际货币基金组织总裁拉加德所说，这是国际社会对中国经济发展和金融改革开放取得的巨大成就的充分认可和肯定。

回顾历史，人民币国际化的故事主要开始于改革开放。在这之前，中国对内实行严格集中统一的计划经济，对外基本处于闭关锁国的状态。改革开放之前的 30 年里，货币信贷对中国的经济完全不起作用，中国连商业银行都没有，更没有任何资本市场，没有股票市场、债券市场以及外汇市场。1978 年，中国进出口贸易总额只有 210 亿美元，而 2017 年已经达到 4.4 万亿美元，是 1978 年的 200 多倍，这是天翻地覆的变化。

需要注意的是，即使在与美国完全没有外交关系的 30 年里，人民币的汇率也主要与美元挂钩。1949 年，是 1 美元兑 80 元旧币。1955—1971 年，人民币的汇率也一直是 1 美元兑 2.46 元人民币。1971—1979 年，人民币汇率开始盯住所谓的"一篮子货币"，其实篮子内主要也是美元。

改革开放不仅创造了中国经济增长的奇迹，还创造了中国货币金融发展的历史性奇迹。经过改革开放 40 年的积累，中国外汇储备达到 3.2 万亿美元，最高的时候接近 4 万亿美元，目前中国商业银行资产总规模已经接近 50 万亿美元，高居世界第一，金融市场整体规模跃居世界前三位，股票市场排在世界第四位，债券市场排在世界第三位。人民币已经成为贸易的第二大货币和金融的第五大货币。正是在这个背景之下，人民币开始了迈向全球化的征程。

具体而言，人民币的国际化征程始于 2009 年，当年国务院决定大规模实施对外贸易以人民币计价和结算的试点。到今天，人民币的国际化取得了令人瞩目的成绩。

第一，在贸易结算方面，以人民币结算的对外贸易总量在 2015 年达到高峰，当年跨境贸易人民币的结算业务总量达到 7.23 万亿人民币。跨境贸易人民币的结算量占中国整个进出口总额的比重达到 29.36%，在全球贸易中的占比接近 4%。最近两年虽然略有下降，但人民币的贸易结算总量依然保持在 6 万亿元左右。

第二，人民币用于国际金融交易的范围不断扩展。这些年，人民币的国际金融计价和结算功能大幅度拓展，在国际直接投资和国际债券、国际票据交易中，人民币的使用范围正在不断扩大。中国的一些金融机构和政府部门在全球的金融中心，例如在伦敦、迪拜、新加坡、法兰克福都发行了以人民币计价的债券。英国政府、国际货币基金组织也发行了用人民币购买的债券。人民币参与跨国投资和融资的势头良好。

第三，越来越多国家的中央银行开始将人民币作为储备货币。到目前为止，中国人民银行已经与 30 多个国家的中央银行签署了货币互换协议，总额达到 3.3 万亿元。根据国际货币基金组织的数据，人民币在全球官方外汇储备中的比例已经达到 1.1%。这听起来似乎是一个极小的数字，但从 0 到 1.1 是一个历史性的突破。

第四，从衡量人民币国际化程度的指数来看，从 2009 年到现在，人民币的国际化程度增长了 10 倍。中国人民大学国际货币研究所每年都会编制人民币国际化指数，现在，人民币的国际化指数是 2.26，虽然它和美元、欧元、日元的国际化程度仍然有巨大差距，但是我们要知道，过去在货币金融的国际舞台上是看不到人民币的影子的，而在今天，人民币已经成为不可忽视的重要货币。

面向未来，人民币国际化面临着三大严峻挑战。

第一大挑战，是我们的资本账户必须要逐步实现自由兑换。我们现在对资本账户还有比较审慎严格的管理，无论是企业还是个人到海外投资，特别是进行大额的投资，都要受到严格的管理规定的制约。如果资本账户不能自由兑换，中国的金融市场就很难成为真正国际化的金融市场，人民币就很难成为真正国际化的货币。

第二大挑战，是货币的国际化意味着金融市场必须是开放的、国际化的。现在外资银行持有的中国国内资产在中国全部银行资产中所占的比重还不到2%，外资在中国的股票市场、债券市场中所占的比重也非常低，这些都说明中国的商业银行、中国的金融市场和资本市场基本上还是一个比较封闭的国内市场。我们距离一个真正开放的国际化市场还很远。如何完善监管体系，提升监管水平，打造好基础设施，构造完善的法制环境，让全球的资金、资本都愿意到中国的金融市场上投资和储蓄，是我们要思考的问题。

第三大挑战，是中国的金融企业、金融机构如何走出去，成为跨国金融企业。人民币要想国际化，中国的金融企业，包括商业银行、投资银行、证券公司、保险公司等，如果不能成为国际金融舞台上的重要成员，人民币国际化是不可能成功的。现在中国的商业银行，特别是工、农、中、建、交五大银行，从资产总额上来看已经在世界前十。但是无论从资产还是收入，以及业务的占比来看，这些银行的国际业务所占的比例都很小，几乎可以忽略不计。在全球的主要金融中心，比如伦敦、纽约，我们很难看到中国金融机构叱咤风云的身影。

一个货币要想成为真正重要的国际化货币，还取决于三个基本条件。

第一，国家政治稳定、法制健全、财富安全。中国正在努力建设一个法治国家，全面依法治国，这对人民币的国际化是非常重要的。

第二，国家的经济规模需要足够庞大，并且该国具有持久的科技创新能力。只有这样，其他国家、机构才愿意长期持有中国的各类资产。今天，中国正在强调创新驱动发展，中国的科技创新有望继续保持高速增长的势头，这是我们的货币和金融实现国际化最坚实的基础。

第三，国家的资本市场、金融市场必须具有广度和深度，以及国际公认的监管标准和监管体系。这也是制约人民币国际化的一个主要障碍。中国金融市场、资本市场的国际化程度，决定了人民币能否成为真正重要的国际货币。

人民币的精彩必将持续下去，但强势货币之路仍充满阻碍，为此我们都需要付出巨大的努力，还有大量工作有待完成。

货币战争有多残酷

国与国之间，特别是大国之间的货币竞争、金融竞争，也可以被称为货币战和金融战。

　　美国前国务卿基辛格曾经说过："谁控制了石油，谁就控制了所有国家；谁控制了粮食，谁就控制了人类；谁掌握了货币发行权，谁就掌握了世界。"这段话充分说明了货币和金融对国家的命脉、利益是多么重要。所以有史以来，大国之间围绕货币金融的权力、霸权展开的竞争都非常激烈和残酷。

　　我在前面的章节曾经提到过很多大国之间的货币战争的案例。例如，1956 年苏伊士运河危机时期，美国利用货币金融霸权，迫使英国从埃及撤军；欧盟各国为了减少对美元的依赖，经历艰辛创立欧元；美国利用贸易战和 1985 年签订的《广场协议》，迫使日元大幅升值，摧毁了日元国际化和日本金融国际化的梦想，等等。

　　在这些案例里，最经典的就是一战爆发后，美国决定关闭华尔街。1914 年 7 月 28 日，一战突然爆发，欧洲投资者开始抛售其持有的美国证券，并准备将抛售证券所获得的美元换成黄金，运回欧洲。当时美国实行金本位制，如果任其发展下去，不仅会耗尽黄金储备，而且必然面临金融市场的崩盘。美国总统威尔逊和财政部部长麦卡杜当机立断，签署总统行政命令，让美国所有证券交易所关门，时间长达 4 个多月，欧洲投资者顿时傻眼，却毫无办法，这种看起来粗暴蛮横的办法为美国赢得了巨大利益。

第一，避免美国出现金融危机。

第二，保住了美国的黄金储备。

第三，让美国一夜之间从债务国变成世界上最大的债权国。由于欧洲各国无法卖出它们在美国的证券，也无法兑换黄金，还要到美国来购买军火物资，所以只好向美国大量借钱。

第四，欧洲交战国大量借贷美元，使美元很快成为全球最重要的储备货币和金融交易货币。

第五，纽约华尔街顺理成章成为全球最重要的金融中心。

威尔逊和麦卡杜这看似粗暴无礼的关闭华尔街的行为，极大地提升了美国的国家利益，所以研究美国货币金融史的学者一致认为，这是一场大国间货币战争的经典案例。当然历史上大国之间的货币战争，不仅仅发生在美国，那么大国之间在货币战争或金融竞争中都会采取哪些手段？

第一，争夺全球储备货币的控制权和发行权。在金属货币时代，各国主要争夺的是黄金和白银，而在信用货币时代，各国争夺是国际储备货币的发行权和控制权。1944年，各国谈判《布雷顿森林协定》期间，凯恩斯提出建立全球中央银行，发行全球性货币班柯，美国断然否决了凯恩斯的方案，坚持以美元为国际货币体系的中心货币，就是为了美国的国家利益。

123

第二，争夺全球性金融机构的控制权和话语权。例如在《布雷顿森林协定》签署后，美国坚持要把国际货币基金组织和世界银行的总部放在美国。在 20 世纪 60 年代，亚洲开发银行创办的时候，美国最初则要求把总部放到旧金山，而不是其大股东日本的国内。最后几经谈判，妥协的结果是把亚洲开发银行的总部放到菲律宾的马尼拉。前几年中国牵头创办亚投行的时候，美国不仅公开反对，还极力劝说它的一些盟国不要参加亚投行。

第三，争夺全球金融中心，包括争夺股票市场、债券市场、外汇市场、大宗商品市场等。最典型的案例就是美国和石油输出国组织争夺石油的定价权。20 世纪 70 年代石油危机之后，美国深感石油输出国组织对石油定价权的操控会成为它的重大威胁，所以着手创办纽约商品交易所，开展石油期货交易。很快纽约商品交易所的石油期货价格就成为国际油价的决定力量之一。

争夺全球金融中心，还包括利用市场规模和金融市场法制和监管的优势，争取世界上最大和最优秀的公司到本国金融中心上市，这也是今天的纽约华尔街和伦敦的金融市场有众多世界顶尖公司的原因。

第四，利用货币金融（尤其是贷款和投资）的优势，参与和控制其他国家的金融体系。18—19 世纪的英国最善于玩这个把戏，它为拉丁美洲、非洲、亚洲一些国家提供贷款，等到这些国家无法归还贷款时，它就坚持控制这些国家的海关税收、金融货币行业和其他的经济命脉，让这些国家沦为半殖民地或者全殖民地。

第五，利用信用评级机构的巨大权力，直接摧毁一个国家的信用和融资能力。在 1997 年金融危机、2008 年金融危机和随后的欧债危机里，我们都能够看到以穆迪、标普、惠誉为代表的欧美信用评级机构对全球金融市场的影响力，它们可以把一个国家的信用评级评为投资级之下、垃圾级之下，让这个国家丧失在国际市场上的融资能力。

第六，利用掌控国际金融货币体系的巨大信息优势和支付网络的优势，对其他国家实施制裁。美国和欧洲动不动就能够对其他的国家实施金融制裁，关键就是因为它们掌握了全球货币金融体系的信息网络和支付清算的网络。

几年前，斯坦福大学胡佛研究所有一个研究员提出了所谓的"确保金融相互毁灭机制"，里面设想了很多种情形，即如果两国发生冷战或者热战，在金融货币方面如何相互较量。这个策略的关键也是基于美国对全球金融信息网络和支付清算网络的掌控。

可见大国货币金融的竞争，很多时候不仅关系到这个国家的贫富，也关系到这个国家的金融稳定和经济增长，甚至关系到整个国家的命运。所以大国货币和金融的竞争不容小觑，必须要保持高度警惕。

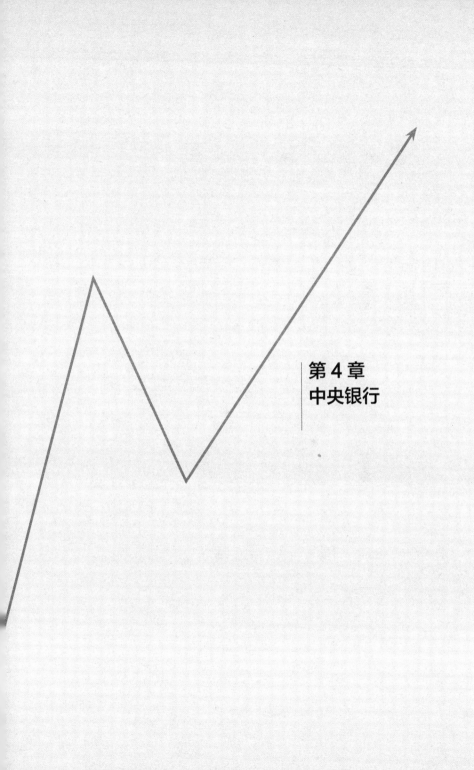

第 4 章
中央银行

神秘的中央银行

毫无疑问，如今在任何国家，中央银行都是权力最大的政策机构之一，它在很多人的心目中是一个非常神秘的机构。例如美国人经常会把美联储称为"Temple"，意为"寺庙"，以此来形容美联储在他们心中的神秘形象。

在揭开中央银行的神秘面纱之前，我们先来看看，世界上几家著名的中央银行的创立时间。

中央银行其实是人类货币金融史上出现比较晚的一种金融机构。世界上第一家中央银行，是1609年在荷兰阿姆斯特丹创立的威索尔银行。第二家是1668年创立的瑞典中央银行。实际上，诺贝尔经济学奖正是瑞典中央银行为了纪念诺贝尔，在银行成立300年时捐资给诺贝尔基金会而设立的奖项。第三家中央银行是1694年成立的英格兰银行，在18—19世纪，英格兰银行是世界上最著名、最重要的中央银行。1913年，美联储成立，它相当于美国的中央银行。1948年中国人民银行的成立，标志着中国的货币金融进入新时代。1998年欧洲中央银行成立，这是世界上第一个超主权的中央银行。

从历史上来看，中央银行是一个新事物，但它的职能并不简单，在300多年的时间里不断演变。

19世纪以前，中央银行的职能非常多，很多职能和如今商业银行的职能非常相似。例如，1609年成立的荷兰威索尔银行当时的主要职能就包括货币兑换、外汇买卖、托管理财、支付清算、债券发行、债券买卖等。1694年成立的英格兰银行，也具有很多商业银行的职能。

19世纪以后，中央银行才开始发展出一些新职能或者一些新工具，包括确定和调节利率，在公开市场买卖证券，即今天的公开市场操作或公开市场业务，以及在出现金融动荡、金融危机的时候，为其他商业银行和金融机构提供贷款，即如今中央银行的最后贷款人的职能。

到20世纪后期，中央银行就逐渐发展成为现在标准的货币政策工具。我们现在通常讲的公开市场操作、金融监管、维持金融市场稳定、挽救金融危机等，都是今天中央银行的标准职能或工作，而以前那些和商业银行类似的业务则基本不做了，或者说成为中央银行里辅助性的次要工作。

那为什么中央银行如此神秘呢？它的神秘感主要来源于以下几个方面。

第一，中央银行拥有巨大的权力和财富。很多中央银

行的业务从一开始就是国王、政府或者贵族、巨富才能够
参与的，而且世界上的主要中央银行都是政府直接创办的，
尽管私人机构可以当股东，但是并没有控制权。很多人认
为美联储是个私有银行，但其实早有法案规定，私人机构
不能干预美联储的运作，即使是股东。

　　发行钞票的权力是中央银行独有的，这是凭空创造财
富的权力。虽然有些地区的商业银行也可以发钞，但那并
不是一个普遍的现象。同时中央银行还可以左右利率和汇
率，左右整体经济，权力巨大。巨大的权力和财富本身就
能产生一种神秘感。

　　第二，中央银行在很长的历史时期里，从事的业务都
是高级金融业务。它为国王、皇帝、总统、中央政府进行
融资、筹资、发债，也为极少数的大亨理财、投资等，例
如欧洲著名的金融家族罗斯柴尔德、美国的摩根财团。摩
根财团曾有一句名言说，他们只和世界各国的中央银行和
国王打交道。这样的高级金融让普通老百姓望尘莫及，所
以自然具有极大的神秘感。

　　第三，与美联储有很大的关系。多年以前，有一位美
国学者写了一本书叫《美联储》(Secrets of the temple)，书
里讲了美联储的诞生和它如何操控美国金融经济，有很多
阴谋论的东西。虽然很多内容都是子虚乌有的，但阴谋论
的泛滥也为中央银行增加了不少神秘感。

　　神奇的货币政策为中央银行蒙上了神秘的面纱。其实在很长一段时间里，中央银行货币政策的执行和决策是严格对外保密的。以美联储为例，过去它从不对外公布货币政策决策会议的档案，直到20世纪80年代，美国公众希望实现货币政策的知情权，美国国会才通过法律，要求美联储在货币政策决策会议召开两年之后，把会议记录等档案资料对外公布。如今美联储也改变了，它强调货币政策要提前跟市场做好沟通，这样才使得货币政策似乎和老百姓拉近了距离。但无论如何，货币政策仍然是非常神秘莫测的。很多普通老百姓并不能直接看出货币政策等中央银行相关决策对自己生活的影响，中央银行的神秘感自然也会增加。

　　其实中央银行并没有想象中的那么神秘莫测，它的运行有其基本的原理、规则和操作流程。如果我们懂得基本的经济学原理和货币政策的原理，我们也就能够理解中央银行的货币政策是如何决策和操作的。

　　每当我们谈到中央银行时，就不能不提美国联邦储备系统，即通常所说的美联储。1913年12月13日，美国国会通过《美联储法案》正式创立美联储，并让其行使"美国中央银行"的职能。这个中央银行之所以被称为美联储，是因为它并不是一个单一的银行，而是由一个总部和12个分支机构共同构成的，覆盖全美12个地区的储备货币管理系统。

美联储实际上是长达 20 多年的美国进步运动的产物。19 世纪后期，美国处于完全自由竞争的时代，经济的快速增长制造了很多产业巨头和金融寡头。随着金融寡头、产业巨头的不断崛起，它们与普通老百姓之间的矛盾也日益突出。越来越多的人呼吁政府要控制金融产业大亨对美国经济的操控，这是美国进步运动的本质。

进步运动中最具体的一个问题就是在 19 世纪末期，产业大亨、金融大亨和普通老百姓围绕美国货币制度产生的巨大争议。前者支持金本位制，但当时金本位制已经产生了严重的通货紧缩，对普通老百姓的生活产生了巨大影响；而后者，特别是农民，则希望多铸造银币。为了实施金本位制，以洛克菲勒、摩根、安德鲁·卡耐基为代表的产业大亨和金融大亨在 1896 年美国大选期间，直接通过金钱购买媒体和用贿赂影响选举，最终让支持金本位制的威廉·麦金莱当选总统。

但由于实行金本位制，美国的货币供应量被套上了黄金的枷锁，使货币供应量变得没有弹性，给美国的经济造成了诸多问题，并最终导致了 1907 年的金融恐慌。此后，很多金融机构都面临破产，由于当时没有中央银行，美国的金融体系也面临全面崩盘的危险。

这一次事件让当时美国的政治家和企业家一致认识到，

美国需要一个中央银行。当时挽救 1907 年金融危机的正是
摩根财团的掌门人——老 J. P. 摩根，但很多人认为美国金
融体系的安全稳定不能寄希望于 J. P. 摩根，而是需要一个
中央银行。在这个背景下，1908 年，美国国会成立了全国
货币委员会，全权负责货币改革，其中的一个工作小组就
负责起草后来的《美联储法案》。

《美联储法案》给美联储确定的首要职责，就是负责管
理和维持一个富有弹性的全美货币供应量，同时负责监管
银行体系的稳定，这显然吸取了历次金融危机的教训。当
然，美联储的职责，在随后 100 多年的时间里，也有多次修
正，但基本上维持了 1913 年《美联储法案》的框架。由此
可见，美联储的创办并不是某个人或某个组织的突发奇想，
而是美国历史发展、货币金融发展、经济发展的大势所趋。

随着美联储的诞生，美国的阴谋论也随之盛行。实际
上，围绕美联储的神秘感或各种阴谋论，主要源于美国人
民对金融大亨、产业大亨的一种未知感和恐惧感。因为美
国在历史上是一个自由竞争的资本主义经济体系，出现产
业大亨、金融大亨是很自然的事情，而美国人则一直认为
是这个群体的人通过各种阴谋控制着美国的金融经济。在
19 世纪后期，美国又涌现了很多超级企业和垄断财团，例
如范德比尔特的铁路帝国、约翰·洛克菲勒的石油帝国、
摩根财团的金融帝国、安德鲁·卡耐基的钢铁帝国等，它

们实际上控制了美国的经济。

后来人们又把对金融大亨、产业大亨的神秘感延续到了美联储身上，原因与当时负责起草《美联储法案》的全国货币委员会主席尼尔森·奥尔德里奇有关。尼尔森·奥尔德里奇是约翰·洛克菲勒的亲家，由他掌控的全国货币委员会的实际操作人员主要都是这些超级企业和垄断财团的高级合伙人；虽然他们的经济学顾问是由哈佛大学的校长推荐的，但哈佛大学的校长也是摩根财团的人。所以权力和金钱的紧密联系引起了人们无限的遐想。

除此之外，诞生过程和组织架构的特殊之处也让美联储从一开始就充满了神秘色彩。一个是在 1910 年 11 月 22 日，起草《美联储法案》的小组成员跑到摩根财团的俱乐部里，开了整整一周的秘密会议，而且最后《美联储法案》的三位主要起草者也都是金融垄断财团的高级合伙人。他们分别是摩根财团的高级合伙人亨利·戴维森，沃伯格家族（犹太金融财团）的天才人物保罗·沃伯格及花旗银行的副总裁弗兰克·范德利普。

另外一个则是当时的总统威尔逊是民主党人，而全国货币委员会的主席尼尔森·奥尔德里奇是共和党人，他们在"美联储应该由公众控制，还是由金融家控制"的问题上产生了分歧。所以最终的美联储是两党妥协的产物：它实际上由政府控制、私人拥有的一个中央银行，是一个典型的"公私合营"机构。

因为美元的霸权地位，美联储可以说是全世界最重要的机构之一，它的货币政策虽然只在美国实施，却能够影响全世界，这里面主要有三个原因：

第一，美联储通过调节利率，可以影响全球最主要的货币——美元在全球的流通，从而影响全球资金的流通。全球资金流动和跨国资金流动对很多国家的资产市场和货币的汇率有巨大的影响；

第二，世界上有很多国家和地区的货币汇率直接或间接与美元挂钩，一旦美联储调节利率，它们就要跟着调节利率；

第三，美联储及其货币政策会影响全球的贵金属、工业金属和大宗商品的价格走势，因为这些大宗商品的交易、计价、清算都以美元进行。

除此之外，美联储通过影响人们心理预期等手段，进而影响世界。

货币政策是如何制定和实施的

近几年，中央银行多了个亲切称呼，叫作"央妈"。用

"央妈"来形容中央银行，倒真有几分贴切，中央银行真的就像妈妈一样，精心呵护着货币金融市场这个"孩子"，因为只要稍微照顾不周，就可能引发金融危机和经济危机。

为了照顾好金融体系这个"孩子"，"央妈"的责任极其重大，这也意味着它的权力也相当巨大。"央妈"手中的权力可以说是"胡萝卜加大棒"。"胡萝卜"，是指"央妈"可以创造货币，创造并管理流动性，放宽市场准入，从而促进金融业和经济的发展。特别是遇到流动性危机和金融危机的时候，"央妈"要发挥最后贷款人的职责来挽救金融危机和金融机构。这就是货币政策制定和实施权，这是中央银行独有的职能，也是其最重要的权力。"大棒"，是指"央妈"实际上拥有惩罚市场上"坏孩子"的巨大权力，包括对金融机构及其负责人处以巨额的罚款，禁止金融机构和某些个人进入金融市场，吊销金融机构的业务许可证，联合或者请求其他执法部门对金融机构的从业人员进行各种形式的其他处罚，甚至追究民事责任或刑事责任等。这就是金融监管。这个权力通常是中央银行和其他的监管机构一起分享的，不过多数国家中央银行的监管权力要高于其他监管部门。金融监管我们稍后再说，先说"货币政策"的制定和实施权。

中央银行货币政策的制定和实施听着高深，总结下来，核心大致是五种。

第一，公开市场操作。通过在公开市场上买卖各种证券，调节和管理市场的流动性，影响市场的利率和市场对各种政策的预期。这是现代各国中央银行最常使用的货币政策操作工具。

第二，调节商业银行存贷款的基准利率和再贴现率①，包括各种政策性银行的利率。通过调节利率，中央银行可以直接影响整个经济体系信贷的宽松和紧缩。

第三，调节商业银行向中央银行再贷款的利率和各项政策。当商业银行遇到流动性问题需要向中央银行借款时，借款政策和利率的制定权力都在中央银行手中。通过调节商业银行再贷款的利率，中央银行可以直接左右商业银行对整体经济、企业或个人的信贷紧缩和宽松程度。

第四，调节存款准备金率和相关政策。对于存款准备金的各项政策，中央银行拥有绝对的权力，例如对外汇存款、本币存款等各类的存款，它可以实施不同的存款准备金政策和存款准备金率。这些政策的调节，都可能影响市场的流动性，影响商业银行的信贷政策。

第五，窗口指导、道义劝说和市场沟通。即中央银行可以直接约谈商业银行的负责人，向他们传递和沟通中央

---

① 再贴现率，亦称"重贴现率"。商业银行或专业银行用已同客户办理过贴现的未到期合格商业票据向中央银行再行贴现时所支付的利率。

银行的货币政策意图，要求商业银行做适当的配合。中央
银行也会与市场人士、投资者沟通，向他们传递中央银行
货币政策的期望和方向，希望市场配合、协同中央银行的
货币政策操作。

　　在这五种货币政策工具中，中央银行最常用的有三种：
调整存款准备金率、调整基准利率和再贴现率、公开市场
操作。这三大工具也各有特点：调整存款准备金率的效果
最为直接和显著；调整基准利率、再贴现率，相对而言比
较间接与温和；公开市场操作则更为灵活和主动，具有市
场化和可逆性的特点。如果我们把调整存款准备金率比作
一剂"猛药"，调整基准利率、再贴现率比作一剂"温药"，
那么公开市场操作则算是一剂"常备药"。

　　我们之所以应该关心中央银行的货币政策，特别是关
心其货币政策是宽松还是紧缩，主要是因为它会影响经济
增长速度、通货膨胀和资产价格这三大经济体系的指标的
走势。

　　理论上，中央银行降息或实施宽松的货币政策，资产
价格就会出现上涨的趋势，这听起来非常简单，然而在实
践中如何根据中央银行的货币政策来准确判断资产价格走
势，却是一件非常复杂的事情。

　　首先，要预判和猜准中央银行的货币政策如何调整，
提前做好投资决策，就不是一件容易的事。其次，中央银

行加息、减息与资产价格之间的关系并非一一对应，加息不代表资产价格一定会下降，减息不代表资产价格一定会上涨，它们之间的关系并不简单。还有我们现在所说的资产，特别是金融资产的种类非常多，包括股票、债券、房地产等。货币政策对这些资产价格走势的影响往往也并不相同。

在货币理论里，通常会将经济体系里的货币分为三个层面，第一个层面是货币（M0），即市场流通中的现金；第二个层面是狭义货币（M1），即M0加上企业的活期存款；第三个层面是广义货币（M2），相当于M1加上企业的定期存款和居民的储蓄存款。M2和资产价格之间有一个非常简单的经验法则，依照这个法则来判断资产价格走势，你就能够把握基本的趋势。

通常来说，M1主要衡量经济体系中最终商品市场的买卖活动，M2主要衡量经济体系中投资市场和资产市场的买卖活动。如果M1增长过快，就可能出现通货膨胀；如果M2增长过快，就可能出现资产价格快速上涨，甚至出现资产价格的泡沫。M1和M2之间的关系当然也不是一一对应的，有时M1增长快，M2却增长慢。

根据最基本的货币数量论，我们可以推导出一个将经济增速、通货膨胀率和资产价格增速联系起来的基本公式：

$$\frac{\text{M2 的}}{\text{增长率}} = \text{GDP 增长率} + \text{通货膨胀率} + \text{资产价格的增长率}$$

通过这个基本公式就能倒推出资产价格增长率的算法：

$$\frac{\text{资产价格的}}{\text{增长率}} = \text{M2 的增长率} - \text{GDP 增长率} - \text{通货膨胀率}$$

掌握了基本的法则和简单的公式，你就可以根据 M2 的增速来判断资产价格的走势。若得数为正，则表示资产价格将上涨；得数为负，则表示资产价格将下跌。例如，中央银行宣布明年 M2 增长率是 15%，GDP 增长 7%，CPI（消费者价格指数）增长 3%，代入公式即，15%–7%–3%=5%，也就是明年的资产价格将至少上涨 5%。

不过，这个法则只是一个大体上的估值，并非绝对。因为不同于物理学的机械体系，人类的经济体系并不可以用数学公式准确推测。经济体系各个指标之间的关系，只能大体推断一种趋势，用 M2 的增速来判断资产价格的走势也是如此。我们之所以会在判断资产价格走势时用到"至少"，是因为资产价格实际的上涨幅度，可能远远超过 M2 的增速。这里面有货币流通速度的问题，也有资产价格本身会出现过度反应或超出调整（超调）的问题。有时中央银行只要表明一个态度就可能改变货币政策，股市就有可能出现大幅上涨或下跌，这就是资产价格的超调。这些关系也只是一个基本的经验法则，实际情况有可能偏离、甚至完全偏离基本的法则。

最重要的是，观察货币政策可以告诉我们一个基本的方向。到底是房地产、股票，还是其他资产价格，有时很难准确判断。例如中国自 2009 年以来，M2 增长得非常快，但是资产价格上涨主要在房地产市场上，股市上涨并不多，甚至还出现过大幅下跌。所以要判断 M2 的增长，具体主要导致了哪项资产价格的上涨，还需要分析各个资产市场的情况。但从长期趋势来看，无论股票、房地产还是其他资产，M2 的高速增长和快速增长一定会导致资产价格普遍快速上涨，这是一个大趋势。看准大趋势也是投资理财最基本、最核心的要素，如果搞错方向，再厉害的具体技术分析也是白搭。

1971 年布雷顿森林体系崩溃之后，人类进入到"无锚"的信用货币时代，即中央银行货币的创造、投放没有任何外部约束。如果我们把全世界当作一个经济体系来看，全球的基础货币从 1971 年的 480 亿美元，到现在超过 15 万亿美元，增长了数百倍，相应地，M2 增速当然也非常快。虽然个别国家和实体经济曾出现过高速的增长，比如改革开放之后的中国，但是从全球整体来看，过去半个世纪中，实体经济的增速非常低，特别在发达国家，实体经济的增速普遍大幅放缓。但与此同时，发达国家金融资产的价格和金融资产总量却飞速增长，现在全球金融资产的总量已经超过了全球 GDP 的 5 倍。

资产泡沫与资产价格之间存在非常重要的关系。以美国为例，2008 年金融危机爆发之后，美国的经济增速是非常慢的，实际上只有 0.5%，有几年还是负增长。但是美国的股市从最低的 6 000 多点一路上升到 25 000 点左右，增长了 4 倍多。当然美国货币供应的增速非常快，主要是量化宽松货币政策在起作用。中国也有类似的现象，2009 年年末中国的 M2 为 61.02 万亿元，2018 年 9 月末中国的 M2 为 180.17 万亿元，增长近 3 倍。2008—2018 年，一线城市平均房价增长近 3~5 倍，部分楼盘价格增长超过 10 倍，形成了现在部分城市的房地产泡沫。

长远来看，M2 增长和资产价格之间的关系不是一件小事，而是一件极其重要的大事。M2 的快速增长会导致资产价格的快速增长，而资产价格快速上涨，又会导致整体经济脱实向虚，越来越多人在金融资产上投机，金融资产的收益会远远超过投资实体经济的收益，这造成的直接结果是实体经济相对萎缩，制造业赚不到钱，普通劳动者收入难以增长，甚至没有增长，而搞金融投机的人成为巨

富，最终贫富悬殊的问题愈演愈烈。其实这也是当今人类
面临的最重要、最严峻的经济问题。

为什么要进行金融监管

　　金融监管是中央银行的另一项重要工作，它与中央银
行的货币政策密不可分。

　　但实际上金融行业在早期发展阶段，并没有受到严格
的外部监管，甚至完全没有监管。直到 20 世纪，全世界
才开始普遍实行金融监管。例如美国，从建国到 1935 年的
罗斯福新政时期基本没有国家层面的金融监管。当时美国
只有一些行业内部的协议来规范金融业的一些行为。现代
金融发展得比较早的英国，很早就开始调节利率以及扮演
"最后贷款人"的角色，虽然这在某种程度上承担着监管的
职能，但英国也没有进行全面系统的金融监管。

　　20 世纪之前，金融行业的规模相对比较小，业务也相
对比较简单，当时能参与金融业的人也非常少，都是贵族
与极少数的富豪，所以当时的人们认为没有什么监管的必
要。另外，尽管在 20 世纪之前也出现过一些金融危机或金
融动荡，但其对整体经济的影响非常有限，主要影响的只

是从事城市工商业的少数人。因为当时世界各国的经济以农业为主，工业化和城市化才刚刚起步，金融业与当时大多数人没有关系。

到 19 世纪后期，特别是 20 世纪以来，美国、英国、德国等多个国家快速实现了工业化和现代化，经济结构发生了革命性巨变，金融行业的规模、产品服务的种类和数量都在飞速扩展，参与金融的人数也迅猛增长。这时对金融业进行严格的监管是历史的必然。

中央银行在金融监管方面的权力主要体现在 5 个方面。

第一，负责维护整个金融市场的稳定。包括国债市场、货币市场、股票市场，外汇市场、大宗商品市场、衍生金融工具市场等。

第二，负责维护和保障支付清算的稳定和安全。支付清算是一个国家最重要的金融基础设施，支付清算的稳定和安全，直接关系到个人财富的安全以及国家货币金融和整体经济的正常运行，所以这是中央银行极其重要的一项工作。

第三，决定金融机构能从事的金融业务范围。即对金融市场的准入，中央银行有很大的权力，它可以要求叫停某些金融业务，也可以鼓励金融机构开发和创新某些金融业务。

第四，决定金融业和金融市场的对外开放。金融业和金融市场到底开放到什么程度，哪些金融机构可以对外开放，金融市场开放的路线图、时间表等都是由中央银行来决定的。例如 2018 年博鳌亚洲论坛举办期间，习近平主席宣布中国金融开放的一些重大举措之后，由中央银行行长易纲宣布中国金融机构和金融服务业对外开放的具体路线图和时间表。

第五，协调统一其他的金融监管部门。作为最重要的货币金融权力机关，中央银行对金融监管、金融市场的稳定，起到一个中心协调者的作用。

其实在金融界，围绕"中央银行是否应该负责金融监管，应该拥有哪些权力"这个问题，一直以来争论很多，此处不详细展开。

我们只要明白一点：如果金融市场、金融行业不能有效运转，金融企业违规、违法，往往会对中央银行的货币政策产生巨大的负面影响，甚至让中央银行的货币政策无法实现预期的效果。尤其当市场出现重大危机时，无论是流动性危机还是大量的金融机构出现破产关门，都会倒逼中央银行改变货币政策。所以为了让货币政策更加有效，金融市场和金融行业必须确保稳定，金融机构、金融企业必须确保合规合法经营。例如，在 2008 年全球金融海啸后，美国金融市场急剧动荡，大量金融机构面临破产，整个金融市场面临崩盘，美联储不得不彻底改变它的货币政策，史无前例地实施了量化宽松货币政策。后来的欧债危机也告诉我们同样的道理：中央银行的货币政策，只有在金融市场正常运行、金融行业正常经营的背景下，才可能发挥预期的效果。

正是基于这样深刻的历史经验总结和理论认识，现在世界上各国的中央银行都大大加强了金融监管职能。

当出现金融危机以后，不仅违规违法的金融机构会遭到灭顶之灾，它们还有可能会殃及其他经营稳健的金融机构。在这个时候，中央银行和其他的金融监管部门就不得不出手去救助经营稳健的金融机构，甚至还要救助那些违规、违法的金融机构。因为如果让这些违规、违法的金融机构彻底破产，将会引起非常严重的多米诺骨牌效应，甚至引发更加严重的金融动荡和金融危机，对实体经济产生极大的负面影响。所以如何管住、管好金融机构和金融企业，确实是当今中央银行面临的一个巨大挑战。

这些市场的违规机构经常还会以各种行动倒逼中央银行实施本来不想实施的货币政策。例如，2013 年中国金融市场出现的"钱荒"，就是由于有些商业银行、金融机构违规过度借贷并造成违约而引起的，这让中央银行不得不出手。又如 2015 年中国股市剧烈下跌，在短短 10 天里，A 股总市值蒸发 5.5 万亿元，让整个监管部门、中央银行甚至中央政府都开始出手挽救，避免股市崩盘。所以如何避

147

免市场倒逼中央银行，也是中央银行现在面临的一个巨大
难题。

实际上解决这些难题的办法之一，就是坚决地惩罚这
些违规、违法经营的金融机构和个人。为此需要关注以下
几种情况：

第一种情况是金融机构执行国家和中央银行的各项政
策不到位、不认真，甚至拒不执行。这种情况相当普遍，
金融机构和个人的主要动机，甚至唯一动机就是追逐利润。
为了追逐利润，它们有时会对各项政策置之不理，甚至不
惜违法犯罪。

第二种情况是商业银行、证券公司、基金公司、保险
公司和信托公司等金融机构本身在经营管理上有可能会出
现重大的失误。例如资产负债的错配、过度借贷，特别是
过度举借外债，或者是它们投资的项目和公司出现重大的
危机或者破产。这种情况也是经常出现的，其中有客观的
因素，也有主观的因素。

第三种情况是金融机构和个人出现重大的违规违法行
为，比如参与洗钱、走私军火等。如果出现这样严重的违
法犯罪行为，监管部门就必须实施最严厉的打击。

第四种情况是有些金融机构故意从事非法的金融活动，
特别是金融诈骗。中国金融机构经常出现的违法金融活动
有：高息揽存、金融创新违法违规、违规投资、违规开展

其他各种经营活动等，也有些金融机构是间接或是不知情地卷入非法的金融活动。

当然，违规违法的金融活动远远不止这些，这四个方面是对金融乱象的一个总体概括。在 2017 年的全国金融工作会议上，中央领导人曾反复强调要加大力度治理金融乱象，包括一些正规的金融机构可能涉及的违规违法的金融行为。

虽然各国的监管法律、框架各不相同，但是所有国家的金融监管体系都可以用"一个核心、四项基本任务"来概括。

一个核心就是监管金融风险。金融监管体系要防范和化解金融风险，防止出现系统性的金融危机，确保金融体系稳定健康发展，保护投资者的利益，特别是保护中小投资者的利益。

第一项任务是对机构的监管。所有从事金融业务的公司和机构，必须要有金融业务许可证才能经营金融业务，从机构的市场准入到违规处罚都受监管。

第二项任务是对产品和服务的监管。金融机构要发行的产品、服务都需要得到监管部门的审核批准，至少要报备，必须要合法合规。

第三项任务是对市场本身的监管。现在有多层次的资本市场、货币市场、债券市场等，这些市场背后的基础设施非常重要，例如交易清算登记体系的建立、运行、完善、配套等，都必须由监管部门来负责实施。

第四项任务是对金融从业人员的监管，特别是对金融行业内的高管要有严格的监管，从任职资格到违规处罚都有详细的规定。

除了一个中心和四项基本任务之外，金融监管体系还可以再加上一项"严厉打击"，即打击金融犯罪，这也是金融监管部门的一项重要职能。

中央银行对违规、违法金融行为的惩罚一般分为三个等级。

第一个等级为劝说和警告，即下达限期整改要求和处理具体人员，包括进行现场的监管和督察。目的是治病救人、惩前毖后，惩罚措施比较温和。

第二个等级的惩罚措施相对严厉，例如在一定期限内停止金融机构的某项业务，禁止个人从事金融业务，甚至终身禁止其进入金融市场。

第三个等级是最严厉的处罚，包括责令金融机构关门、吊销金融业务许可证，或者让它被其他金融机构收购、接管，相关责任人终身禁入金融市场，甚至追究其民事和刑事责任。近年来，中国逐渐加强了金融监管的力度，对某些金融机构就采取了类似的处罚措施。

中央银行对市场上的违规机构采取严厉的惩罚措施都

是有依据的，世界各国都会专门制定金融业、保险业、证券业和信托业等行业的法律。以中国为例，中国在民法和刑法中对金融违法犯罪行为的处罚有着明确的规定，除此之外，《中华人民共和国中国人民银行法》第四章和《中华人民共和国商业银行法》第七章、第八章都明确规定了如何惩处金融机构的违法犯罪行为。美联储依据的法律就更复杂了，除了 1913 年的《美联储法案》之外，还有很多相关的法律。2008 年金融危机爆发之后，美国又通过了著名的《多德－弗兰克法案》，进一步增强了美联储的权力。

危机折腾监管的背后是一个重大的理论问题，即世界上有没有完美的金融监管体系？

历史经验表明，没有一个监管体系可以打上"完美"的标签。例如，英国在金融监管上就曾反复折腾，一会是英格兰银行全面负责金融监管，一会又把金融监管职能从英格兰银行分离出去，由新成立的金融服务管理局负责，2008 年金融危机之后又撤销了后一机构。

为什么金融业需要如此系统和严格的监管？

金融业与其他行业相比，非常特殊。正是金融业的特殊性决定了这个行业需要系统而严格的监管，它的特殊性主要体现在 5 个方面。

第一个是玩别人的钱。在英文中，大家都喜欢用"OPM"（Other People's Money，玩别人的钱）来形容金融行业。因为所有的金融机构用于发放贷款等用途的资金，主要都是源于储户的资金、投资者的资金。按照《巴塞尔协议》，全世界商业银行的资本充足率最低要求是8%，即银行的自有资本只需要占到整个资产的8%就可以，剩下的92%可以是别人的资金，银行就是运用这些资金来进行贷款、投资、资产扩张的，证券公司、投资银行、保险公司同样如此，玩别人的钱，这自然蕴含着巨大的风险。

第二个是高杠杆，这与第一个特征密切相关。在金融企业的总资产中，自有资本所占的比例非常低，都是通过不断加杠杆来进行资产、业务的扩张，并赚取利润的。杠杆很好理解，例如一家拥有100亿元资产的公司，它的自有资本金只占20%，即20亿元，那么它的杠杆就是自有资本金的5倍，也就是80%的钱都是举债而来。这样的一个杠杆率对科技公司或制造业公司来说，已经非常危险、非常高了，但是金融业的杠杆比它们的还要高。商业银行的资本充足率最低要求是8%，也就是说它的总资产可以是资本金的12.5倍，有些投资银行的杠杆率更高，甚至可以达到数十倍。例如在2008年金融危机爆发前，世界著名投资银行摩根士丹利的杠杆率是33倍。

第三个是容易出现资产负债错配和期限错配。金融业的业务核心是要做资产负债管理和期限管理。玩别人的钱，别人就可以随时要求提走。例如储户把钱存到银行，可以随时取出。如果金融机构把这笔钱拿去做长期投资，当储户要求提款它却没有钱时，金融机构就会遇到流动性的问题，以及资产和负债不相匹配的问题，即资产负债的错配。负债可能是灵活、短期的，但是贷款可能是长期的，这时就会出现期限错配问题。因此，所有的金融机构必须要有足够的流动性来保证满足储户和投资者的提取要求。这也就是为什么商业银行要向中央银行上缴存款准备金。

第四个是风险相互传染。金融企业、金融体系往往是牵一发而动全身，例如，某一家商业银行出现了流动性的问题，遭遇了挤兑，这家商业银行如果不能及时解决问题就会面临破产，这可能导致所有商业银行的储户都出现恐慌。这种传染多次在金融危机期间发生，甚至可以说每天都在发生。

第五个是会出现系统性的、非常严峻的金融风险，并波及整个行业。风险一旦传染开来，整个金融业就会面临崩溃的风险，它甚至是全球性的，这里面的主要影响因素就是人们的心理预期。这个问题一直是金融学者、经济学者研究的重要课题，但到现在为止，也没有得出一个特别好的解决办法。

这 5 个特殊性其实是紧密相连的。玩别人的钱必然会上高杠杆，高杠杆必然就意味着有资产负债错配、期权错配的可能性，随之也必然会引发金融风险的传染，金融风险的传染又会引发系统性的金融风险。正是因为金融行业拥有这些特殊性，所以我们必须得对整个金融体系，甚至每一个金融企业和从业人员都进行非常严格的监管。

为什么要有存款准备金

我们在各种媒体上有时会听到"中央银行降准或升准"的消息，了解到这是中央银行在调整存款准备金率，以及它的重要性，但是可能并不清楚它的具体操作。

一般情况下，中央银行调整的存款准备金率是指法定存款准备金率。存款准备金，即金融机构为了保证客户提取存款和资金清算的需要，依照法律必须在中央银行存放的一部分客户存款。中央银行依照法律，要求商业银行存放到中央银行的存款占其存款总额的比例。

除了法定存款准备金外，还有超额存款准备金。超额准备金是商业银行根据流动性和风险管理的需要，例如为了预防客户提取大量存款，或者根据目前的市场形势，决定在法定准备金之外，多存到中央银行的准备资金。法定存款准备金是不能动用的，而超额准备金则可以根据自身的需要，选择多交或少交，甚至不交，是可以随时动用的。

为什么法律规定商业银行必须向中央银行缴存法定存款准备金？

道理很简单，商业银行用来发放贷款的资金都来源于储户的存款，而储户随时可能提取存款，所以商业银行首先必须要保证客户随时能够提取存款，否则就是重大违约。一旦商业银行不能满足客户提取存款的需要，客户就会担心自己的存款无法提取，从而引发社会恐慌情绪，导致挤兑。恐慌情绪一旦蔓延，即使是经营管理非常稳定的银行也可能跟着陷入危机，甚至破产，引发金融危机。历史上就曾出现过多次的挤兑现象，这些历史经验教训促使各国立法，要求商业银行必须将部分存款上缴中央银行。

所以从本质来说，法定存款准备金和超额存款准备金限制了商业银行发放贷款的能力。存款准备金越高，商业银行用于发放贷款的资金就越少。中央银行正是利用这个原理和机制来调整存款准备金率及其相关政策，从而调整商业银行信贷扩张的能力，并调整经济体系的货币供应量和市场流动性。例如一家商业银行吸收 100 亿元的存款，如果法律规定存款准备金率是 10%，那么该银行必须上缴 10 亿元存款准备金，它能用于发放贷款的资金就只有 90 亿元。如果中央银行将法定存款准备金率上调到 20%，那么银行必须上缴 20 亿元的存款准备金，能用于发放贷款的资金就只有 80 亿元。

人们通常认为调整存款准备金率，是中央银行货币政策里的"一剂猛药"，为什么会有这样的认识呢？

因为调整存款准备金意味着中央银行直接改变了商业银行能够用于发放贷款的资金总量，而改变商业银行发放贷款以及扩张信贷的资金总量，又意味着整个金融市场上可用于借贷的资金总量会出现重大调整，从而直接或间接影响货币供应量和市场流动性的水平。例如 2018 年 6 月 24 日，中国人民银行宣布，从 2018 年 7 月 5 日起，下调工、农、中、建、交五大国有商业银行和中信、光大等 12 家股份制商业银行人民币存款准备金率 0.5 个百分点，同时下调邮政储蓄银行、城市商业银行、非县域农村商业银行、外资银行人民币存款准备金率 0.5 个百分点。根据这些银行的存款余额来计算，这次下调 0.5 个百分点的存款准备金率，会让商业银行手中可用于放贷的资金增加约是 7 000 亿元。也就是说这 7 000 亿元，商业银行在以前是必须要上缴、不能动用的，现在则可以拿回来用于扩张信贷和发放贷款。

那中央银行上调或者下调存款准备金率和相关政策的依据是什么？

答案很简单，中央银行要综合考虑宏观经济通货膨胀和金融市场稳定的情况。如果当前市场流动性偏紧，中央银行会选择下调；如果当前市场流动性过于宽松，中央银行会选择上调。其实中央银行的存款准备金政策并不仅只有调整存款准备金率这一项，而是一种综合政策，包括对本币和外币存款这类不同期限和类别的存款，实施不同的存款准备金率；对不同的商业银行实施不同的存款准备金率；上缴存款准备金的时间要求也可以调整。例如现在大型国有商业银行和农商行、城商行的存款准备金率就有很大的差别。

要理解调整存款准备金率如何影响商业银行的贷款和信贷扩张能力，以及整个货币供应量和市场流动性，就必须理解整个金融体系的货币创造过程。

商业银行体系和金融市场体系的货币创造过程是什么样的？

中央银行释放基础货币后，金融体系里多家商业银行通过用这些资金发放贷款，可以创造出"派生存款"。例如中央银行下调存款准备金率后，第一家银行多了10亿元的资金，这10亿元的资金被贷给了一家企业，这家企业把这笔贷款拿去购买各种物资，那么这笔钱就到了另外一家企业那里。另外一家企业可以把这笔钱存放在第二家银行里。第二家银行拿到这笔存款，上缴完存款准备金之后，还可以将剩下的一部分钱再拿去发放贷款，给第三家企业。第三家企业拿这笔钱去购买物资，那么钱就到了第四家企业那里，后者把这笔钱存在第三家银行。这样一来，第三家银行的存款和放贷能力也相应增加了。这样从第一家到第二家，再到第三家银行，以此类推就会不断派生出新的存款和贷款能力。在这个货币创造过程中，最终的派生存款总额和基础货币量的比例，就是我们通常讲的货币乘数。

货币乘数是个非常重要的概念，中央银行调整存款准备金率对整个市场流动性和货币供应量影响的大小，主要取决于货币乘数的大小。根据中国目前的货币乘数 5 来计算，中央银行在 2018 年 6 月 24 日释放的 7 000 亿元资金，等于给市场增加了 3.5 万亿元的货币供应量，所以人们有时用地动山摇来形容存款准备金的调整力度。

从这个意义上来说，中央银行看似调整存款准备金率的力度非常大，但实际上究竟对市场有多大影响，并不是中央银行能够完全掌握的。因为货币乘数不仅取决于商业银行体系的发达程度，也取决于非金融机构和整个金融体系的发达程度。而货币乘数的大小，主要取决于商业银行体系的广度和深度，同时取决于老百姓选择手持现金还是银行存款，银行存款里又取决于活期存款和定期存款之间的选择。当然还取决于老百姓的财富配置，也就是买股票、买房产等一些投资理财行为，这些都会影响货币乘数，从而影响中央银行存款准备金率调整政策的具体效果。

所以我们可以说，虽然中央银行的权力非常巨大，但它也不是万能的。

利率调整会带来什么影响

在很多人看来，利率调整似乎是中央银行经常使用的
货币政策工具，但实际上，中央银行的利率调整是非常慎
重、微妙的，并不常用。通常全世界中央银行的利率调整
可以分为两类。

第一类是以美联储为代表的完全间接的利率调整，即
只调整商业银行同业拆借市场[①]的基准利率。以美联储为
例，它所调整的是联邦基金利率，也就是美国商业银行之
间相互拆借资金的利率。美联储并不调节商业银行对个人、
家庭或企业的贷款利率和存款利率，因为美国已经完全实
现了利率市场化。在欧洲、日本等利率市场化的国家和地
区都是采用这种方式。

第二类就是直接的利率调整，即中央银行不仅可以调
节商业银行同业拆借市场的基准利率，还可以规定或调整
商业银行对客户的贷款基准利率和吸收存款的基准利率。
这种利率调整方式是还没有完全实现利率市场化的国家通
常采用的办法，例如中国。

---

① 同业拆借市场，即除中央银行之外的金融机构之间进行短期资金融通
  的市场。同业拆借就是由资金多余的金融机构对临时资金不足的金融
  机构短期放款。

那中国人民银行怎么调整利率？

第一，中国人民银行可以针对金融机构的不同类型来规定不同的利率水平。例如，它既可以规定工、农、中、建、交等银行的利率水平，也可以直接规定城市商业银行、农村商业银行和政策性银行的基准利率水平。

第二，中国人民银行可以针对不同的贷款和存款类型来规定和调节不同的利率水平。我们都知道存款的类型很多，比如活期存款、定期存款，定期存款又有不同的期限，有一年、两年、三年和长期等。对于不同种类、不同期限的存款，中国人民银行通常会规定不同的存款利率。例如对按揭贷款、"三农"贷款和中小微企业的贷款，规定不同的利率水平。

除了规定基准利率水平以外，中国人民银行还可以规定各商业银行执行利率政策时，在基准利率基础上的浮动幅度。例如中央银行规定商业银行的贷款利率是6%，上浮和下浮的幅度都不能超过20%，那么商业银行在执行的过程中，可以根据客户的不同风险状况和经营情况，在规定范围内选择上浮或下浮。对于不同的贷款，中央银行也可以规定不同的浮动幅度。

我们可以看到，中国人民银行对商业银行利率的管理，其实是相当复杂的。它针对不同的机构、产品、行业，甚至地区，都可以实行差别化的利率政策。中国还没有完全实现利率市场化，中国人民银行对商业银行的存款利率和贷款利率有着很大的管理和调节的权力。

那中央银行调节利率会对金融市场和整体经济产生什么影响呢？

中国人民银行如果直接调整基准利率和商业银行的存贷款利率，对市场和信贷投放的影响是非常明显的。因为它直接规定了商业银行吸收存款和发放贷款的利率水平，以及利率上下浮动的空间，商业银行必须按照中国人民银行规定的利率水平和浮动的幅度来执行。例如为抑制房地产市场过热，中国人民银行可以专门上调按揭贷款的利率，同时规定不准下浮，只能上浮，而且加大上浮的幅度。当然，这并不是说直接的利率调整的要比调整存款准备金率的效果好，两者效果的对比需要细致的分析。

那么间接利率调整的效果如何？这个问题不太容易回答。因为同业拆借市场中有很多商业银行和金融机构参加，中央银行只是众多交易方中的一员。在中央银行下调基准利率的情况下，如果这些商业银行和金融机构的流动性比较充裕，就可以不从中央银行借钱，那这样中央银行下调基准利率对同业拆借市场的流动性就不会有什么影响。这就是货币政策的一种困境，即中央银行的货币政策有时不一定能达到它期望的效果。

例如 2008 年金融危机爆发之后，美国实行量化宽松政策就出现过这样的情况：美联储屡次下调利率都不管用，即使最后甚至把利率下调到零，商业银行也没有意愿去扩张信贷。欧洲中央银行也面临过类似的困境，甚至更严重。所以当时欧洲和美国有经济学者建议，中央银行应该直接下令，要求商业银行向行业、企业提供贷款，否则就要接受惩罚，这当然就是一种非常直接，甚至过于粗暴的调控和干预。

现在美联储开始上调利率，这也是一种间接的调控。美联储上调利率有时并不会直接影响商业银行同业拆借的流动性和信贷的增长，而是会影响人们对金融市场的心理预期，让大家认为美联储在实行紧缩货币政策。因为美联储上调利率之后，商业银行也可以不向美联储拆借资金，它可以到别的金融机构拆借，而且拆借到的利率可能比美联储确定的利率还要低。所以，即使美联储上调拆借利率，这对整个同业拆借市场的拆借行为可能也不会产生什么重大影响，甚至没有影响。中央银行的货币政策并不是万能的，特别是间接调控的货币政策。

美联储和欧洲中央银行实行量化宽松政策的历史经验表明，下调利率不一定奏效，因为我们需要等待经济内在的复苏，以及经济体系的基本面发生变化。虽然没有中央银行是万万不能的，但中央银行绝对不是万能的。利率的调整如何影响金融市场和经济增长，并非我们想象得那么直接、简单，中央银行的货币政策就像"魔鬼隐藏在细节之中"，需要慎重、仔细地考量和实施。

什么是公开市场操作

公开市场操作是中央银行的货币政策工具箱中最为普遍使用的一种。

简单来说，公开市场操作就是中央银行为实现货币政策目标，在金融市场中买卖各种证券的行为。但值得注意的是，一般情况下，中央银行并非什么证券都买。以中国人民银行为例，公开市场操作主要买卖的品种是国债和政策性金融债等 AAA 级别和 AA+ 级别以上的债券。中央银行一般不会买卖股票、普通公司发行的债券和地方政府发行的债券。

当然也有特殊情况。例如 2008 年全球金融危机爆发之后，美联储实施量化宽松的货币政策，时任美联储主席的伯南克就表示，除了国债和 AAA 级别的其他债券以外，必要时会购买 AAA 级以下的债券，包括垃圾债券。当时甚至有一些经济学者还建议美联储在市场上买房子和股票，以向市场投放货币。所以从理论上讲，中央银行的公开市场操作可以买卖任何金融产品。

那中央银行和谁来做买卖债券的交易？

公开市场操作，主要是中央银行和一级市场交易商进行。以中国人民银行为例，目前中国人民银行主要和国内一级交易商做交易，一级交易商包括 44 家商业银行和 4 家证券公司，它们都是规模大、实力强、经营稳健的金融机构。中国人民银行会根据自己的标准来选择和确定一级市场交易商。

具体而言，中央银行的公开市场操作有三种操作方式：回购交易、现券交易和央票交易。这三种方式都有各自的特点与作用。

第一种方式是回购交易。回购交易分为两类——正回购和逆回购。正回购，即中国人民银行向一级交易商卖出有价证券，并且约定在未来特定的日期再买回这个有价证券。中央银行向市场卖出手中持有的国债和政策性金融债，就意味着收回市场上的货币和流动性，是一个收缩流动性的动作。而等正回购到了特定的日期，中央银行就必须要买入它之前卖出的这些证券，也就意味着中央银行向市场投放流动性。

正回购有两个动作：中央银行先卖，到期的时候再买。其实逆回购也一样，不过动作顺序正好相反。逆回购，即中国人民银行向一级交易商购买有价证券，并约定在未来特定时间将有价证券再卖回给一级交易商。所以逆回购实际上是中央银行向市场上投放流动性，逆回购到期就意味着中央银行从市场收缩流动性。

这两个交易很重要。正回购，就意味着市场流动性会相对紧缩；而逆回购，说明市场流动性在此时此刻，或者在最近这一段时间里是趋向于宽松的。那么到期之后，它们的效果也正好反过来。现在回购交易是中央银行使用得比较多的一种公开市场操作。

第二种方式是现券交易，即中央银行从二级市场上买入债券，一次性投放基础货币。这种方式不存在约定日期卖出，这是它与回购交易最大的区别。当中央银行想回笼基础货币并收缩流动性时，它就会卖出债券。现券交易是单向进行的一次性动作，而回购交易是双向进行买卖的两次交易。

第三种方式是央票的发行和交易。我们通常把中央银行发行的票据称为"央票"，它是中央银行为调节商业银行的超额准备金，向商业银行发行的短期债务凭证。属于公开市场的一级交易商的商业银行买入这类债券，就意味着向中央银行缴存超额准备金。央票也是有期限的，最短三个月，最长三年。中央银行通过发行票据，可以回笼基础货币。央票到期，就意味着中央银行要收回它的债券，投放流动性，因此央票到期就意味着市场流动性暂时的宽松。

无论是央票，还是债券的正回购、逆回购，它们都要操作两次，可以比较有效地对市场流动性和基础货币进行弹性的调控和管理。两次操作之间的期限可以是隔夜的，也可以是一周、两周，或者一个月，这就是公开市场操作的灵活性的体现。

除此之外，公开市场操作还具有主动性、时效性和市场化的特点。

主动性体现在中央银行可以根据基础货币和经济情况的变化，随时决定实施正回购或者逆回购、发行央票、进行现券的买卖。买卖的数量和买卖的时机，都是中央银行主动掌握的。

时效性体现在中央银行可以根据目前市场上的情况，例如突然出现的流动性紧张，或者出现的"钱荒"，临时采取动作来稳定市场的流动性。

市场化体现在中央银行的回购操作、现券买卖是与大量的金融机构进行交易的。虽然中央银行有巨大影响力，但它也只是交易的一方，公开市场操作在本质上是一种市场化的行为。

中央银行的公开市场操作是一种手段，它主要通过三个方面来影响市场的流动性和整体的信贷环境。

第一，通过债券的正回购、逆回购或央票的发行，向市场传递信号。市场人士看到中央银行的操作，就可以了解中央银行的货币政策动向，从而能够和中央银行相向而行，进行配合。

第二，通过影响一级市场交易商之间的同业拆借利率来影响市场。中央银行的逆回购、正回购交易，可以调节一级市场交易商的流动性以及它们的超额准备金。

第三，当市场出现剧烈波动的时候，中央银行能够及时采取行动稳定市场，避免出现流动性的恐慌或者钱荒危机的蔓延。

我们现在强调货币政策需要实时、精准、高效地调控，而公开市场操作所具有的灵活性、主动性、时效性的特点正好能满足这样的需求，这也正是各国中央银行经常使用公开市场操作的主要原因。

什么是窗口指导

如前所述，制定和实施货币政策与监管金融市场和金融行业是中央银行的典型职能，这两项职能都有各自的目的：通过制定和实施货币政策，来保持物价、市场流动性的平稳，以此来促进经济增长；监管金融市场和金融行业，确保二者的平稳有效运转、合法合规，不要出现严重的金融动荡和金融危机。这听起来似乎很简单，但其实非常复杂，我们现在的经济体系变得日益复杂，行业越来越多，所以中央银行完成任务绝非易事。中央银行要在法律规定的范围内，尽可能地动用一切能够使用的政策工具和政策手段来实现这两大目标。

而在正规的货币政策工具之外，中央银行还经常会采取道义劝说或窗口指导的方法，即中央银行与其他金融机构、市场人士进行各种形式的沟通。虽然这种沟通不是正式的政策指引和政策文件，但由于中央银行拥有巨大的权力和巨大的影响力，所以中央银行的官员与商业银行的负责人进行沟通，客观上会对商业银行的决策产生影响，甚至会产生决定性的影响。

有学者认为，中央银行的道义劝说和窗口指导这项政策工具是 20 世纪 50 年代日本中央银行发明的。当时日本正处于二战之后的经济恢复时期，实行了非常严格的产业政策。为了让金融机构配合政府的产业政策，当时日本的中央银行就利用道义劝说和窗口指导的方式，给予各个商业银行明确的政策指引。广义上来说，其实这项政策工具从中央银行成立之初就已存在。

道义劝说和窗口指导演变到今天，主要有五个方面的内容。

第一，对金融市场流动性是宽松还是紧缩做出判断。

虽然中央银行拥有巨大的权力，但它对市场的把握也不是万能的，所以往往需要跟商业银行进行沟通，获取更多的信息来了解信贷、市场流动性的状况。通过这样的沟通，中央银行还可以传递出它的调控意图。中央银行希望实施紧缩或者宽松货币政策，就可以通过沟通让商业银行、市场人士等了解中央银行的政策意图，让它们适当采取一些行为配合中央银行的行动。

第二，对具体的信贷投放方向提出建议。世界各国的中央银行都在从货币政策的直接调控渐渐转向间接调控，但是它们又希望在某些行业和地区有比较优惠的信贷支持。通过窗口指导，商业银行就能够明确中央银行希望它们支持的地区和产业方向。

第三，对某些具体金融机构在信贷政策执行和经营管理方面可能存在的金融风险、违法违规和可能的重大风险隐患提出警示和警告。这个是中央银行经常会采取的一种窗口指导和道义劝说的方式。

第四，与商业银行、金融机构等对宏观经济的形势进行相互沟通，形成共识，有助于中央银行和商业银行在政策制定和执行上相互配合，相向而行。

第五，遇到重大流动性和金融危机时，可以直接要求商业银行和金融机构配合中央银行执行相关的政策。

它具体的操作方式主要有四种。

　　第一种办法是由中央银行牵头，召集主要的商业银行和其他金融机构的负责人召开联席会议和碰头会议，在会议上就一些问题进行深入的讨论和沟通。

　　第二种办法是让金融机构高管到中央银行的货币政策委员会里任职，以便商业银行直接参与中央银行货币政策的咨询、讨论和制定。事实上中国国有大型商业银行的董事长都担任或曾经担任过中央银行货币政策委员会的委员。

　　第三种办法是不定期约谈商业银行的负责人，或者召开临时会议，就金融体系的各项问题进行一对一的讨论，或对具体案例进行分析。

　　第四种办法是中央银行通过发布货币政策的执行报告和各种金融经济形势的分析报告，来引导金融机构和市场投资者的预期。

　　当进行窗口指导和道义劝说时，世界各国的中央银行各自都有一些独特的做法，在具体实施上也有许多新的创新和发展。例如，美联储有一项重要的货币政策工具叫作前瞻指引，即美联储通过各种方式，特别是通过各种政策形势报告或者美联储主席的讲话，让市场人士了解美联储货币政策未来的调整方向。在 2008 年金融危机爆发以后，美联储实施量化宽松的货币政策时，以及 2013 年美联储准备退出量化宽松货币政策时，都多次和市场进行了沟通。

目前这种前瞻指引在美联储的货币政策里的作用也越来越重要。

这种货币政策工具看起来好像是一种常识，很简单，但它蕴含着深奥的道理——"时间一致性理论"，即中央银行或任何政府机构实施政策，最好是前后一贯、讲究诚信，不要骗人，也不要搞突然袭击。

时间一致性理论实际上是对以往中央银行货币政策理论的一个革命性的颠覆。以前的货币政策理论认为，中央银行要调整货币政策，最好搞突然袭击，让市场人士没有反应时间，这样货币政策才能够发挥最佳的作用。但后来经过经济学者们的长期研究，他们发现最佳的政策应该是政府讲究诚信。中央银行应告诉市场，在什么样的情况下会上调利率或下调利率，收缩流动性或放宽流动性，让市场人士形成一个稳定的预期，这样才有助于商业银行、金融机构和中央银行同向而行，避免市场出现大起大落。这个理论是由美国著名经济学家爱德华·普雷斯科特提出的，他因此荣获 2004 年诺贝尔经济学奖。该理论对于我们理解今天世界各国中央银行的货币政策非常重要。窗口指导和道义劝说作为中央银行货币政策工具的一个重要补充，现在在各国的货币政策里的作用越来越重要，效果也越来越显著。

量化宽松货币政策会如何影响市场

通货膨胀和通货紧缩都会对经济造成巨大的伤害。面对通货膨胀，中央银行往往会下"猛药"。因为一旦通货膨胀形成，老百姓就有物价进一步上涨的预期。要打消这个预期，中央银行必须通过下猛药紧缩货币，大幅提高利率才有可能遏制住通货膨胀的发展。相反，如果出现通货紧缩，把经济从通货紧缩的泥潭中拉出来，恢复经济的正常运行，同样也非常困难。

为应对通货紧缩，中央银行也发明了一项新的货币政策工具：量化宽松货币政策，即中央银行从市场上大规模购买国债以及非政府机构发行但由政府提供担保的债券，并且规定一个具体的数量，向市场投放基础货币和流动性。甚至中央银行有时还会购买一些金融机构发行的低信用等级的资产，包括垃圾资产、低信用级别的公司债券、抵押贷款、抵押支持债券等。

2008 年全球金融危机爆发之后，世界各国的中央银行都先后实施了量化宽松货币政策。这个货币政策的始作俑者就是伯南克领导下的美联储。美联储从 2009 年开始，实施过三轮量化宽松货币政策。随后，欧盟、日本和韩国等国的中央银行也开始实施量化宽松的货币政策。当时这些中央银行都明确宣布，它们每个月要从市场上购买各种债券，向市场投放货币，购买数额最高的时候，每个月可以超过千亿美元和千亿欧元，少的时候也达到数百亿美元和数百亿欧元。在伯南克实施量化宽松的货币政策时，美国有经济学者甚至建议说，如果市场上的债券不够买，美联储干脆可以在市场上大量购买房子，向市场投放流动性，以刺激房价。

当然，虽然很多国家没有用量化宽松这个词，但是实际上也实施了与量化宽松政策类似的政策措施。所谓量化宽松就是中央银行不惜一切代价从市场上购买任何它想购买的资产，向市场投放基础货币。这个货币政策通常被称为非常规的、激进的货币政策手段。

在正常情况下，中央银行通过调节存款准备金率、调节基准利率和贴现率以及公开市场操作这三种常用工具实施它的货币政策。但如果这三项工具都失效，就需要量化宽松来救场。实际上，在美联储开始实施量化宽松时，很多经济学者并不赞同，因为他们认为量化宽松货币政策打破了中央银行有史以来所有的规矩和准则。例如美国经济学家、《美联储史》的作者阿兰·梅尔策就说，伯南克是人类历史上最大胆的银行家，他打破了中央银行数百年以来的一切禁忌和惯例，让中央银行可以从市场上毫无限度地购买任何资产。实施量化宽松货币政策的国家不仅买国债、买 AAA 级的债券，还买垃圾债券、投资级以下的债券，甚至买房地产，确实打破了中央银行长久以来遵守的规则。

那为什么要实施量化宽松政策？这种货币政策到底有没有用？

美联储前主席伯南克和其他各国中央银行的行长，都是金融货币领域的顶级人物，他们担负着挽救金融危机、恢复经济增长的重大使命。他们发明量化宽松货币政策，背后当然有着深刻的道理。特别是在 2008 年金融危机爆发之后，美国、欧洲、日本，乃至世界上很多国家和地区都陷入了债务通货紧缩的陷阱，所以量化宽松政策的核心目标，就是要把经济从这个陷阱里面拯救出来。

中央银行实施量化宽松政策，通过从市场上大量购买资产，释放流动性，可以实现两大目标。

第一，降低长期利率，从而刺激私人消费和企业投资。私人的消费和企业的投资，对任何国家的经济都是最重要的，没有这两者，经济不可能增长。

第二，增加商业银行和金融机构的准备金。中央银行可以把商业银行持有的资产买过去，增加商业银行的储备金，鼓励它们向企业和个人发放贷款、增加信用，来刺激企业投资和个人消费。

美联储、日本中央银行和欧洲中央银行之所以发明量化宽松的货币政策，就是希望通过增加货币供应量来增加商业银行的准备金，通过降低市场的利率来刺激信贷的增长，从而最终刺激企业投资和居民消费的增长。

当然，经济一旦陷入通货紧缩的陷阱，是非常不容易挣脱出来的。所以量化宽松货币政策实施以后，在相当长的时间里面，并没有产生多大的效果。在 2009 年开始实施量化宽松政策时，美国、欧洲、日本的利率水平都下降到不足 2%，甚至不足 1%，但是整体经济的复苏仍然非常缓慢，市场的消费意愿非常萎靡。所以中央银行又采取了更为极端的措施，先是实施零利率，即商业银行向中央银行借钱可以不付任何利息，但是由于商业银行考虑到在经济整体下行时，向企业和家庭发放贷款有很大风险，也没有意愿向中央银行借钱。零利率效果也不佳，后来欧洲中央银行又推出了史无前例的负利率政策，即商业银行向其借钱，不仅不需要付利息，还能够少还本金，通过这样极端的措施，中央银行希望商业银行能够发放贷款，刺激投资和消费。自此以后，量化宽松货币政策，不仅是购买资产，还包含零利率、负利率，它是一套组合拳。

现在，2008 年金融危机已经过去 11 年了，量化宽松货币政策对于挽救金融危机究竟有没有效果？所谓的零利率、负利率政策到底效果如何？

经济学者和各国的中央银行对这个问题有很多争议，但主流的看法是，在遭遇金融危机、经济整体陷入通货紧缩的背景下，实施量化宽松货币政策是必要的，它的整体作用还是正面的。当然，当经济出现了复苏、投资消费开始增长的时候，就必须要退出量化宽松货币政策。

中央银行的货币政策以什么为根据

中央银行是每个国家处于主导地位的金融机构，拥有很大的权力，但它也不能随性而为。中央银行的两大职能，无论是货币政策的制定和实施，还是金融监管，面对的都是整个金融市场、整个金融行业、整个经济体系和全体投资者，这无疑是非常复杂的。所以中央银行的决策，必须要有非常坚实的理论研究和实证研究作支撑，有科学的决策程序作保障。否则牵一发而动全身，货币政策的失误往往会给整个金融体系和经济带来灾难性后果。

世界各国的中央银行都有非常庞大的高水平研究队伍。美联储前主席格林斯潘曾经讲过，美联储总部和十二大分支机构中，研究人员超过 1 万人，其中有很多都是高水平的博士和教授。

　　中国人民银行的研究实力也非常强，它主要有两个研究部门：研究局和金融研究所。这两大研究部门也是学术界公认的政府部门中水平比较高，甚至是最高的的研究机构。它们的根本任务就是为中央银行的货币政策和金融监管提供数据支撑和决策依据。为此，它们需要搜集大量的信息，并运用数学模型整理、分析这些信息，最终提供关于决策的意见和建议。除了搜集信息以外，中央银行研究人员还要为决策提供坚实的理论基础，所以就需要研究和发展各种货币政策的理论和模型。

　　在过去的数百年间，关于中央银行的各种理论，特别是货币理论，也在不断发展创新。在 19 世纪之前，关于中央银行货币政策的理论研究，主要讨论各种利率调节对金融市场产生的影响。例如在 19 世纪早期，英格兰银行将实践经验和经济学理论结合，提出中央银行要根据市场利率和市场整体流动性的情况来确立一个准则，并按照这个准则来调整中央银行的基准利率。但由于当时还没有完整的国民收入统计，能得到的主要数据只有市场利率的波动情况和通货膨胀的水平，所以 19 世纪英格兰银行制定政策时，主要考虑的是市场的通货膨胀水平和市场利率的情况。

　　除此之外，在 19 世纪，还有一个重要问题被讨论了很长时间，这就是中央银行要不要担当最后贷款人，来挽救濒临破产的金融机构，拯救金融危机？如果中央银行要救助，可以采取什么方式？这些问题对我们今天理解中央银行的各项功能仍然非常重要。

到 20 世纪之后，随着经济学的繁荣发展，货币金融成为经济学里最热门的一个领域。而经济学中最重要、最热门的一个理论就是货币数量理论。货币数量理论主要研究货币供应量，特别是中央银行基础货币供应量的变化如何影响通货膨胀、通货紧缩、流动性、物价水平和经济增长的状况。20 世纪中期，美国经济学家、诺贝尔经济学奖得主米尔顿·弗里德曼和他的同事安娜·J. 施瓦茨女士共同撰写了一本经典著作——《美国货币史》，书中用货币数量理论分析了美国 100 多年以来货币数量的改变对美国的金融市场、物价水平和整体经济有何影响，其中还特别提到，美联储在 1929 年华尔街崩溃之后，因为没有实时调节货币供应量和货币政策，造成了 1930 年震惊世界的大萧条。除了货币数量理论以外，凯恩斯的货币理论也很热门。凯恩斯认为，货币政策相对财政政策而言没有那么重要，货币政策总体上应该服从于财政政策，财政政策在宏观调控里，特别是调整经济周期，应该发挥更大的作用。20 世纪，弗里德曼和凯恩斯有个著名的争论：到底是财政政策重要，还是货币政策重要。这样的争论在各国的货币政策里面经常出现。

在 20 世纪后期还有一个重要的学说——理性预期假说。这个学说主要是由芝加哥大学经济学家、1995 年诺贝尔经济学奖的得主罗伯特·卢卡斯提出的，在宏观经济学中曾经占据着非常重要的地位。理性预期假说认为，其实每个人对货币政策都有完美的预期，每个人都知道中央银行要干什么，也知道中央银行货币政策的改变会产生什么样的效果。所以，即使中央银行改变货币政策，其效果也会马上被市场消化掉。根据理性预期理论的说法，中央银行货币政策必须采取突然袭击的办法，让投资者和老百姓措手不及，才能够产生效果。与之相反的就是时间一致性理论。时间一致性理论认为，货币政策应该守信用，不要搞突然袭击，要在时间上保持连续，在逻辑上保持一致。

当然，除了这些著名的经典理论以外，还有很多理论是在探讨货币政策、金融监管与市场稳定三者之间的关系的。无论是货币数量理论、凯恩斯的货币理论、理性预期假说与时间一致性理论等，它们其实回答的都是一个问题，也是最关键的问题：货币政策如何影响经济体系和金融体系的各种变量，比如 GDP、房价、物价等。

这个问题听起来很简单，但其实很难回答。因为经济体系、金融体系，是一个动态的、不断变化的体系，它不是像飞机、汽车那样可以用数学精确计算的机械体系。

所以今天任何人、任何机构，甚至中央银行本身，都不能准确判断中央银行货币政策的调整对每个行业、企业和个人究竟会有多大影响，这是由经济体系的复杂性所决定的。

根据这些货币理论，中央银行货币政策的最终目标就是保持货币稳定，促进经济增长。为了实现这个最终目标，中央银行需要调节各种中间目标，即对各种利率水平进行一些直接调控，这些被称为操作目标。中央银行的决策依据，就是由操作目标、中间目标和最终目标这三大目标构成的。

中央银行为了实现它的最终目标，就需要关心社会上各种经济的指标，除了常见的 GDP、CPI、PPI（生产价格指数）、利率水平、流动性以外，还包括信贷情况、社会融资总量、M2、股市、房价等，很多指标都要纳入中央银行的考量之中。在进行此类的统计研究时，不同的人或机构使用的理论模型也不是完全相同的。例如美联储的公开市场委员会有 12 位委员，他们共同决定货币政策决策，但很少出现所有委员意见完全一致的情况，每个人对经济的反应、解释是不相同的。世界上有很多金融机构、投资银行、证券公司，它们也都有各自的理论模型来分析、判断中央银行的货币政策会如何决策。

　　总而言之，中央银行的决策既是一门科学，也是一门艺术，运用之妙，存乎一心，它考验的不仅有政策制定者的理论水平，还有实践经验，特别是他们对市场变化的敏感度。

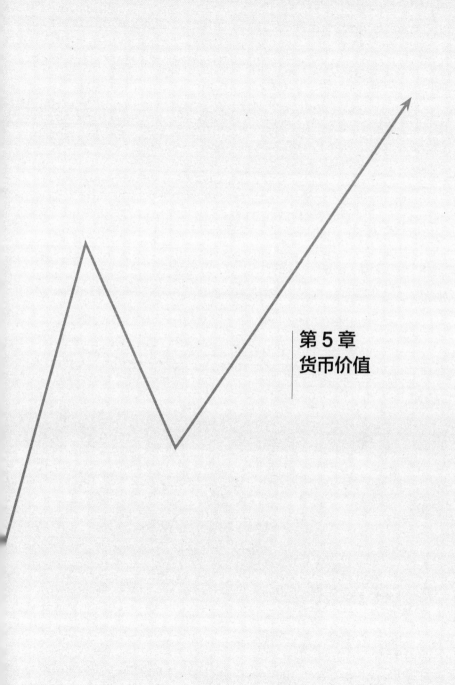

第 5 章
货币价值

通货膨胀就是物价飞涨吗

我们在生活中讨论得最多的，也是最关心的一个话题就是通货膨胀。通货膨胀对很多人来说就意味着钱越来越不值钱、越来越不经花，所以绝大多数人都不希望通货膨胀，尤其是恶性的通货膨胀。中央银行的核心目标只有一个，就是控制通货膨胀。它的所有职能、工具都是围绕这个目标展开的。

那到底什么是通货膨胀？通货膨胀又是如何定义的？

通常判断通货膨胀的一个最明确的指标就是物价水平增长或者上升的速度。值得注意的是，通货膨胀主要指的不是物价的绝对水平，而是物价上涨的速度和幅度。例如物价水平每年上涨 1% 或 2%，大家感受不会太明显，但如果上涨 3% 或 4%，很多人可能就有比较明显的感受了。

判断通货膨胀的主要指标是物价的涨幅。在美国、欧洲和日本这些发达地区，CPI 每年的涨幅通常被控制在 2% 以内，也就是说只要每年 CPI 的涨幅不超过 2%，就被认为没有通货膨胀。而在包括中国在内的经济增长比较快的发展中国家，人们通常认为 CPI 涨幅在 3% 或者在 3.5% 以内，就没有通货膨胀。但如果每年 CPI 涨幅超过 4%，就算是通货膨胀。如果这个涨幅达到两位数，就是非常严重的通货膨胀。

物价持续上涨，必然意味着很多商品的绝对价格水平会非常高。所以物价的涨幅和绝对价格水平不能完全割裂开来，它们有着紧密的联系。例如近年来，中国房价持续上涨，很多中心城市的房价已经超过了美国最贵的地区——纽约和硅谷的房价。

那到底如何衡量物价水平呢？

我们通常用两个指标来衡量。一个是 CPI，这个指数衡量的是最终消费品，即我们所购买的水果、蔬菜、衣服、手机等用于日常生活的商品的价格水平。另外一个是 PPI，它衡量的是企业购买原材料的总体价格水平。

CPI 这个指标可能听着很简单，但其实这是我们研究通货膨胀的一项难题。因为世界上的商品种类实在太多了，据说在阿里巴巴、亚马逊等电商网站上，消费者每年购买的商品品种就有 4 亿种之多，全世界的商品据说已经超过 100 亿种，所以我们计算 CPI 时，是不可能把所有的商品价格都算进去的，通常只是选择一些日常所消费的商品，现在中国 CPI 的篮子中只有 600 多种商品。

正因为 CPI 没有包含所有的商品和服务，所以不同收入的人群对通货膨胀的感受也不同。例如，对于高收入人群来说，衣食住行等日常消费在他们的收入中占比很小，所以他们对通货膨胀的感受就没那么强烈。但对于中低收入阶层而言，他们大部分的收入都会用于此类消费，所以他们对于通货膨胀的感受会比较强烈。因此，同样是 2% 或 3% 的 CPI 增长幅度，不同收入的群体，感受非常不同。

　　德国中央银行曾经有一句名言，说德国中央银行的钟表只有一个指针，那就是控制通货膨胀。由此可见全世界对控制通货膨胀的重视。那么为什么中央银行要严格控制通货膨胀？因为如果一个国家出现严重的通货膨胀，这将摧毁一个国家的中产阶级，拉大贫富差距。中产阶级一般是以工薪阶层为主，人数在总人口中占比很大。他们收入水平不高，年收入增长的幅度非常有限，严重的通货膨胀会让他们遭受非常大的损失。而对于那些富豪而言，他们则可以利用各种金融手段来大幅增加收入，通货膨胀对他们的影响往往非常有限，甚至不会产生影响。长此以往，这将导致贫富两极分化，整个社会将会陷入一种极端的不稳定之中，经济的增长也会受到严重影响。

　　更可怕的是，严重的通货膨胀、恶性通货膨胀会摧毁政府，乃至整个国家。历史上有很多这样的案例。最著名的案例就是 20 世纪初期，德国魏玛共和国出现了有史以来最严重的恶性通货膨胀。该国的物价水平在两年内上升了几万倍，瞬间压垮了当时德国的中产阶级，使整个德国呈现严重的两极分化，从而为希特勒纳粹极端主义政党的上台提供了温床。

近期恶性通货膨胀的案例发生在津巴布韦共和国。2011 年，德国中央银行曾举办过一个会议，当时有一位理事向每位参会者都赠送了一张面值 20 亿的津巴布韦钞票，他很兴奋地宣布，在座的所有人都已经成为亿万富豪，但马上又说，亿万富豪在津巴布韦没有什么价值，因为在物价飞速上涨的津巴布韦，你去公共厕所小便一次就需要支付 2 亿津巴布韦币，所以一张 20 亿的钞票也就只够小便 10 次。实际上，津巴布韦出现的恶性通货膨胀已经把这个国家送进了深渊。

革命导师列宁曾经说过，摧毁一个政府最绝妙的办法就是制造通货膨胀。可见通货膨胀造成的危害会有多么严重，正因如此，在 20 世纪以后，世界各国中央银行纷纷把控制通货膨胀当作第一要务。

根据中央银行货币政策的决策机制和理论，控制通货膨胀最核心的办法就是控制货币供应量、广义货币的增长以及市场流动性的泛滥。同时，中央银行的货币政策还必须要有公信力，也就是必须要讲信用、前后一致。只有这样，才能够有效地管理市场预期，并控制住物价的飞速上升。物价稳定是人民安居乐业和经济持续稳定增长的基本前提。

通货紧缩有什么影响

通货紧缩是与通货膨胀完全相反的一种现象，同样也是货币金融体系一种非常要命的疾病。通货膨胀的定义是物价水平持续、快速地上涨，与之对应的通货紧缩则是物价水平持续、快速地大幅下降。可能有人会认为，通货膨胀让我们的钞票越来越不值钱，通货紧缩和通货膨胀正好相反，岂不是会让我们的货币越来越值钱？

实际上，通货膨胀不是对所有人都不利，通货膨胀对于债务人来说是相对有利的，因为通货膨胀会把债务从本质上减去一部分，但对债权人是不利的。通货紧缩对债权人和债务人的影响与通货膨胀正好相反。假设现在处于通货紧缩的情形，我们对外借出100元，期限是一年，此时的100元可以购买5袋大米。当我们收回本金时，这100元的实际价值可能就超过当时，或许可以购买六七袋大米。所以对于债权人而言，通货紧缩是相对有利的，但是对于债务人而言，他实际上需要偿还的本金和利息比原本的要高很多。

无论是通货膨胀还是通货紧缩，此时的物价水平都处于一种极端情况下，这对整个货币金融体系和整个经济都是极其不利的。

通货紧缩的具体危害主要表现在两个方面。

第一，商品和服务价格持续下降。当商品和服务的价格持续下降时，一定会造成企业收入不断下滑，甚至连成本都收不回，从而导致企业破产。大部分企业收入下滑时，为了缩减成本都会选择裁员。人们失去工作，没了收入就没有消费愿望，消费的疲软又会进一步使物价继续下跌，所以通货紧缩往往会导致社会陷入一种非常麻烦的恶性循环，它常常出现在经济大萧条的时候。

第二，资产价格，包括股票、房地产、企业的厂房设备、企业市值等的持续下降。如果企业的资产价格出现持续下降，整个企业就会面临非常危险的情况，甚至会破产、崩盘，尤其对于高负债、高杠杆的企业。因为负债是刚性的，必须要还钱，但是企业资产的市价却在持续下降，此时即使企业出售资产来还债，可能也卖不出去，或者需要贱卖资产，这样就会出现资不抵债的情况。如果股票价格大幅下降，不仅会使投资者蒙受巨大损失，也会让那些利用股票质押向金融机构借钱融资的人遭受灭顶之灾。历次金融危机也都出现过类似的情况。例如，1997 年的亚洲金融危机和 2008 年的全球金融危机都曾经出现过商品服务价格、资产价格的持续通货紧缩，很多企业因此资不抵债，关门破产。

商品服务市场的通货紧缩和资产价格的通货紧缩是相

伴而生的。经济萎靡，股市自然也会不振，股市的消沉就会导致个人、企业形成负资产，这样又会造成企业无法继续投资，个人无法消费，最终会导致商品市场和资产市场进一步通货紧缩，形成一种恶性循环，要遏制这种循环往往要花费很长时间，而且极其困难。

美国经济学家欧文·费雪曾经投资股票取得成功，而且经营了一家上市公司，他的身家最高的时候达到 1.5 亿美元，结果 1929 年股市崩盘，费雪的财富化为乌有，最后只能在耶鲁大学给他租的一个房子里安度晚年。可能正是因为有这样痛苦的经验，费雪在 20 世纪 30 年代写过一篇文章，用债务通货紧缩的机制来解释当时出现的史无前例的大萧条。他说，出现大萧条的根本原因，就是美国出现了债务的通货紧缩和资产价格的通货紧缩，即股票持续下降，企业资产持续下降，导致很多企业、个人深陷债务泥潭无法自拔，只好破产关门。美国股市在 1929 年崩盘，直到二战结束后的 20 世纪 50 年代，才重新回到 1929 年崩盘前的高位。在此期间，很多人的财产都遭受了巨大损失，根本无力进行投资和消费，商品滞销、企业破产是一个常态，直到二战爆发之后，强大的军火需求才开始把美国经济从萧条停滞的泥潭里拉出来。

除此之外，历史上还有很多案例值得我们研究。

第一个是在明朝万历年后，由于从美洲输入欧洲的白银数量大幅下降，欧洲商人到中国做贸易带来的白银数量也随之下降，这造成了当时明朝严重的通货紧缩，全国经济一片萧条、民不聊生，导致明朝末年发生多次的农民起义，让明朝走向了灭亡。

第二个我们此前说过，1934 年美国新任总统罗斯福提出《白银法案》，授权美国财政部在全球市场上大量购买白银，此举造成国际市场上的银价大涨。由于当时中国国民政府实施的是银本位制，结果中国的白银大量流入国际市场，国内出现严重的通货紧缩，大量出口企业破产，给当时的中国经济造成了巨大困难，国民政府在无奈之下实施币制改革，用法币制度取代了银本位制。

第三个是在 19 世纪后期，由于美国黄金的供应不断下降，造成美国国内出现通货紧缩，美国的农产品价格持续下降，导致很多农民和农场主经营困难，引发了美国历史上著名的"进步运动"①。进步运动在货币金融方面最重要的一个诉求就是取消金本位制。美国政治家威廉·詹姆斯·布赖恩当时就批评道："不能把荆棘冠冕戴在劳工的头上，不该将人类钉死在黄金的十字架上。"

通过这些案例可以看出，通货紧缩的危害有时一点儿

---

① 进步运动，美国史学界一般把 1900 年至 1917 年间美国所发生的政治、经济和社会改革运动统称为进步运动。

也不比通货膨胀的危害小，控制或避免出现严重的通货紧
缩，需要中央银行根据市场、金融和经济运行的具体情况，
对货币供应量进行实时、精准、高效的调节，以确保市场
的货币供应量和流动性适度稳定，既不要出现货币大水漫
灌，造成通货膨胀，也不要出现货币枯竭，从而造成通货
紧缩。

　　总而言之，中央银行的货币政策，必须要通盘考虑整
个经济体系的流动性，确保金融经济体系的运行与其保持
一个良性的配合。当然，这对世界各国的"央妈"来说都
是非常复杂的挑战。

资产价格泡沫是怎么形成的

　　简单而言，资产价格泡沫是某种资产的价格出现了持
续、大幅度、非理性的上涨，以至远远超出了它的真实价
值。资产价格泡沫有正向和负向之分，资产价格大幅度、
非理性地上涨为正泡沫，资产价格大幅度地萎缩和下降，
称为负泡沫。通货紧缩造成的资产价格的萎缩，就是一种
资产价格的负泡沫。

　　资产价格的泡沫是怎么形成的？

原因非常复杂。通常来讲，人们疯狂地追逐某一种资产，甚至疯狂炒作某种大宗商品和日常生活中的商品，使得商品价格远远超出其真实价值，就会产生泡沫。这些投机炒作行为包括追逐股票、炒房、炒红木、炒普洱茶、炒古董字画等。

当我们去识别资产价格是否产生泡沫时，我们可以采用很多方法和指标。以股票为例，我们通常用市盈率来衡量一只股票是否存在资产价格的泡沫，一般而言，公司的市盈率在20~30倍是一个正常的区间，如果一只股票的市盈率超过了50倍甚至100倍，毫无疑问，它是出现了比较严重的泡沫的。我们可以看到，历史上曾经有一些股票的市盈率高达百倍，甚至千倍、万倍，这样的股票价格是不可持续的，属于纯粹的投机炒作。

判断房地产是否产生泡沫也有一个重要的指标，就是租售比，即出租房屋每年的收益率至少应该等于或高于同期银行定期存款和理财的收益率。如果房租的收益率远远低于银行同期存款和理财产品的收益率，就说明这所房子的价格已经被大大高估，而且人们还在期望房价会持续上涨。当然，除了这些指标以外，衡量股票价格、房地产价格是否存在泡沫，还有很多其他指标。

经过多年研究，经济学者发现了一个基本规律：流动性泛滥或货币和信贷的泛滥，基本上都会产生资产价格泡沫，甚至会形成普遍的、严重的资产价格泡沫。

　　货币流动性泛滥为什么会造成资产价格泡沫？有两个基本的理论来解释。

　　第一个理论是货币数量论，这个理论告诉我们，中央银行创造 M0，经过银行金融体系，形成 M2，创造信贷，也就是我们通常讲的流动性，可以将其比作"货币之水"。经济体系有两大市场，一个是商品服务市场，另外一个是资产市场。"货币之水"大量流入商品服务市场就可能造成通货膨胀，大量流入资产市场，就可能形成资产价格泡沫。

　　第二个理论是资产价格的基本原理：

　　任何资产的价格 = 这项资产未来带来的收入 / 贴现率或者市场利率

　　如果市场利率和贴现率持续下降，并处在很低的水平，那么资产的价格必然会持续上涨。所以，做投资或做股票的人都有这样的经验，如果中央银行降低利率，释放流动性，推动市场利率持续下降并维持在低位，那么股票和房地产价格通常也会持续上涨。

　　历史经验一再证明，宽松的货币环境、持续的低利率往往会导致资产价格产生泡沫。最著名的案例是 1920 年的美国华尔街股票泡沫。当时美联储，特别是纽约联储银行，为了支持英国恢复金本位制，防止资金从英国流到美国，刻意把当时美国的利率下调得比英国伦敦市场的利率低很多。正是这样低利率的市场环境，再加上 20 世纪 20 年代美国经济的快速增长等其他因素，导致了 1920 年股票市场产生巨大的泡沫，后来美国人把 20 年代叫作"狂飙时代"，当年除了股票以外，迈阿密、旧金山等多个大城市的房价都出现了疯狂的上涨。

20 世纪 90 年代到 2000 年，美国又出现了互联网泡沫。当时凡是与新经济、互联网沾上一点边的公司，股票价格都急剧上涨，出现了史无前例的互联网泡沫。除了新经济的因素之外，当时美联储所实施的低利率也是一个重要的推动力量。诺贝尔经济学奖得主、耶鲁大学教授罗伯特·希勒，在其于 1998 年出版的《非理性繁荣》一书中，主要讲了当时互联网的泡沫，也预言了互联网泡沫必定会破灭。

在 2000—2007 年，美国再一次出现了房地产泡沫。当时美联储的货币环境、信贷环境极为宽松，还出现了所谓的"三无贷款"，即没工作、没收入、没担保的人都可以从银行获得低利率的房屋贷款，所以美国房地产价格持续上涨，最终导致了美国次贷危机和 2008 年的金融危机，波及很多国家。

那么资产价格泡沫一旦形成，会不会一直持续下去呢？在资产价格泡沫形成的时候，很多人都会制造出各种各样的理论和说法，以证明资产价格会持续上涨。但历史经验一再证明，资产价格泡沫并不会永远持续下去，就如同当年赫鲁晓夫讽刺美国时说过的一句话："树不会长到天上去。"遗憾的是，经济学者到今天也没有能力预测资产价格的泡沫会在哪个具体的时间点破灭，人类对自身经济体系的认识还是非常有限的。我们虽然不能准确预测，但是有一点是可以肯定的：如果资产价格出现普遍的泡沫，这个泡沫一定会破灭，而且破灭之后，一定会出现严重的经济危机，甚至会造成经济的停滞和大萧条，所有的投资者都要为防范风险做好准备。

第 6 章
借贷的风险成本
与信用价格

信息不对称会造成什么危害

　　天下有谁不借钱？从某种意义上说，人类所有的金融活动，归根结底都可以用"借钱"来概括。个人、家庭、企业、政府等所有经济活动的主体，必然都有需要借钱的时候，用专业术语来说，就是融资。人类生活之所以离不开借钱，是因为人类生活的本质是面向未来的，但未来充满不确定性。当个人和家庭面对教育、投资理财、买房买车、医疗等一系列现实的生活问题时，他们可能资金不够、入不敷出，需要借钱；当企业遇到经营收入不够周转，资金链出现问题时，也需要借钱；当政府的财政收入入不敷出，出现财政赤字时，同样需要借钱。

　　在过去，找熟人借钱是中国最流行的传统方式；现在，人们则主要和金融机构打交道。但无论是个人之间相互借钱，还是个人向金融机构借钱，都面临一个最基本的困难，即信息不对称。

　　信息不对称是整个金融理论里讨论最多、最重要的问题之一。例如朋友找我们借钱，约定半年或一年后偿还，甚至可以用房子来做抵押等。但人心隔肚皮，我们并不能百分之百地确定朋友在约定的时间点是否能够还钱，这就叫信息不对称。这是所有融资活动中最麻烦的问题，也是一个最根本的问题。金融学有大量围绕不对称信息的研究，实际上，从20世纪后半期以来，世界上有很多经济学家在深入研究信息不对称带来的经济和金融问题，以及如何降低和减少此类问题。阿克洛夫、斯蒂格利茨、斯宾塞，以及其他一些经济学家，都是因为研究不对称信息而获得了诺贝尔经济学奖。

信息不对称有两个层面的问题。第一个层面是交易双方掌握的信息不对等，各自更了解与自己相关的一些信息。例如银行和企业打交道，企业经营的情况究竟怎么样，能不能按时还本付息，企业自身掌握的信息当然比银行要多。第二个层面是，在经济活动中，交易双方的一方在刻意隐瞒信息。例如，上市公司的高管刻意隐瞒、歪曲公司的情况来误导投资者。

信息不对称不仅仅在经济和金融生活中普遍存在，其实在人类生活的其他方面也照样存在。例如很多美好的爱情没有结果，就可能是信息不对称造成的：一个人深爱着另一个人，被爱的人有时可能感受不到；另一方面，恋爱中的双方都有可能隐瞒自己一些不好的信息。可见恋爱和婚姻的问题同样受不对称信息的影响。

如果金融活动中存在信息不对称的问题，便会造成两大麻烦：逆向选择和道德风险。

那么信息不对称为什么会导致逆向选择呢？以二手车交易为例，卖家更加了解自己汽车的质量，都希望卖出足够高的价格，但是买家并不了解，自然会低估这辆车的价值，进行杀价。如果这种情况在所有二手车市场同时发生，就会造成二手车市场无法交易。无法达成交易的这种选择就是一种逆向选择，了解详情的人愿意抬高价格，而不了解情况的人会尽可能低估价格。诺贝尔经济学奖得主阿克洛夫曾专门讨论过二手车市场的问题，他认为由于存在信息不对称的问题，如果没有二手车的中间商，就会出现逆向选择的情况，导致劣质品驱逐优质品，由于买家不愿意出高价，汽车质量好的卖家就会退出市场，所以就需要有中介机构来负责进行质量的评估、价格的确定。实际上，在某种程度上所有的中介机构都是因为不对称信息和逆向选择产生的，金融机构同样如此。

那么什么是道德风险？道德风险就是一旦达成某种金融交易之后，对方可能会采取另外一方不愿意看到的行动。比如，有些公司IPO（首次公开募股）时，把未来经营的蓝图描绘得天花乱坠，并通过招股说明书向投资者广泛宣传。一旦公司融到投资者的资金以后，它可能就会把资金用在别的事情上，甚至拿去炒股票、炒房地产、个人挥霍等。这就是一种典型的道德风险。

银行贷款给企业，同样会存在道德风险的问题。企业拿到银行的资金以后，可能会滥用资金，不按照以前承诺的用途去使用银行贷款，最终无法按时还本付息。

为了降低逆向选择、道德风险的成本，促进市场的有效运作，各种各样的金融中介机构、金融监管部门应运而生，相关部门要求上市公司必须披露信息，并制定各种非常严格的法律法规来惩罚那些虚假陈述、歪曲事实的上市公司股东或高管。我们可以从道德风险和逆向选择的角度去深入思考所有的金融活动问题。

可以说，融资既是一门科学，也是一门艺术。

"科学"是指我们在融资时，一定要对自己的资产情况、资金使用的情况，进行认真的分析和慎重的选择。是选择银行贷款还是债券融资？是选择发行股票还是选择其他融资方式？是选择长期贷款还是短期贷款？这些都需要仔细、慎重的研究。更重要的是不能借高利贷，也不能放高利贷。同时要切记，不能用高杠杆、高负债投入股票、房地产等投机生意。

为什么又说它是一门"艺术"呢？因为当我们找人借钱，或者借钱给别人时，都要三思而行，不要轻易开口向别人借钱，也不要轻易借钱给别人，正如一句谚语所说"如果你想远离你的朋友，损害友谊，那就借钱给他"。融资不仅是一门科学，更是一门艺术，一门做人的学问。

为什么会有利息

人类生活的必要活动之一是借钱或融资，而收取利息则是这项活动的重中之重。我们投资理财时，都会关心银行存款的利息、理财的收益率。但是可能很少有人会思考，为什么会有利率和利息。

在中世纪欧洲，基督教曾经禁止对放款收取利息长达1 000多年，当时借钱收利息被认为是一件大逆不道的事情，高利贷尤为罪大恶极。意大利的伟大诗人但丁在其著作《神曲》里写道："地狱一共是18层，每一层地狱都是为不同的犯人准备的，其中第8层地狱就是为放高利贷的人准备的。"

基督教为什么要长期禁止对放款收利息？为什么他们认为放款收息是一件极其罪恶的事情？《圣经·创世纪》中说道，天地间的一切是上帝创造的，时间也是上帝创造的，时间是属于上帝的。教徒认为，利息的产生就是时间的价值，人怎么能够把上帝的时间拿来为自己谋私利？这当然是对上帝极大的亵渎，所以基督教在1 000多年的时间里面，禁止任何人对放款收取利息。

当然，尽管基督教在漫长的时间里严格禁止高利贷，但还是不能阻止人们变相地放款和收取利息。例如借钱的人们不选择直接付利息，而是用其他商品或服务来代替。当时圣殿骑士团就是一个代表，他们放款给贵族、国王，不直接收取利息，但国王和贵族会把房产、土地等作为礼物赠送给他们。

那么中世纪的欧洲，主要是哪些人从事金融活动？根据历史学家考证，主要是犹太人。至少在公元 1000 年前，犹太人就已开始在欧洲各国大量从事金融活动。犹太人信奉的犹太教并不禁止放款收息。而且在当时，犹太人在欧洲各国都受到限制，他们不能当官、参军，甚至不能从事正规的经商活动，所以他们只能从事边缘的经济活动，也就是放款收息、货币买卖等。经过长时间的积累和沉淀，犹太人掌握了高超的金融投资技术。公元 1000 年后，全球主要的金融中心都随处可见犹太人的身影，比如威尼斯、佛罗伦萨、阿姆斯特丹、伦敦、纽约，全球主要金融机构的创始人也多数都是犹太人。从历史的角度来分析，犹太人擅长金融其实是历史偶然性的一个产物，人们也没有必要对犹太人能够掌管全球金融感到震惊。

在人类历史上，哲学家、宗教家、政治家、经济学家也曾围绕"人们借钱是否应该收取利息"有过激烈的争论。

16 世纪之后，随着新教的改革和兴起，基督教逐渐放松对收取利息的禁令，到后来基本取消，但是经济学家对利息的起源仍然感到困惑，他们仍然想不明白利息是否具有合法性和正当性，这个问题一直到 19 世纪都没有得到很好的解决。比如，马克思在《资本论》中就严厉谴责了利息，按照马克思的分析，利息不过是剩余价值再分配的产物，既是资本家剥削无产阶级的产物，也是资本家不劳而获的产物，所以从根本上是不道德和罪恶的，不应该存在。

　　奥地利学派经济学家庞巴维克的《资本实证论》则解释了利息的正当性和合法性。庞巴维克认为把资金借给别人，能够帮助他人更好地完成生产和分工，增加产量，提高产品质量。庞巴维克提出了一个著名的概念——迂回生产方式，即简单的产品可以立即完成，但是手机、汽车、飞机等复杂的产品，都要进行精细的分工，经过各种工序，使用各种零配件，用很长的时间迂回生产。企业为什么要借钱，就是因为要实现迂回生产方式。因此，庞巴维克认为给人们借钱的人应该收取利息，因为他并不是不劳而获，而是参与了生产和技术的进步。

　　在庞巴维克理论的基础之上，欧文·费雪也提出，利息的产生是因为我们所有的生产、经营都是面向未来的，为未来的生活做好准备需要人们放弃目前的消费和享受，把资金储蓄起来。这是人类经济生活一项必不可少的工作，所以当然要在未来获得补偿。同时，投资既然会创造收益，那么储蓄的人自然要分享收益。所以投资与储蓄之间的关系，就决定了利息和利率不仅必然存在，而且合理、正当。欧文·费雪最主要的著作是《利息理论》，他不仅证明了利息的存在符合人类经济最基本的需求，而且还系统性地从资金供求、投资储蓄的角度阐述了利息的产生以及利率的波动。今天人们已经不再去争论为什么会有利息和利率，而是主要去讨论利率为什么会大幅地波动。

利率会决定哪些资产的价格

利率和我们的生活息息相关，无论是投资、理财、按揭贷款，还是融资创业，在所有的金融活动中，利率都是最为关键的一个变量。它决定我们生产经营活动和投资理财的收益和成本，也是整个人类经济体系、货币金融体系里最重要的价格决定因素。

第一，利率的变动会极大地影响投资和消费。道理很简单，如果利率太高，人们的各种消费活动就会受到影响，人们可能会推迟买车、买房；企业也可能因为利率太高而贷不到资金，从而陷入经营困难。相反，如果利率水平比较低，就能够鼓励投资和消费。

第二，利率是股票、债券、房地产等所有资产价格最重要的决定因素。如果利率水平持续下降，通常股票、房地产的价格就会持续上涨。相反，如果利率上升，资产的价格通常就会下降。所以股票市场和房地产的投资者一般都希望中央银行维持较低的利率水平。

第三，利率会影响汇率的波动。利率和汇率的关系是经济学家研究得非常多的一个重要问题。其中一个著名的理论是利率平价理论，即运用数学公式把汇率和利率最重要的变量连接起来，分析它们会如何相互影响。2008 年，一些国家的货币大幅贬值，这与美联储的加息有着直接关系。

第四，利率会影响一般物价水平，也就是通货膨胀和通货紧缩。如果利率水平持续保持低位，通常可能会刺激出比较严重的通货膨胀。而为了遏制通货膨胀，中央银行通常都会选择加息，甚至大幅度提高利息。

由此可见，利率在整个经济体系里面处于一个特殊、重要的位置。这也就是为什么调整利率不仅是世界各国中央银行最重要的货币政策工具，也是我们通常最关心的宏观经济政策。

利率是如此重要，那是什么决定了利率的高低？如何分析利率的变动？

我们可以先从一些现象入手，找到回答这个问题的线索。你可能会发现，发达国家的利率水平通常比发展中国家低，无论是中央银行的基准利率，还是市场上实际的利率水平。发达地区的利率水平相对于欠发达地区和贫穷地区往往要低很多。通常而言，中国的北京、上海、广州、深圳等一线城市的利率水平，特别是市场利率水平要比中西部边远地区的低一些，所以在一些经济不发达的地区，高利贷往往更加泛滥。另一种现象是在经济缓慢增长、经济衰退停滞的时候，利率往往比较低。相反，在经济高速增长时，利率就比较高，而且会持续升高。

　　利率的决定因素非常复杂，但有两个最基本的因素。第一个因素是资金市场的供求关系。如果市场上可用于借贷的资金比较多，流动性非常充分，利率相对就会比较低。如果可用于借贷的资金比较少，利率就相对较高。发达国家、发达地区的资金通常比欠发达国家和欠发达地区的资金更充裕，相比之下，后者的利率水平就会低一些。同样，当经济非常疲弱、陷入停滞甚至衰退时，人们对资金的需求往往比较疲弱，这时的利率水平就会比较低。当经济增长前景非常好，人们对资金的需求非常旺盛，利率水平就会比较高。所以在历次金融危机之后，市场通常会维持一段较长时间的低利率，主要是因为人们在经济前景不看好的时候，没有投资渴望，消费意愿也偏弱。当然，影响资金供需的因素非常多，我们要详细地分析利率的决定因素，就要详细地分析资金的供应量和资金的需求量。中央银行通过调整利率来影响经济金融，在很大程度上也正是利用了这个最基本的经济学原理。

第二个决定因素是市场风险的大小。如果市场的资金面、流动性没有发生变化，但出现了金融恐慌或金融危机，这导致人们对风险的预期大幅上升，这时很少有人继续投资，为拉到资金，市场的利率往往会急剧飙升，甚至利率再高，也借不到钱，这时的利率可以理解为无穷大。相反，如果市场没有风险，大家对未来都有确定的预期，可出借的资金多，那么理论上，利率也会持续降低到接近零。

在当前中国的环境中，流动性看似很宽松，但是很多企业和个人都感觉到市场的实际利率在上升。一般的项目如果没有两位数的利率水平，根本无法融到资，当中的核心因素，就是人们认为市场的风险已大幅上升，这极大地推高了市场利率的水平。这也就是为什么中国一直在反复强调，要防范风险。

基准利率与信用有什么关系

分析利率的时候，需要注意区分基准利率和市场利率。

基准利率一般分为三种。

第一种是各国中央银行规定的基准利率。在利率已经实现市场化的国家中，中央银行通常只能够规定中央银行和商业银行之间拆借资金的利率。而在利率还没有完全市场化的国家中，它们的中央银行不仅会规定和商业银行之间拆借、回购、再贴现的利率，还会直接规定金融机构吸收存款、发放贷款的基准利率。

第二种是由市场金融机构确定的一种市场参照的利率。美国、欧洲、日本等比较成熟的金融市场，就形成了一种以国债收益率为基础的基准利率。以美国为例，美国金融市场通常会根据十年期国债的收益率来确定金融市场的一个基准利率。当然，这个基准利率不是中央银行强制规定的，但它是市场会普遍参考的一个重要指标。长期国债的收益率可被用来分析金融市场的风险变化以及整体经济情况的变化。长期国债收益率的上升或下降，通常会反映经济体系里人们对未来的利率水平、流动性、通货膨胀水平的预期，甚至也会反映整体经济的增速。很多时候，商业银行也会参照长期国债收益率调整它们的金融产品利率和金融政策。

市场有时还会参考某个国家的国债收益率，例如在欧元区，德国国债的信用级别最高，是 AAA 级，欧元区的其他国家发行债券，通常就会以德国国债作为一个参考的基准利率，在这个基准利率之上再加上风险溢价等。所以，AAA 级的国债、信用级别高的国债收益率，也是金融市场上一项非常重要的基准利率。

第三种是由商业银行工会确定的利率。例如新加坡、伦敦、纽约等地的银行协会，会定期发布存贷款的参照利率，这些参照利率也会成为各个银行、金融机构吸收存款、发放贷款、投资理财的利率水平的一种参照。

利率水平是非常复杂多样的，我们首先要明确基准利率是一个标准的参照，并非从银行和金融机构融资、存贷款所获得的市场利率。

那市场利率是什么？一般意义上，市场利率就是市场资金借贷成本的反映。市场利率和基准利率有一个简单的公式：

$$市场利率 = 基准利率 + 风险溢价$$

如果现在的基准利率是 5%，某家公司要发行债券，它的风险溢价是 500 个基点[①]，所以这家企业所发行债券的实际利率水平是，5% 基准利率再加上 500 个基点，

---

① 基点，通常在计算利率、汇率、股票价格等范畴被广泛应用，1 个基点是 0.01%。

即 10%。

　　这里面牵涉一个非常重要的问题，就是我们每个人、每家企业、每个国家的信用评级。信用评级实际上是对个人、企业和国家的全部金融活动进行一个检阅和评估，它决定着个人、公司和国家的风险溢价。风险溢价就是衡量国家信用能力、公司和个人还款付息的能力。不同的信用评级对应着不同程度的风险溢价，信用评级越高，风险溢价就越低，通常发行债券利率水平会比较低；相反，如果信用评级较低，风险溢价就相对较高。金融市场有一套非常重要的信用评估体系，也有一些非常著名的信用评级公司，比如穆迪、标准普尔、惠誉。这些公司不仅为很多企业给出信用评级，而且为国家给出信用评级。在欧债危机期间，穆迪和标准普尔就曾经把希腊的国家信用评级下调至垃圾级之下，垃圾级基本上就意味着在市场上无法进行任何融资。所以对于国家和公司而言，信用评级最好保持在投资级之上，风险溢价越低，银行贷款和发债的成本才会越低。

　　当然，信用评级如此重要，自然也有各种信用评级模型。现在很多国家都有征信体系，每个人、每家企业的各种交易历史都被登记在案。我们的违约、逃债、犯罪等行为都会影响到自己的信用评级。

名义利率和实际利率有什么区别

在经济学中，名义利率与实际利率这两个概念使用频率非常高，它们与我们的日常生活也是紧密相关的。

名义利率，即所有金融活动合约上的利率。无论是按揭买房，还是买卖债券，我们和金融机构签订的合约上的利率水平就是名义利率。例如中国银行体系三年期的定期存款利率是 2.75%，这就是名义利率水平。

实际利率就是真实的利率。如果一年的通货膨胀率是 5%，而银行同期一年期的存款利率只有 1%，人们把钱存到银行不仅得不到收益，实际上还损失了 4% 的购买力。所以实际利率就是 –4%。所以，实际利率与名利利率之间有一个简单的公式：

实际利率 = 名义利率 – 通货膨胀率（或通货紧缩率）

如果出现比较严重的通货膨胀，这对于存款人而言是非常不利的。相反，如果此时到银行贷款，对于借款人则是有利的。假如银行的贷款利率是 10%，同期的通货膨胀率是 15%，当我们贷款 1 万元，到年底名义上要支付 10% 的利息，也就是还本付息要还 11 000 元。但由于通货膨胀率是 15%，所以实际上年初所贷的 1 万元的购买力，大大超过了年底需要偿还金额的实际购买力。这笔贷款的实际利率就是 –5%。所以贷款 1 万元，不仅没有支付利息，还可以赚 5%。由于货币大幅贬值，通货膨胀很高，从货币实际购买力的角度来说就是"赚"，这就是名义利率和实际利率之间的重要差别。

当然，在通货膨胀率较低时，名义利率与实际利率之间的差别比较小，人们通常视而不见，但也有很多人理财非常精细，再低的通货膨胀率也会引起他们的高度关注。例如现在用 CPI 衡量的通货膨胀率大约每年是 2%~3%，一年期的定期存款利息根本不到 2%。所以存款在银行，实际每年会损失货币的购买力。因此，现在绝大多数人并不愿意到银行存款，而是选择购买银行的理财产品。一般情况下，银行理财产品的收益率会高于通货膨胀率以及 CPI 每年的增幅。

相反，如果出现通货紧缩，虽然名义利率很低，但因为市场价格在不断下降，货币的购买力实际却在不断上升，所以实际利率会变高。日本在 20 世纪 90 年代经济泡沫破灭时，市场的名义利率很低。通常名义利率很低时，企业应该进行更多投资，老百姓应该进行更多消费，但当时并没有出现这样的情况，就因为当时日本出现了通货紧缩。例如当时日本的银行贷款名义利率最多只有 2%，假设物价水平每年下降 3%，这时借钱的人实际上支付的利率就是 2%−（−3%）=5%，即实际利率为 5%。虽然名义利率很低，但是实际利率更高，这会使得贷款的成本增加，这就是在经济衰退时，很多企业不愿意借钱的原因。

将名义利率和实际利率做出严格的理论区分，是经济学上的一个重要研究，它是欧文·费雪的贡献。他在其著作《利息理论》中，非常明确地阐述了名义利率和实际利率之间的关系，提出：实际利率 = 名义利率 − 通货膨胀率。不过他在书中所用的通货膨胀率是"预期通货膨胀率"，因为未来的通货膨胀率是多少，我们不可能提前知道，所以预期通货膨胀率通常是通过民意调查的办法，访问企业、家庭、个人得出的一个预估数据。

费雪在《利息理论》中还明确指出，我们真正研究的利率是不需要货币的，也就是说即使没有货币，完全是物物交换，利率和利息也是应该存在的。因为利息的本质是现在和未来的一种交换，这种交换原则上不需要用货币做媒介。如果没有货币因素，那么所有的利率就都是实际利率，实际利率就是由真实的经济活动的收益率所决定的，这是经济学理论里一个相当重要的话题。《利息理论》主要就是研究在没有货币的情况下，利率是如何决定的。当然，这是一种理论上的假设，在实际生活中，货币极大地方便了人们的交换活动。正是因为有了货币，才有实际利率与名义利率之分。这两个利率都是我们在分析金融产品和经济活动时需要用到的两个重要概念。

凯恩斯在《就业、利息和货币通论》一书中，也用了很大的篇幅讲利率。凯恩斯认为，人们签订合约时使用的就是名义利率，所以我们更应该关注货币市场如何决定和影响名义利率水平。

对大众来说，我们可以利用"实际利率 = 名义利率 – 通货膨胀率"来仔细计算储蓄、理财、债券的实际收益率。我们可以用 CPI 作为通货膨胀水平的估值，也可以参照很多机构对未来通货膨胀的预期，计算出实际的利率水平。

很多时候，各国政府也会根据这个公式来调整金融政策。例如为了稳定储蓄资金，世界上很多国家都曾经实行过保值储蓄，即银行的存款利率要随着通货膨胀的变化而同步调整。假设银行存款利率是 2%，下一个季度预期的通货膨胀率是 5%，存款利率可能会上调至 7%，如果通货膨胀率进一步恶化到 7%，那么存款利率就可能会上调至 9%。

实际利率的计算公式看似非常简单，但它不仅对于货币政策非常有用，对于我们投资理财也非常重要。

利率波动会影响哪些市场

利率是影响所有资产价格最重要的因素，利率的调整会影响我们每一个人，每一个家庭、企业和每一个市场。那么利率的变动究竟会影响哪些市场，又是如何产生影响的呢？

首先要记住三个最基本的公式。第一个公式是费雪公式，也被称为"财富公式"。即资产的价格＝资产未来的收入／利率或贴现率。

第二个公式是利率平价公式，这个公式描述的是利率和汇率之间的关系。通过这个公式，我们可以计算中央银行调整利率之后，汇率会朝哪个方向变化。

第三个公式是货币供求恒等式，有两种写法。一种是 $MV=PY$。其中 M 是货币供应量，V 是货币流通速度，P 是一般物价水平，Y 是 GDP。另一种是 $M/P=L（Y,i）$。L 代表人们对流动性的需求，i 是利率。这个公式能体现利率的调整会如何影响一般的物价水平。

这三个公式其实是整个金融学中最基础的理论框架，我们可以通过它们来分析利率的变动会如何影响各类市场。

第一个是房地产市场。通常利率持续下调或持续低利率，会让房价快速上涨，甚至诱发房地产泡沫。2008 年货币汇率遭受重创的土耳其就存在这种情况，土耳其总统埃尔多安认为"高利率是万恶之源"，所以他要求土耳其中央银行一直维持低利率，但该国的房地产价格持续飙涨，已经形成了比较严重的泡沫。这也从一个侧面说明了，利率是调节房地产市场的杠杆。针对房地产市场，我们在下一小节展开阐述。

第二个是股票市场。持续低利率的情况下，股票价格也会持续上涨，出现比较严重的股市泡沫。中国在过去出现过的股市暴涨，与当时的低利率和宽松的货币信贷环境直接相关。一旦加息往往就会导致股票价格的回落，所以人们认为从 2008 年开始美联储的不断加息，早晚会让美国的股票指数整体出现回调，甚至大幅度回调。

第三个是外汇市场。它对于利率变化反应最为直接、迅速，通常上调利率会使本国货币升值，降低利率会使本国货币贬值。2018 年人民币出现贬值的态势，实际上与中美两国货币政策的反向操作有很大的关系。美联储在持续加息，美元在持续走强，但是中国连续四次降低存款准备金率，实际上是一个货币政策稍显宽松的动作。所以中美两国货币政策实际上对人民币的汇率稳定形成了一定的压力。相反，如果为了避免货币贬值，中央银行就要大幅提高利率，甚至有时上调利率的幅度会非常高。例如 2008 年土耳其为了防止自己的货币急剧贬值，其中央银行已经把利率提高至 25% 以上。

当然，这样极高的利率是一把双刃剑，一方面，它有可能会起到稳定汇率的作用，另一方面，它必然会伤害本国的经济，使经济陷入衰退，甚至停滞之中。1992 年，金融大鳄索罗斯就是利用这个原理成功地狙击了英镑。当时，英国为了维持英镑的固定汇率，大幅提高利率，索罗斯认为大幅提高利率会伤害英国的经济，英国政府最终会因此放弃这个政策，而一旦放弃这个政策，英镑的汇率就会大幅贬值，索罗斯就用数十亿美金做空英镑，进行了一次豪赌。结果正如他所料，英国被迫放弃了稳定汇率的政策，英镑大幅贬值，索罗斯一夜之间就赚了十几亿美元，一举成名。很多金融投机者最喜欢利用外汇市场和利率市场之间的联动关系，来牟取暴利。

第四个是债券市场。下调利率通常会刺激债券市场繁荣，债券价格会上涨。债券是固定收益产品，它和股票市场实际上是一个反向的关系。通常我们会观察到，当股票市场走强时，债券市场往往会走弱，而股票市场走弱时，债券市场会走强（可能涉及市场上流动性的问题）。当然这些关系都不是一定的，因为影响债券市场的因素非常复杂，我们还是需要根据具体情况分析债券价格和利率走势之间的关系。

第五个是期货市场。期货有很多品种，包括外汇期货、大众商品期货等。期货市场对利率的反应是非常敏感的，投资期货市场一定要高度关注世界上主要的中央银行，如美联储、欧洲中央银行、中国人民银行的利率调节。由于美元是全球主要期货市场计价和交易的货币，所以投资期货市场的人一定要高度关注美联储的利率调整。通常美元利率上调，美元汇率走强，绝大部分期货，特别是贵金属的期货价格就会走弱。

第六个是大宗商品市场。通常所说的大宗商品市场包括三大类：贵金属市场，包括黄金和白银等；粮食市场，包括大豆、玉米等；工业金属品市场，例如铁矿石等。我们也需要针对不同的市场做具体的分析，因为贵金属、工业金属、石油、粮食等商品的种类不同，它们对利率的敏感程度差异较大。

第七个是一般的商品服务市场。通常上调利率会遏制通货膨胀，遏制价格的上升。而下调利率往往会刺激通货膨胀，甚至让其恶化。例如美国在20世纪70年代末，曾经出现严重的通货膨胀，为了遏制通货膨胀，美联储曾经把利率提高到24%。中国在1994年前后也出现过比较严重的通货膨胀，当时利率的水平也曾经提高到了两位数。

从以上分析可以看出，利率对几乎每一个市场都有重要的影响。所以，中央银行的利率政策是所有宏观政策里面最重要的政策，也是用得最多的政策。有时中央银行调整利率也是迫不得已。有的国家可能会出现"三杀"局面（有时也会出现"双杀"局面），即在同一时刻，汇率急剧贬值，股票急剧下跌，债市接近崩盘。1998 年金融危机、2008 年土耳其汇率危机都出现过这样的情况。在这种情况下，很多国家就要做出一个痛苦的选择。为了捍卫汇率，必须大幅提高利率，这时无法顾及股市与债市。从这个意义上来看，我们可以深切地体会到利率是一个极其重要的杠杆，同时也是一把双刃剑，中央银行必须非常慎重地使用这把利剑。

利率波动为什么会影响房价

　　房地产是中国的支柱产业，房价也成为大多数人非常关注的资产价格。我们通过费雪公式可以看出，任何资产的价格取决于两个因素：这项资产在未来能够带来的收入，以及市场利率的高低或者贴现率的高低。

　　这个公式对于理解企业和分析企业的价值非常重要，例如，一家企业购置了很多土地、设备，这些资产就构成了企业的价值。如果这些资产在未来能够给企业带来利润，企业的固定资产就比较值钱；相反，如果企业的这些资产在未来无法带来利润，这些资产可能就一钱不值，甚至为负。

银行为企业发放贷款，都会看企业的三张报表：资产负债表、利润表以及损益表。有时候从账面上看，企业总资产虽然不小，但可能这些资产根本无法为企业带来利润，其实这家企业的价值就会相对较低，甚至是负价值。所以往往单看这三张报表不是很准确，有一点误导性。

公式中的"收入"是一个非常广义的概念，在房地产市场中同样适用。一处房产的地段好、房屋质量优异、周边配套设施完善，它在未来可能就有升值空间。房产带来的收入不仅仅是货币收入，也包括提高生活质量等非货币的收入。

任何资产价格的变动都可以从这个简单的公式来理解，包括人力资产、房产、企业资产，同时，利率的变化也会极大地改变或影响我们所拥有的资产的价值。所以从这个意义上来看，房地产是一个非常特殊的行业和市场。它的特殊性体现在它是一个资金高度密集型的行业，我们可以看到全中国的开发商，比如万科、恒大、碧桂园、保利、绿地等，甚至一些不知名的中小开发商，往往都会高负债运转，很多公司的负债率都在 80% 甚至 90% 以上。

为什么它是资金密集型行业？第一，开发商购买土地需要大量的资金。第二，房地产的开发建造需要一定的周

期，从拿地到建成再到销售，这一圈下来可长可短，快则
半年，慢则几年。

而对于高负债运转的开发商来说，负债期限越长，付
出的利息成本就越高，对它们而言，时间成本是最大的
"杀手"。所以资金充足与否决定生死，融资成为所有开发
商在经营管理中最关键的一个环节。如果融资出现问题，
往往会造成整个资金链断裂。很多"烂尾楼"、房屋无法按
期交付等情况，基本都是源于资金链断裂。

为了避免出现这种情况，开发商也采取过很多办法，
归结起来就是尽快回笼资金。例如预售"楼花"，即在房屋
建设尚未完工时，提前销售房子，回收部分资金。在房地
产市场如火如荼时，"楼花"还成为一种重要的炒作手段。
除此之外，有的开发商还会拖欠土地出让款，甚至有的比
较强势的开发商会要求建筑公司带资承建，以减轻自己的
资金压力。

在这种巨大的资金和利息的压力之下，房地产经营模
式往往会出现一种"四高"模式，即高融资、高产量、高
周转、高盈利。中国开发商之间的竞争，拼的就是"四
高"。因为它们有大量的负债，要支付巨额的高利息，所以
要加速资金周转。

因此，调节房地产行业最重要的杠杆就是利率，利率
的调整对房地产市场的繁荣有关键性的影响。

第一，利率的调整会影响开发商获取资金的成本，甚至会影响开发商能否拿到贷款。如果利率下调，信贷比较宽松，开发商就能够很方便地从银行获得资金，而且成本较低。所以，放松利率会推动房地产市场的繁荣。这些年，造成中国房地产市场高速扩张的一个重要因素就是宽松的银行信贷。据不完全统计，前几年的房地产行业贷款约占全部社会融资的 42%。近两年，随着金融监管的加强，信贷有所收紧，利息也越来越高，有的开发商就开始从民间融资，甚至通过 P2P、第三方财富管理公司进行融资。

第二，按揭贷款利率的调整也会极大地影响民众的购房意愿。当按揭贷款利率大幅下调时，还款付息的压力也会大幅下降，很多人可能就会开始考虑买房；反之，利率大幅上调，人们购房的需求会相应萎缩，房地产市场的景气程度也会下降。

住房按揭贷款有多复杂

"按揭" 一词是英文 "Mortgage"（贷款）的粤语音译，源于香港，后来在全国流传开来。按揭贷款是以房子（已购）作为抵押，从银行贷款购房，它是一种抵押贷款。原则上，它和其他的资产抵押贷款没有区别。

虽然我们买房通常都有开发商或二手房中介全程帮助办理按揭手续，但其实按揭贷款是一项非常复杂的金融业务。按揭贷款一般有 5 项关键因素。

第一个是按揭成数，即从银行获取的贷款占整个房价的比例，这是各国调节房产市场的一个重要变量。在中国，最高的按揭成数是 8 成，也就是借款人可以从银行获得房价 80% 的贷款。

第二个是按揭期限。按揭期限比较自由，既可以长达 30 年，也可以是 1 年。

第三个是按揭的利率。在按揭贷款的金融活动中，利率是最值得我们去认真计算和慎重考虑的因素。

第四个是利率的波动。一般情况下，按揭贷款的合同会约定，如果中央银行调整利率，贷款人所获取的按揭贷款利率也会做相应的调整。

第五个是贷款人的收入来源、收入证明和未来还款的保障。

对于很多家庭来说，按揭贷款可能是一生中最大、最重要的一笔开支。具体来说，我们需要从三个方面来把握好按揭贷款。

第一是确定按揭贷款的额度。每个人、每个家庭在按揭贷款时，都需要量力而行，对自己的经济实力，对未来的收入和还款能力有较为明确的判断，这是最重要的一点。特别对于年轻人来说，买房往往是一个巨大的财务负担，按揭贷款会让很多年轻人成为"房奴"。我们需要根据按揭贷款的 5 项关键因素做一个财务规划，如果没有承受能力，可以选择租房，而不是买房。

第二是选择银行。在同样的基准利率下，不同银行的按揭贷款的实际利率有很大差别。很多人可能会把精力放在对楼盘的选择上，而忽视了对银行的选择。其实我们应该下功夫去选择一家合适的银行，它要能提供非常周到、灵活的服务，以及足够多样的按揭品种，比如贷款期限和利率的选择、权利人的变更、提前还贷的服务等，这些方面都是我们需要考量的。

第三是选择适合自己的还款方式。按揭贷款通常有两种还款方式：等额本息还款与等额本金还款。等额本息还款，是按揭贷款的本金总额和利息总额相加，然后平均分摊到还款期限的每一个月还款，还款人每月需要偿还的是一个固定金额。等额本金还款，是将本金分摊到每个月，同时要付清上次还款至本次还款之间的利息。这种还款方式与等额本息还款相比，利息支出总额要低，但是前期需还的本金和利息较多，还款负担是逐月递减。所以我们需要根据自己的收入情况和财务安排做出一个比较好的选择。

另外，按揭贷款的主要风险和隐患也是我们值得认真思考的。

第一是利率的波动。如果我们预测中央银行在短期之内会大幅上调利率，申请按揭贷款时就需更加慎重。因为利率的大幅上调往往会极大地增加还款负担。很多国家都出现过这样的情况，有些人刚开始按揭贷款时的利率较低，但后来中央银行突然大幅上调利率，导致很多购房者无法按时还本付息，不得不将房子转手或者被银行收走。所以我们在申请按揭贷款时，要慎重研究货币政策的走势，最好仔细咨询一下银行的工作人员。

第二是贷款期限。因为未来的利率水平的走势很难预测，我们需要根据自己的实际情况做出合理的规划。可能有人会认为，收入增加可以提前还清全部贷款，所以不用关注贷款期限，但实际上，提前还款也是需要付出代价的。通常按揭贷款的合约会规定，如果要提前还款则需要提前一个月书面通知银行，并且多给银行一个月的利息作为补偿。

第三是尽可能按时还款。如果没有按时还款，除了必须要补交本息，还要承受罚息。一般而言，罚息是在原利息的基础之上加收20%，并且是以"天"为单位进行累计的，就是所谓的"利滚利"。

第四是我们对于用按揭贷款来炒房要非常慎重。利用银行贷款炒房，短期之内看似可以获得较高收益，但从长期看，这蕴含着很大风险，特别是当遇上利率调整或房地产价格变化时，炒房的人往往会出现负资产，无法还本付息。即使考虑将房产脱手，但由于房地产市场的流动性比较差，房产从挂牌到真正出售，少则要一个礼拜，长则可能要几个月，"远水解不了近渴"。

第五是千万不要利用民间的高杠杆参与炒房，炒房者因此倾家荡产的例子时有发生。

总而言之，按揭贷款是一个非常复杂的融资活动，我们在决定按揭贷款买房时，要做仔细的研究和认真的考察，最好先咨询银行和法律方面的专业人士。

为什么会出现现金贷

自 2015 年起，现金贷在中国迅猛发展，各种乱象也开始凸显，随后监管部门高度关注，开始严厉监管。2017 年起，现金贷迅猛发展的势头受到遏制，可谓是"其兴也勃焉，其亡也忽焉"。

通常，无论任何场景、任何用途，直接发放现金的贷款就叫现金贷，包括银行信用卡透支、提现等。不过也有另一种说法：现金贷面向的是社会上没有信用卡和信用卡额度不足，需要小额现金应急的人群。

现金贷之所以发展迅猛，是因为其有存在的必要性。因为全世界还并没有实现普惠金融，即人人都能享受正规的金融服务。实际上，金融发展到今天，依然是一个典型的"嫌贫爱富"的行业：越大的公司就越容易获得金融服务，不管是银行贷款、债券融资，还是发行股票，而小公司则非常困难。

这也是至今人类金融体系尚未解决的一个非常重大，甚至是致命的缺陷。有学者做过初步统计，全世界只有不到 10% 的人能够享受现代金融服务，而剩下 90% 的人并非没有融资的需求，他们的融资需求反而更强烈。但是，传统金融机构对借贷机构、个人的资质审核极为严苛，导致无法为这 90% 的人提供服务。

与传统金融服务相比，现金贷有不容否认的优点。

第一，它不需要任何的抵押和担保，手续简单。我们到正规的银行和金融机构去寻求贷款，都需要抵押和担保，而且手续非常复杂。

第二，现金贷的金额较小，对于贷款人和借款人而言，风险都不是很大。

第三，现金贷能够应急，满足借款人的临时需要。很多现金贷在申请后几小时内就可以发放贷款，而正规的金融机构或银行发放贷款，少则要等几周，多则一年。对于很多需要临时资金周转的机构、个人，现金贷非常方便、及时。

现金贷既有现实存在的合理性，又有自身的优点，从原则上讲，监管部门应该持鼓励的态度。但是，现实与理想之间往往有很大的差距：理想中，借款人和贷款人都能够严守信用，按照约定条件从事现金贷的业务；而现实则是，虽然现金贷有着各种优点，人们对其也有着迫切的需要，但是它在发展中也确实面临很多的问题。

近年来，现金贷之所以会发展成为一个新兴的金融业务，是因为金融科技的迅猛发展，特别是大数据和人工智能在金融领域得到广泛运用，不仅使搜集、处理、分析大量数据的成本降低，还使现金贷可以覆盖广大的用户。同时，随着现代金融的发展，政策层面在过去几年一直在强调普惠金融的重要性，各种相关支持政策也随即出台。例如2015年，中国专门制定了普惠金融的发展规划，并且提出要让所有的市场主体都能够分享金融服务的雨露甘霖。

正是在科技和政策的双重推动之下，从2015年开始，市场上一下子冒出了很多小额贷款公司，或者叫科技金融服务公司，但它们在发展过程中出现了两个方面的问题。

第一，现金贷的期限非常短，利率水平却比银行的贷款利率水平要高。这种情况本来是合理的，也是被监管部门允许的，但在现实操作中，很多小额贷款公司除了收取利息，还会收取各种高额的手续费，因此很多现金贷的年化利率甚至可以达到 50% 以上。这就是极其典型的极端高利贷。

第二，由于利息高昂，很多人拿到第一笔钱以后就已无力归还本息，或者已经不愿意归还本息，于是这些放贷的公司就开始出现了各种不规范、暴力的催收。因为现金贷没有抵押担保，一旦违约，它们可能会动用一些非法的手段，由此引发一些社会问题。

针对这些问题，监管部门在 2017 年开始对现金贷，特别是和互联网相关的各种金融风险进行专项整治。面向未来，监管部门也明确了几条基本的原则。

第一，任何机构必须取得放贷业务的资质才能够进行相关业务。

第二，贷款的利率必须符合监管部门关于借贷利率的规定，要审慎经营，不得为了暴利而肆意发放高利贷。

第三，要做好客户的信用评估，不能因为短期的暴利，同意所有的申请。

第四，不得采取暴力催收的手段，同时还要加强对客户信息的保护。

普惠金融是人类的一个基本的需要，但现金贷想要良性发展，所有参与现金贷的公司和个人都必须要遵纪守法，并持有合格的资质。唯有如此，现金贷才能够行稳致远，普惠金融也才能得到真正健康的发展。

高利贷有多可怕

高利贷的定义非常简单，就是索取超高额利息的贷款。从历史上来说，高利贷的历史相当悠久，甚至可以说，在现代金融业出现之前，多数的融资都具有高利贷的某种特质。

"存在即合理"，高利贷既然如此普遍，一定有它的现实合理性。借钱融资是人类最基本的金融活动，其中最关键的困难则是信息不对称。在早期，人们借钱主要是通过朋友介绍，取决于人与人之间的信任。所以在现代金融业出现之前，信息不对称的问题比现在严重得多。为了防范风险，通常债权人会对债务人收取很高的利息，也就是我们所说的高利贷。所以高利贷从本质上来说，是信息不对称导致的必然结果。

美国学者悉尼·霍默和理查德·西勒合著的《利率史》一书，用大量的数据证明了在现代金融发展之前，世界各国的利率水平都是非常高的。从这个意义上来说，高利贷在人类历史上有它客观存在的基础。

那么现代社会怎么定义高利贷？中国人民银行有过明确的规定，民间个人借贷的利率由借贷双方协商确定，但最高不得超过中央银行公布的金融机构同期、同档次贷款利率的 4 倍。假设银行一年期的贷款利率是 5%，民间个人借贷的年利率最高只能达到 20%，超过就算高利贷。2015年 9 月 1 日，中国最高人民法院公布了一个关于民间借贷的司法解释，这个解释对高利贷也有明确的说法：借贷双方约定的年利率没有超过 24% 时，人民法院就会支持债权人偿本付息的要求。但是，如果借贷双方约定的年利率超过了 36%，超出部分的利息在法律上是无效的，该部分如已偿还可以追回。两者相比，最高人民法院的解释比人民银行的规定相对宽松，这可能主要是为了适当保护中小微企业的民间融资渠道，解决中小微企业的资金周转问题。即使在今天的中国，高利贷也有它迫切的现实需要。

我们常常可以看到很多与高利贷相关的故事。例如在经典影片《白毛女》中，农民杨白劳因还不起地主黄世仁的高利贷，被逼着在女儿的卖身契上按下手印。莎士比亚的名作《威尼斯商人》中，债务人因为还不起债权人的高利贷，而被要求割下一磅肉来还债。历史上有很多悲剧都是由高利贷引起的。

概括来说，高利贷的主要风险和危害有三个方面。

第一，高利息往往会让借款人倾家荡产。这样的案例每天都在上演，不仅有普通的工薪阶层，还有些企业家也会迫于无奈去借高利贷，最终让家庭和企业都陷入危机。

第二，出现暴力催收。暴力催收会引发很多刑事犯罪，这种事情在民国时期的上海滩屡见不鲜。当年上海的黑帮头目杜月笙有一项重要业务，就是帮人催收贷款。如果借款人不能偿还贷款，或者故意不偿还贷款，就会被挑断脚筋，扔进黄浦江。这当然是最典型、最野蛮的暴力催收。现在社会依然存在着暴力催收的问题，例如 2016 年发生在山东聊城的"辱母案"，就是由高利贷暴力催收引起的。

第三，高利贷很可能增加借款不能按时偿还而引发的纠纷，高利息带来的暴利还会引发一些巧取豪夺、金融欺诈的案件，严重危及社会稳定。

正是因为有这些危害，放高利贷在很多人心目中是一种犯罪。其实从严格意义上讲，如果大家都能够严格遵守规则，即使要付出比较高的利息，这种高利息的贷款对经济活动、金融活动也是必要的。当然，我们也需要保持理性、趋利避害，避免掉入高利贷的陷阱之中。

第一，我们每个人都要量力而行，量入为出。可以适当借贷应急，但无论是消费还是投资，都不能大大超出自己的支付能力。

第二，不要有一夜暴富的心理。有些人之所以借高利贷，可能就是想用它来投机、赌博，希望一夜暴富，结果可能是"赔了夫人又折兵"。

第三，不要把必要的生活费当作还款的赌注。有些人借高利贷，可能会把家庭的日常开支都当作还本付息的保障。万一出了问题可能就会毁灭一个家庭的幸福。

如果能够记住这几点，绝大多数人是可以避免陷入高利贷的陷阱的。当然，更重要的是正规的金融机构或金融企业要为更多的人提供利率适当的金融服务，也就是普惠金融。毫无疑问，普惠金融是人类金融服务发展非常重要的方向。

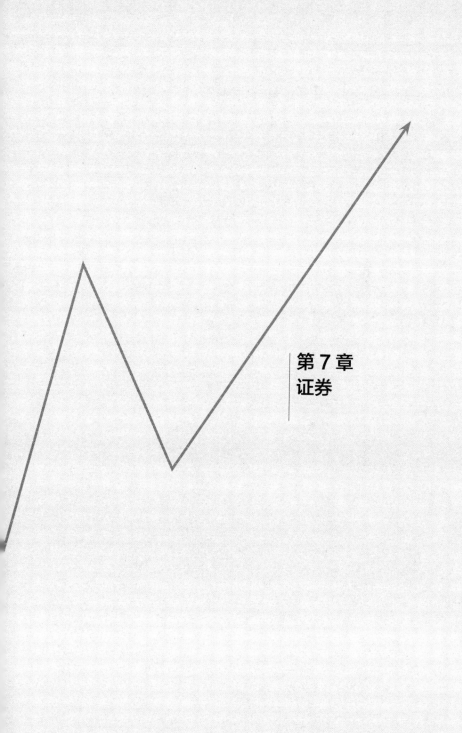

第 7 章
证券

债券如何帮助融资

发行债券是人类最古老的融资方式之一。早在公元1000年左右，意大利的城邦国家之一威尼斯就发明了政府债券，帮助它在数百年时间里多次渡过政府的财政危机。从威尼斯到阿姆斯特丹、伦敦，再到纽约，债券市场也是推动世界金融中心转变的关键力量之一。

今天，债券市场依然是世界上主要国家最重要的融资方式之一，债券金融产品在整个金融产品里所占的比重非常大。美国债券市场的规模已经达到42万亿美元，大约是其GDP的2.3倍，其股票市场的规模只有债券市场的60%。日本的债券市场规模达到12万亿美元，其股票市场的规模只有5万多亿美元。中国的债券市场仅次于美国和日本，是世界第三大债券市场。2017年年底，中国流通债券市场的规模已经达到59万亿人民币，折合8.6万亿美元，远远超过了中国的股票市场。

除了政府债券外，很多大型工程建设项目都会发行债券，比如中国的三峡工程等。经营良好、实力强大的公司在需要资金时，也不一定会选择股票融资和银行贷款，而是选择发行债券。因为债券融资有几个非常重要的优点：第一，不用稀释企业的股权；第二，债券融资的成本一般比同期银行贷款的利率还要低；第三，债券发行的期限和数量可以根据市场需求进行调节，灵活多样。

债券的种类也千差万别。通常，我们可以从发行主体进行区分，把债券分为利率债和信用债。利率债主要指国债、地方政府债券、政策性金融债和中央银行发行的票据。之所以把它们发行的债券称为利率债，首先是因为这类债券的利率会跟随市场利率浮动，以避免债券的实际收益率和市场收益之间出现巨大差距，发行人的成本、投资者的收益与市场变动的趋势相一致。利率债的另一个特点就是发行机构的信用级别较高，通常不存在违约的情况。投资者购买利率债时主要关注债券的利率和票息收入即可。信用债的种类相对较多。除了政府和政府支持的机构以外，其他主体发行的债券通常都被称为信用债，比如企业债、公司债、短期融资券、中期票据、可转债、资产支持证券等。

除了根据发行主体区分，我们也可以根据发行机构的信用级别来划分债券。简单来说，信用评级和信用级别就是衡量债券和任何金融产品违约的可能性和风险程度，违约的可能性越低，信用级别就越高。债券通常分为投资级债券和非投资级债券（又称"垃圾债券"）。

投资级债券通常被分为四档，由高至低排序为 AAA、AA、A 和 BBB。为了控制风险，很多重要的投资机构，比如保险公司、共同基金、社保基金、商业银行、国家的主权财富基金等，只能投资此类的债券和金融产品。中央银行公开市场操作所用的债券工具，通常也要求必须是投资级以上的债券品种。

非投资债券分为六档：BB、B、CCC、CC、C 和 D。通常 BB 和 B 的债券，人们还能够接受。如果评级是 B 以下，那就是典型的垃圾债券和垃圾金融产品。通常像美国、欧盟、日本、中国这些强大的经济体，它们的信用级别都是比较高的，发行的债券往往都是 AAA 级，或者至少是 A 级。公司发行的债券也可以是投资级，例如微软、通用电气等著名公司发行的债券至少也是 AA 级以上。不过，有很多著名的公司，之前发行的债券可能是投资级，但由于经营情况的恶化，它们的信用级别可能会降至非投资级。政府也是如此，前几年欧元区的一些国家，例如意大利、西班牙、葡萄牙、希腊等，它们曾经的债券级别是投资级，但由于财政状况恶化，它们发行的债券级别就被很多评级机构下调，成为垃圾债券。

垃圾债券和投资级的债券相比，主要有两个特点：第一，它的发行利率很高，所以有时又叫作高息债券。例如在美国，垃圾债券的利率通常会比美国政府债券的利率高200~400个基点以上，有的可能更高。第二，它的违约风险高。因为发行垃圾债券的公司本身都属于新行业、初创企业，所以违约的风险相对较高。

垃圾债券起源于美国，它在 20 世纪 20 年代就已经存在，到 80 年代中期达到鼎盛。在整个 80 年代，美国各家公司发行的垃圾债券总额曾高达 1 700 多亿美元。其中最著名的人物就是"垃圾债券之王"迈克尔·米尔肯。他在金融史上是一个传奇人物，因大量发行垃圾债券而成为巨富。当时美国企业界有一句话叫"你差资金吗？那就去找米尔肯"。米尔肯后来因为发行垃圾债券被指控多项罪名，最终被判处 10 年监禁，罚款 11 亿美元。不过，他的垃圾债券算是一项重大的金融创新，不仅促进了企业融资，而且帮助了很多企业完成了各种杠杆收购。例如 CNN（美国有线电视新闻网）最早的一部分资金就来源于垃圾债券的融资，所以中国也有很多人希望能够大力地发展垃圾债券。

综上所述，债券的品种有很多，把握住这两个维度，我们就能够很好地区分、分析和观察市场上五花八门的债券品种。

信用评级是如何评定的

我们在前一章提到过信用评级的重要性，现代金融在很多方面都逃不开信用评级，而其中的信用评级公司在很多情况下更是众矢之的。每当全球出现金融危机或某个国家出现金融危机，人们就会听到信用评级公司发出声音；每当大公司出现经营困难的时候，信用评级公司也会跳出来。信用评级公司的评级经常饱受争议，有人说它们是落井下石，也有人说它们为市场警示风险做了很大的贡献。例如 2018 年 7 月，土耳其里拉崩盘，全球三大信用评级公司中的两家——标准普尔和惠誉就先后下调了原本已经是垃圾级的土耳其债券，并且把评级展望列为负面。亚洲金融危机时，很多国际著名的评级公司也纷纷下调了多个亚洲国家的债券和主权的信用评级。2017 年，标准普尔认为债务增长会带来长期隐患，甚至下调了中国的主权信用评级。

这些信用评级公司在全世界的金融市场，特别是债券市场上可以说是叱咤风云。因为它们的信用评级会对国家、公司、金融机构的信用水平产生极其重大的影响。如果一个国家的主权信用评级被评成垃圾级，就意味着它基本上无法从国际金融市场融资。同样，如果一家公司的债券信用评级被降到垃圾级，基本上意味着它无法从市场上融到资金，即使融到资金，也会付出很高的融资成本，它已经发行的债券也可能会遭到疯狂抛售，有时甚至会引发公司破产。因此，虽然信用评级公司的收入和利润可能比不上国际性公司和银行，但是它们对市场的影响力却不容忽视。美国前总统克林顿的竞选顾问曾经讲过，如果他有来生，他不会选择为总统工作，他要选择做一个债券信用评级人，因为随时可以恐吓政府和公司。

有时，人们把信用评级称为整个债券市场和金融市场的"看门狗"，这有两个含义：第一，国家、公司的信用评级直接决定了它们能不能发债券，能不能融到足够的资金，以及融资成本的高低；第二，信用评级为债券的投资者提供了非常重要的参考，信用评级越高，风险就越低，相反，信用评级越低，风险就越高。投资者往往是根据信用评级公司给出的信用评级来决定是否投资某个债券的。

当然，信用评级公司也有不靠谱的时候。2007 年次贷危机、2008 年金融危机发生时，标准普尔、穆迪、惠誉等信用评级公司遭到了全世界的谴责。它们在次贷危机的过程中扮演了极不光彩的角色，将一些资产支持证券评为 AAA，甚至 AAA+ 的信用级别（AAA+ 已超过了美国的国家信用级别），诱使投资者大规模买入。而这些资产支持证券的背后其实就是按揭贷款，并且很多都是无法偿还的贷款，最终让投资者蒙受巨大损失，直接导致了次贷危机和金融海啸爆发。在金融危机之后，美国的相关执法部门对这几大评级公司实施了非常严厉的处罚。

那么这些评级标准是怎么确定的？如何将政府和公司评为不同的信用级别？信用评级公司不管发行主体的规模大小，都必须要用严谨的模型来评定信用级别。一般而言，所谓的评级模型是从发行主体的资金、还本付息的能力、还款的来源和履行合约的能力等因素综合考察的，并且对各种因素给予不同的权重，所以有很多侧重因素不同的模型。现在全世界用得比较多的一个模型，是 5C 模型。5C 分别代表：评级主体的品德是否诚信可靠，有无违约记录；经营能力和实力，包含公司的经营情况、盈利情况、管理手段、行业竞争力等；资本实力，公司的负债比例、融资能力等；资产抵押的质量；以及整体的经济环境。

总而言之，每一个信用评级背后都有非常复杂、缜密的计算模型来支持，以确保它的评估是合理、可靠的。无论未来金融市场或债券市场的发展情况如何，信用评级这一项工作都是必不可少的。

为什么说合理的资产配置要包含债券投资

随着我们个人资产的不断增长，投资的金融品种会逐渐增多，有存款、股票、房地产等各种金融产品。所以对于很多人来说，如何合理地配置资产是一件很头疼的事情。不过在进行资产配置时，每个人、每个家庭都应该适当地考虑配置一些债券或与债券相关的金融产品。

投资永远是在收益和风险之间做权衡。投资任何一个金融产品，你必须要有三个维度的考虑：收益性、风险性和流动性。三者之间要得到平衡。例如，很多人喜欢投资股票，认为股票的收益性好，但是高收益往往意味着高风险。在股市中蒙受巨额损失的人数之不尽，中国的股市更是如此，所以股票投资的风险性不容忽视。如果选择投资房地产，虽然这些年房地产的涨势不错，但未来的发展并不好说，风险性也不低。同时房地产还有另外一个弱点，就是流动性比较差，卖房不是一件容易的事情，紧急情况下难以套现。定期储蓄在风险性、流动性方面表现好，但收益性明显较弱。综合考虑这三个因素，债券市场与股票、房地产、储蓄相比，它的优点非常明显：通常债券的收益性比较好，风险性较低，流动性较好。很多机构和经济学者都有研究，在世界各国的金融市场上，很多时候债券投资的收益率比股票的收益率更好。以上证综指和中证综合财富指数为例，用 2009 年以来的中国金融市场债券资产的累计收益率，以及净值波动率等指标来衡量，债券市场的表现比股票市场要好很多。

投资债券市场的另一个理由也很简单：不要把鸡蛋放在同一个篮子里。每个人的风险偏好不同，很多人喜欢把资产全部配置到某一类资产之上，但其实，我们的资产组合应尽可能地做到平衡。资产配置的合理性是决定投资收益高低的一个关键因素，而债券资产的配置，可以起到一个资产收益稳定器的作用。

债券投资的收益主要来自两个方面：第一，债券每年的息票收入，即债券发行人每年都会给投资者支付的利息；第二，买入债券之后，投资者可以在二级市场上再卖出去。

随着市场利率的波动，债券市场的价格也会出现波动，这与投资股票的原理一样。不过，债券主要的收入是息票收入，价差没有股票那么显著，所以我们在投资债券时要综合考虑债券每年的票息收入和债券市场价格的波动。

投资债券的方式非常简单。债券市场分为一级市场和二级市场。一级市场主要是商业银行、证券公司、保险公司等金融机构参与交易的市场，包含着国债与地方政府债券的买卖。通常普通投资者只能在二级市场上购买债券。除了直接购买债券以外，普通投资者还可以购买债券基金。

对于很多不喜欢风险、比较保守的投资者来说，购买债券基金是一个比较好的方式，无论是在美国、欧洲、日本，还是在中国，现在都有大量的债券类基金。我们常见的与基金相关的名词有：偏股型基金、偏债型基金、股票型基金、纯债基金等。偏债型即为债券在该基金中占比较高，纯债型则为该基金只有债券投资。大家可以根据自己的情况来选择，既可以单独购买某一只或某几只债券，也可以去购买某些专注于债券投资的基金。

当然，由于今天债券市场品种繁多，规模庞大，在很大程度上选债券的复杂程度一点儿也不低于选股票。虽然说债券相比其他投资风险较低，但是风险低只是相对而言，投资就意味着有风险。做投资最重要的是不要心存侥幸，世界上没有天上掉馅饼的事。银保监会主席郭树清曾经说过，如果债券发行人承诺的回报超过 8%，投资者就要小心一点，如果其承诺的回报超过 10%，基本可以判断这个项目有很大问题。债券违约的案例每天都在上演，有时也会牵一发而动全身，历史上多次的金融危机都与大规模的债券违约有关。例如 1997—1998 年亚洲金融危机、2007 年次贷危机、2008 年金融海啸、2010 年欧债危机，都出现了大规模的债券违约。不仅公司债券违约，很多政府发行的债券也无法按时还本付息。所以无论是投资公司债，还是投资国债，风险都是不容忽视的一个重要因素。

中国的经济体制比较特殊，其债券发行受到比较严格的控制。通常只有中央政府、地方政府和大型国企才能够发行债券和举借外债。由于之前债券违约的情况并不多，人们已经形成了一种惯性思维，叫作刚性兑付，即在中国投资债券是没有风险的思维，如果出现一些违约的案例，政府也会施以援手。但是，现在这种情况已经发生了重大变化，刚性兑付的惯性思维已不太适用。

随着中国债券市场的飞速发展，规模不断扩大的同时也泥沙俱下，债券违约的消息不断传出。仅在2018年4月，全国就有16只上市公司的债券违约，例如四川煤炭、大连机床、丹东港、亿阳集团、中城建、神雾环保、富贵鸟、春和集团、中安消等，违约金额达到数百亿元，这充分说明现在债市投资的风险已经非常大。中国政府的领导人也一再强调，要打破刚性兑付，让投资者自我承担风险，增强风险意识。

债券投资主要有两大风险。第一大风险是违约风险，即债券的发行人不能按时支付债券的利息和偿还本金。出现这样的违约之后，发行人往往会采取几种办法：第一种，申请债务的展期，通过发行新债券来兑付旧债券；第二，对原有的债券进行所谓的重组，例如适当地减少和扣减之前的利息，减轻债券发行人的利息支出负担等。最极端的债券违约就是公司破产，此时发行人根本没有能力进行债

务的重组和展期，投资者也将蒙受巨大损失。第二个风险
是债券价格的波动。债券的收益率，债券的价格会随期限
的变化出现波动，这也会给投资者造成潜在的损失。在
2016 年，中国的市场利率曾出现大幅上升，使得很多债券
的个人投资者和机构投资者都蒙受了巨大损失。

　　普通投资者最好选择收益稳定、风险较低的债券基金
品种。纯债型基金和偏债型基金组合里持有多种不同的期
限和不同的收益率的债券，有分散投资风险的功能，尽管这
类基金的投资收益相对偏低，但是风险可控，或者风险较
低。投资者在任何时候都要有风险意识，要在自己能够承受
的范围之内选择投资的品种，妥善管理风险。

收益率是怎么反映国家经济形势的

　　债券收益率曲线是金融学和投资学里一个非常重要的
课题，它的定义很简单，即描述债券价格或债券收益率随
时间变化的一条曲线。债券的收益率和债券的价格是一个
倒数关系。如果设立一个 X 轴与 Y 轴的坐标，X 轴是债券
到期的期限，Y 轴是债券的收益率，这个坐标上就可以画
出债券的收益率曲线，曲线上的每一个点反映债券到期的

收益率。

世界上很多的金融咨询平台，例如彭博资讯、道琼斯以及中国的万得等网站都可以查到不同债券的收益率曲线。债券收益率的曲线看起来很简单，却包含了很重要的信息。

首先，债券收益率曲线反映了金融市场的变化，是非常重要的金融和经济的先导指标之一。很多时候，我们可以通过债券收益率曲线判断一个国家金融和经济情况的变化，以及预测未来的趋势。"欧元之父"蒙代尔就曾经说，如果想看这个国家通货膨胀是否出现变化，主要看两个指标，一个是市场上黄金的价格变动，另一个是长期债券收益率的变化。这两个指标会比较准确地预示通货膨胀的变化。

当然，原则上债券收益率曲线可以出现各种形状，每一个形状的债券收益率曲线都预示着不同的经济和金融的情况。通常，债券收益率曲线有四种形状。第一种是正向收益率曲线，即投资期限越长，债券收益率就越高，这是最正常的一种收益率曲线。如果整体的债券收益率曲线都呈现正向收益率状态，说明经济处在一个正常的增长期。

第二种是反向收益率曲线，即收益率曲线出现反转，债券投资期限越长，收益率反而越低，短期债券的收益率反而超过长期债券的收益率。这说明人们对未来经济和投资，特别是长期投资不乐观，经济可能会出现下行的压力，很有可能出现衰退。

　　第三种是债券收益率呈现一条水平直线，这时债券收益率的高低和投资期限长短没有关系。这种情况并不常见，如果出现这种情况，说明经济体系里面可能出现了一些非同寻常的事情，也就是经济体系里的风险可能有重大变化。

　　第四种是债券收益率曲线出现一种无序波动，即债券的收益率不能正常地反映金融体系和经济体系中的风险。如果出现这样的情况，也需要我们去进一步考察债券市场和整个金融市场出现了什么特别的变化。

　　这4种情况只是一个大概的分类，分析每一条曲线也并不容易。经济学家、金融学家和很多投资机构的分析人员需要经常跟踪债券收益的曲线，做详细的分析和仔细的研判。要分析债券收益率曲线就需要用到金融理论和经济理论，例如债券的期限结构、利率是风险的函数等，这些都是金融学中需要重点研究的课题。其中，利率是风险的函数是指，风险是决定利率水平和债券收益率水平的关键指标。如果人们对市场的风险预期快速上升，市场的利率、债券的收益率通常也会快速上升。除此之外，债券收益率的曲线还和经济增长的前景、通货膨胀、资本回报率有着非常重要的关系。例如通货膨胀率上升，人们抛售债券，债券的价格就会下降，通常债券收益率也会随之上升。因为债券通常被称为固定收益，它对通货膨胀是非常敏感的。

　　如果读懂了债券收益率曲线，它会是一个非常实用的投资分析工具，对于投资债券和发行债券都有很大的帮助。对于投资者而言，他们可以预测各种债券发行时的利率水平。例如国债、公司债、垃圾债，都有债券的收益率曲线。通过分析，投资人可以预测债券收益和风险的走势，帮助他们选择投资更稳健的债券。第二，债券收益率曲线还可以帮助投资者预判每一种债券出现违约的可能性。一般来说，如果风险溢价越高，它违约的风险和概率就越大。通过分析债券收益率曲线，特别是看每天收益率曲线的变化，投资者可以更好地进行资产配置，避免承受更大的风险。对发行债券的主体而言，它们可以通过分析现有市场上的债券收益率曲线，来确定发行债券比较合适的时间点，也能预测要发行债券时，利率水平大约是多少。这能帮助它们更好地进行资产负债的管理。

总而言之，债券收益率曲线不仅是投资和分析债券市场最重要的工具之一，还是广大投资者和债券发行人非常重要的参考工具，值得我们好好研究。

如何才能看准股价走势的规律

自从股票诞生以来，无数的数学家、金融学家、经济学家，甚至包括一些其他领域的专家，一直希望寻找股价涨跌的规律。但到今天为止，股票投资还从来没有找到像物理学、化学等自然科学那样确定的规律，没有一个公式能够准确地算出未来的股票价格。

当然，美国经济学家罗伯特·默顿和迈伦·斯科尔斯等人，曾经就因为研究期权的价格而获得了诺贝尔经济学奖，他们发明的期权公式还被称为"金钱公式"，可以利用多个指标计算出期权的价格。但实际上，这个著名的期权公式在实际应用时并不是完全准确的，顶多只能够计算出期权价格的变化趋势。所以他们这几位诺奖得主创立的长期资本管理公司在 1998 年全球金融危机中也最终破产。

虽然到目前为止尚未有非常明确的股票投资规律，但是也不要太悲观，关于股票的价格走势还有一些重要的理论可以参考，其中最著名的有两个理论。第一个是随机漫步理论，它是关于股票最著名的一个理论。有很多著作曾经讨论过华尔街和其他全球股市里股票价格的随机漫步趋势。随机漫步理论是说股票的价格在本质上无法准确预测，股价的波动基本没有规律可循。这个理论深刻地总结了影响股票价格的主要因素，例如公司的利润、行业的变化以及各种其他指标。它虽然无法准确地预测某个日期的股票价格具体在什么点位，但是至少能够判断股票价格大体的趋势。

　　第二大理论是有效市场假说。芝加哥大学教授尤金·法玛是这一理论的主要倡导者。他认为股票的市场价格可以反映出所有的信息，无论是产业信息，还是宏观经济信息，抑或是某家公司董事长、首席执行官的个人信息等，瞬间都可以反映到这只股票的价格上来。这个理论认为，通过内幕消息来赚钱基本上是不可靠的，甚至是不可能的。研究一家公司的股票价格走势主要需要关心公司的基本面，特别是与公司最紧密相关的产业和经济情况的变化。

　　随机漫步理论和有效市场假说都有一个经验上的结论：在短期内，股票价格和趋势无法预测，但其长期走势是可以比较明确地预测的。从长期来看，一只股票的走势和公司的经营环境、经营状况、收入利润等指标密切相关。人们通常说"股市是经济的晴雨表"，从长期来看，股市确实能够反映国家的经济情况，以及行业和公司实际运作的情况。例如中国 A 股的萎靡不振，实际上反映了很多公司，特别是与制造业、科技相关的上市公司的利润情况并不理想。

　　从这个意义上来看，股票投资是有规律可循的，不过，这种规律并不是数学、物理学中非常明确的公式。股票投资与人们的行为、投资的心理有关，所以与自然现象非常不同。这也从另外一个角度说明，投资既是一门科学，也是一门艺术，投资者有时需要多年的锤炼才能够找到投资的感觉和直觉。

理性投资理念

所有的股票投资人都会面对一个问题：价值投资和短线投资哪一个更靠谱？

价值投资是专注于某家公司未来的长期价值，投资人选择股票主要看中的是这家公司长期利润的增长。简单来说，价值投资就是要找到真正的、有持续增长潜力的好公司；短线投资则是依靠技术分析进行短线操作，寻求股票的短期价格波动所带来的回报。

其实价值投资和短线投资并非水火不容，而是相互补充、相辅相成的。价值投资和短线投资的区别主要体现在三个方面。

第一，追求的目标不同。价值投资是一种长期投资，它追求的是公司股票能够带来的长期分红与股价的持续上涨，而短线投资则是寻求短线的差价。

第二，选股技巧不同。作为价值投资人，你必须对行业、公司有非常详尽的分析和深刻的认识。很多成功的价

值投资人不仅非常了解整个经济、行业的发展趋势，而且
对公司的发展历史都非常了解，他们会去实地考察公司的
情况，拜访公司的高管，甚至员工。而短线投资通常是基
于技术分析，有一些比较极端的短线投资人甚至会宣称：
"我压根不去管这个公司是做什么的，这个公司在哪里，我
也不用关心它的创始人是谁，首席执行官是谁，收入、利
润多少我都可以不管。我就是看它的股价走势、K线图，
以及各种复杂的技术分析图，通过分析这些技术图表来做
出投资的具体操作。"

　　第三，具体的操作手法不同。价值投资通常是以
"年"为单位长期持有。短线投资则是"快进快出"，以
"天""月"为单位进行交易。

　　从以上这三个维度可见，价值投资和短线投资确实代
表着不同的投资哲学、投资理念和投资方法。那么价值投
资和短线投资哪一个更靠谱？

　　其实，选择做价值投资，还是选择做短线投资，既取
决于投资人自己的投资偏好、能力偏好，也取决于其心理
状况。有些人非常踏实、冷静，愿意潜下心去研究行业、
公司，这样的人就适合做价值投资，但其实很考验人。比
如投资者买了一只某公司的股票，这只股票在他持有的时
期内，可能出现持续下跌，该公司的经营情况也会出现波
动，在这个过程中是否要继续持有，考验着投资者的心理

承受能力和意志。A 股市场中有很多投资者都会采取短线
操作的办法，这当然也需要出极大的努力，他们要学会看
技术图表、做技术分析，还要每天去跟踪 K 线图、日线图、
周线图、月线图等。

所以，决定做价值投资者或短线投资者，首先要考虑
你的投资目的，到底是寻求长期的价值增长，还是短期活
力；其次要看分析的偏好，你有没有这个能力和意愿去踏
踏实实地研究行业、考察公司，或者有分析技术图表的特
长；最后是你的意志力和心理承受能力。当然，这与整个
股票市场的监管环境也有重要关系。例如有些投资者认为
在中国做价值投资并不现实，他们认为中国的好公司较少，
更希望拼一拼短线的收益。同时，中国公司的内幕消息满
天飞，操纵股价的情况屡见不鲜，所以他们认为价值投资
很难把握。实际上，投资的敌人就是我们自己，理性的投
资理念也是重要因素。

选股技巧真的存在吗

无论做哪种投资，投资房地产、债券还是股票，最重
要的就是选择投资的品种。凯恩斯曾形容选择股票就像挑

选美女一样，很考验一个人的眼光和品位。我们买房子，要挑选地段、楼盘；买债券，要挑选债券的种类。股票同样如此，选对了股票，就可以获得巨大的收益，而选错了股票，就可能血本无归。

可能有很多人会想，如果我在 20 年前就投资腾讯，现在的收益可能是几千倍。如果我在乔布斯 1997 年重回苹果公司时，买了苹果公司的股票，收益也是数千倍、上万倍。但在现实生活中，为什么我们选不到数十倍、数百倍乃至数千倍涨幅的股票呢？这是因为没有人能够知道某只股票未来肯定能涨数十倍，甚至数百倍。有些人可能选对了高收益的股票，但不一定有信心支撑他长久持有这只股票，他可能在中途变现离场。

很多投资者都会深入、系统地去研究如何选择股票。全世界的投资银行、证券公司、基金公司等专业投资机构都有大量的分析人员，专门做投资分析、股票分析。一般而言，专业投资股票需要有一个估值模型，它的基本原理就是股票的价格等于公司未来的收益除以利率和贴现率。除此之外，我们还需要通过一些复杂的数学模型来综合构建一个实用的股票价格的评估模型，这种模型通常会包括三大类指标。

第一，对宏观经济的判断。任何公司都会受到宏观政策、宏观经济的影响，所以选股的第一个要求，就是要对货币政策、财政政策、宏观经济的走势做出一个基本的判断，也就是做宏观分析。很多证券公司都有宏观分析师。

第二，行业指标。行业指标比较微观、具体，例如行业现在的增长速度、利润情况、收入情况。分析一只股票时，必须要结合行业的趋势来判断这家公司是处于上升期，还是处于走弱的态势。

第三，一家公司本身的经营指标。这是最具体、最重要的一点。一个行业里有很多上市公司，例如中国 A 股中有 100 多家上市公司是房地产开发商，我们需要通过分析它们的收入、利润、资产、负债、行业地位等各类指标，才能挑选出值得投资的几只股票。

从宏观经济到行业再到公司，这三大类指标每一类都可以做得很复杂。所以，如何选择一个正确的估值模型，如何选择模型里的正确指标，以及如何给这些指标以适当的权重，是各种资产价格评估的核心。

一个专业的股票分析师或投资人，需要对股票的估值模型、宏观分析、行业分析、公司分析非常熟悉。对于普通的投资者来，也有一些简单、实用的选股法则。我们也可以从一些成功的投资人的经验里，找出几个简单的选股技巧：

第一，要选择熟悉的行业、公司或产品。这是一个基本原则，"股神"巴菲特就曾经说过，他不会投资不熟悉的行业、公司，凡是他投资的行业、公司，他都会分析得非常透彻。

第二，判断这家公司提供的产品和服务，是否为我们创造了真正的价值，是否与我们的日常生活密切相关。例如巴菲特曾经说，他长期投资像可口可乐、麦当劳这样的公司，因为它们为客户创造的服务、提供的产品一目了然。

第三，要重视这家公司最基本的赢利能力和市场竞争力。通常选择一只高收益的股票，就是选择一家赢利能力非常强的公司。因为赢利能力很强的公司，即使它的股价没有大幅上涨，也能提供很好的分红，其实这才是股票投资的本意。如果股票的分红能够超过同期银行存款的利息，其实就算是比较成功的投资。但是，很多人投资股票只是希望股价暴涨，这其实是一种不切实际的幻想。

按照这些基本原则，你也许不可能选到涨幅数十倍，甚至数百倍的公司，但是可以获得比较好的、稳健的回报，这才是我们进行投资的根本目的。

股权投资是什么

股权投资和股票投资的区别，其实就是一级市场和二级市场的区别。一级市场，指的是股票和债券的首发市场，投资者在这里投资尚未上市的公司，甚至是初创公司，例如天使投资，私募股权投资等，他们在获得股权后，不一定是靠公司上市进行变现，也可以通过转让、公司被收购、兼并等进行变现。

二级市场是指已经上市交易的股票。全世界有很多交易所，上交所、深交所、港交所、纳斯达克、纽交所等，在这些交易所进行股票交易就叫股票投资或二级市场投资。

股权投资常分为创业投资和私募股权投资两大类。创业投资也被称为风险投资，它是金融史上一项非凡的创新，从 20 世纪 60 年代的硅谷开始兴起。简单来说，创业者凭借自己的想法、技术、商业模式，依靠外部投资者提供的资金，二者共同创办一家公司，这样的投资就是创业投资或风险投资。世界上第一家通过创业投资建立起来的巨头公司是英特尔。英特尔在 1968 年创立时的早期资金就是源于"风险投资之父"阿瑟·洛克的投资。从此风险投资就成了美国支持新创企业，特别是高科技创新企业的一种最普遍的形式。风险投资后来也逐渐扩展到全世界。20 世纪 80 年代，风险投资开始进入中国市场，百度、腾讯、小米等公司都依靠过风险投资的支持。后来，中国也出现了本土的创投基金，股权投资在中国也已成为一个非常重要、非常热门的行业。

　　私募股权投资和创业投资在本质上没有太大差别，不过在投资阶段选择、风险偏好上面，它们有着明显区别。公司融资通常有所谓的天使轮、A轮、B轮、C轮等。创业投资一般是在A轮或天使轮，属于比较早期的投资，承担更多的风险；私募股权投资通常是处于比较后期的投资，私募股权还会大量参与公司的改组、兼并、收购、增资扩股等，它们的风险偏好相对较低。

　　私募股权和创业投资是人类金融发展的一个新阶段，对人类的经济发展经济增长，特别是对新兴产业的崛起，往往有极大的推动作用。

　　从投资的角度而言，一级市场的股权投资比二级市场更加困难，它的不确定性更大、风险更大，一般的普通投资者并不能进行参与。在二级市场上，因为有法律法规的严格要求，上市公司的信息披露比较完整，只要我们愿意下功夫，就能够做好股票投资。但对于一家初创公司而言，它的各种信息较少，前景更是充满未知，这种投资难度比挑选股票难得多。据说，马化腾在最需要资金的时候去找过深创投，结果惨遭回绝，当年谁也想不到腾讯能发展到现在这样的规模。

天使投资人的作用是什么

对于创业者而言，今天是一个大众创业、万众创新的时代，生活中充满着各种机遇，他们有很好的创意、技术和商业模式，但是缺少第一笔启动资金，而愿意给创业者提供启动资金的人，就是我们经常听到的天使投资人。

全世界有很多著名的天使投资人，他们有很多传奇般的成功案例，创造了一个又一个的财富神话。天使投资人至少能为创业者带来三个方面的重要资源。

第一个当然就是资金。"钱不是万能的，但没有钱是万万不能的"，第一笔资金代表着创业迈向成功的第一步，创业者可以利用这笔资金来尝试自己的想法、技术和商业模式是否可行。

第二个就是创业的经验，天使投资人常常还会为投资者带来很多成功的创业经验，例如建立团队、开拓市场、完善管理架构等。

第三个资源是人脉，他们可以帮助创业者优先接触到很多资源，这对业务的起步和拓展同样极其关键。

除了这三个方面的重要资源外，优秀的天使投资人本身就是一笔宝贵的财富。因为很多成功的天使投资人往往都是某一行业的资深人士，或者由成功的企业家转型而来。

他们往往具有三个方面的独特能力。

第一是对经济、行业趋势有着异乎常人的准确判断。例如日本软银集团的孙正义、美国著名的红杉资本创始人唐·瓦伦丁等,这些优秀天使投资人的成功,往往来自对行业趋势的准确把握,有时这些企业的成功正是得力于天使投资人的先见之明。

第二是对商业模式有独特的见解。以互联网为例,互联网在早期的主要应用是电子邮箱,后来过渡到门户网站,之后又很快地发展出搜索引擎、电子商务、社交媒体等丰富的应用。这里面的每一步,不仅包含着非常好的想法和技术,还有商业模式的演变。很多创业者可能有非常好的想法和技术,但在商业模式的设计、运作方面缺乏经验,天使投资人则可以在这方面给创业者带来帮助。

第三是对创业者本身的能力和人品有独特的判断,说白了就是有慧眼识英雄的能力。很多天使投资人在分享他们成功投资的经验时,往往会说,他们对人的判断是最重要的。有很多投资项目,他们看中的就是创业者本身。例如日本软银集团的孙正义,据说当年和马云只谈了 5 分钟,就决定投资阿里巴巴 2 500 万美元。实际上,马云在此之前也找了很多其他的投资人,但他们都没有投资阿里巴巴。

对于创业者而言,一个合适的天使投资人通常可遇而不可求,当然创业者也可以通过努力寻找到合适的天使投资人。

首先，创业者需要建立自己的人脉，通过同学圈、老乡圈、同事圈等各种渠道子尽可能认识更多的人，这样就会大大增加结识投资人的机会。其次，创业者要学会判断，要找到一个在理念、想法、行业能力等方面都非常契合的天使投资人，并且双方还要能共患难，毕竟创业的初期往往会遇到各种艰难险阻。最后，创业者要实话实说，双方要真诚沟通，优秀的天使投资人能区分创业者讲的是实话，还是忽悠。

天使投资人可以帮助创业者迈出成功的第一步，但是创业者们也要注意，如果选错了天使投资人，天使也有可能变成魔鬼。如果创业者与天使投资人不合，双方可能会在相处过程中经常发生矛盾、冲突。例如在公司发展的想法、理念上可能会有不同，有些天使投资人急于套现，他们就会过度关注公司的估值、盈利等方面，以短期的估值来牺牲公司的长期发展。这种想法和理念上的差距，久而久之会导致更多的矛盾和冲突，这样的例子在投资圈和创业圈屡见不鲜。

所以，创业者在选择天使投资人时，判断的核心是比较天使投资人和自己的理念是否相符，是否真正认同自己的创业理念、商业模式，是否愿意一起承受、忍受创业过程中的各种艰难困苦。不仅天使投资人要下功夫选择投资对象，创业者也需要下功夫去选择匹配的天使投资人。天使投资人选择得恰当、正确，可能就意味着成功了一半，如果选错了天使投资人，则往往意味着创业可能会遭遇重大的挫折。

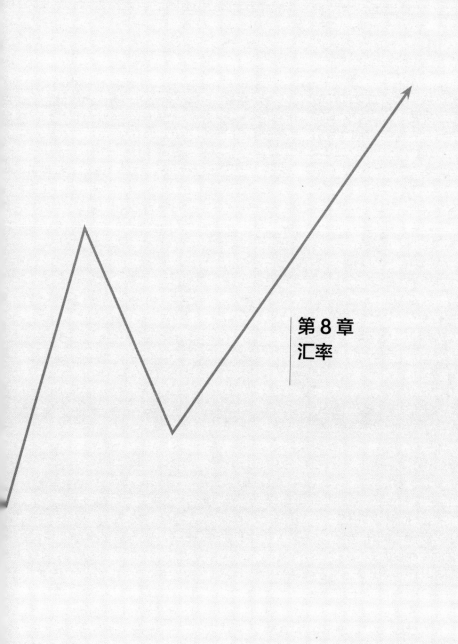

第8章
汇率

什么是浮动汇率制度

汇率在货币金融中非常重要，牵一发而动全身。2018年8月10日，土耳其货币里拉暴跌18%，随后影响全球市场，其他新兴市场货币亦大幅下跌。不少投资者都在担忧，这场在土耳其掀起的金融风暴，或许会引发整个新兴市场国家的汇率危机。

实际上，汇率取决于货币制度，特别是国际货币制度。一般情况下，按照汇率变动的幅度，汇率制度分为固定汇率和浮动汇率。这两种汇率制度的背后是货币历史的两个阶段。

第一个阶段是金属货币本位时代，即金本位制、银本位制，各国货币的汇率就是各国黄金和白银含量之间的比率。一个国家的黄金和白银含量不会轻易地变化，所以在金属货币本位时代，各国之间基本是固定汇率。虽然汇率可以形成双轨制，即黄金、白银的市场价格与和官方价格有差别。不过，市场并不能影响汇率的水平，货币背后的黄金、白银含量由政府决定。所以在固定汇率制中，政府和中央银行是汇率的决定者。各国中央银行则会围绕固定汇率，去调节自己国家的利率水平、物价水平和其他经济指标。

第二个阶段是信用货币时代，各国货币不再由贵金属作为价值支撑，主要开始采用浮动汇率制度，即汇率受外汇市场供求关系变化而自由上下浮动。在浮动汇率制度中，影响汇率因素的理论支撑也逐渐发展成多种：利率平价理论、购买力平价理论和预期理论。

利率平价理论可用来估算利率变动对汇率的影响。通常情况下，中央银行加息会使货币升值，但有时受人们预期的影响，加息并不能拉升汇率，所以并不准确。

购买力平价理论，即两种货币的汇率由两国的物价水平决定。但在计算中，有很多商品不属于自由贸易的一项（比如服务类商品），而选择不同的商品所得结果也会有较大差别，所以购买力平价理论的计算结果和实际汇率有偏差。但是偏差并不代表这个理论无用，一个国家的物价水平是由货币供应量决定的，购买力平价理论就是说汇率是由两个国家的货币供应量决定的。因此我们可以从中得到一些重要的结论，比如通货膨胀会让汇率贬值，货币超发会让汇率贬值等。

预期理论，即人们预期未来某种货币会继续贬值，自然就会把这种货币兑换掉，市场上的这种货币也会立刻贬值。这也被称为预期的自我实现。随着全球金融体系的发展，各国货币的联系愈发紧密，预期理论成了影响汇率因素最重要的理论支撑。

鉴于各国对浮动汇率的管理方式各不相同，浮动汇率制度按政府是否干预又被分为两种情况：完全浮动汇率和有管理的浮动汇率。完全浮动汇率，即汇率完全由市场决定，为欧美等多数发达国家所实行。有管理的浮动汇率，即中央银行会采取有限的货币政策干预汇率的走势，为多数新兴市场国家所实行。

影响完全浮动汇率的主要因素有5个。

第一，中央银行货币政策的变化，这是最重要因素。一般情况下，货币政策倾向紧缩，汇率会随之升值。反之，货币政策倾向宽松，汇率会立刻贬值。

第二，经济增长的趋势。一个国家的经济增长强劲会使得汇率升值，而国家的经济增速放缓，出现下行压力，则会造成汇率贬值。

第三，贸易收支①和国际收支②的变动情况。通常对于

①　贸易收支，反映一个国家商品进出口贸易的收支情况。当一个国家的进口总额大于出口，即为"贸易逆差"；当出口大于进口，即为"贸易顺差"。

②　国际收支，一个国家在一定时期内对外清算引起的货币收支情况。国际收支顺差，意味着在一定时期国内金融市场流入的外币更多，因商人在国内需用本国货币交易结算，所以更多的外币会兑换成本国货币，增加本国货币需求量；国际收支逆差，则反之。

发展中国家来说，如果贸易收支与国际收支持续顺差，则意味着汇率会出现升值，反之，汇率就会贬值。

第四，国家的债务水平和期限。通常情况下，一个国家的外债超过本国 GDP 总量的 20% 就达到了危险水平。一旦爆发债务危机，必然意味着汇率的急剧贬值与危机。除此之外，外债期限也是判断汇率危机是否会爆发的重要因素。一般而言，一年期外债称为短期债，一年期以上的外债称为长期债，短期债过多则也有可能触发该国的汇率危机。

第五，国际资金流动的趋势。全球资金的流动不仅受各国经济情况的影响，还受地缘政治的影响。如果某一地域出现重大的地缘政治冲突，风险不断积累，投资者就会为资金找避险渠道，资金通常会流向美元市场、欧元市场或者贵金属市场。

以上 5 个方面是影响完全浮动汇率走势的主要因素，而对于有管理的浮动汇率，则还要考虑到政府政策的影响。

中国是实施有管理的浮动汇率的典型代表。改革开放后，人民币汇率历史分为两个主要阶段：第一个阶段是 2005 年前，人民币兑美元的固定汇率；第二个阶段是在 2005 年 7 月 21 日汇率机制改革后，人民币汇率的灵活性逐渐增加，渐渐变为有管理的浮动汇率。

中国人民银行、外管局会进行市场干预，主要因为汇

率持续贬值会有三个负面影响：引发投资者恐慌情绪，极
有可能引发各种资产价格的破裂；增加公司偿还外债的压
力；不利于进口，可能出现通货膨胀。因此，在较长一段
时期内，中国会继续实施有管理的浮动汇率。可以说，保
持人民币汇率的相对稳定，是当前中国经济、金融政策的
关键之一。

什么是联系汇率制度

在信用货币时代，浮动汇率制度会受到多种因素的综
合影响，并不能通过单一因素判断汇率走势。而除了主流
的浮动汇率制度以外，一些地区依然实行的是固定汇率制
度，其中的典型代表则是香港联系汇率制度。这一制度从
1983 年开始实施，源于英国对殖民地实施的货币发行局
制度。

香港联系汇率制度有三点原则。首先，保证港币的汇
率与美元挂钩，固定汇率为 1 美元等于 7.8 港元。其次，
港币的发行以美元作抵押。香港没有真正意义上的货币发
行局，港币大部分由 3 家发钞银行，即汇丰银行、渣打银
行、中国银行（香港）发行。发钞银行发行港币时，需要

将等值的美元交到香港的金融管理局。最后，香港本身没有货币政策，它的利率跟随美联储的利率水平变化。

自诞生以来，香港联系汇率制度一直保持着良好的运作，这为香港带去了三个方面的好处：第一，由于和美元挂钩，汇率固定，港币也有了坚强的保障，在香港投资基本不用担心汇率会剧烈波动；第二，港币和美元自由兑换，没有任何的限制；第三，香港没有外汇管制，香港也因此多年位于全球经商环境排名前列。

联系汇率制度的优点显而易见，但它的缺点也有很多。

第一，由于港币利率随美国利率变化，当美国出现经济危机时，香港也会遭受巨大损失。比如在 20 世纪 90 年代后期，香港跟随美联储实行低利率，造成香港出现了严重的房地产泡沫。

第二，进入 21 世纪，香港的经济逐渐依赖大陆。随着人民币汇率不断升值并超越港币，使得去香港的外地打工者更愿意持有人民币，这实际上会影响港币的流通性。

第三，联系汇率制度容易遭受投机者的攻击。这主要是因为香港是一个相对较小的经济体，所以联系汇率制度始终是国际投资者的一个狙击目标。香港曾因联系汇率制度遭受过巨大的冲击，例如 1997 年亚洲金融危机期间，国际"金融大鳄"索罗斯和一些对冲基金曾集体攻击港币，想把联系汇率挤垮。2008 年全球金融危机期间，香港的联系汇率制度也遭受了同类危机。最近，新兴市场国家出现汇率动荡，一些人也开始蓄意攻击香港的联系汇率制度。所以经济学家对于香港联系汇率制度的未来走向已讨论多年，争执不下。

我曾经提出过，随着香港经济越来越依赖大陆，香港的联系汇率最终会转向与人民币挂钩，甚至可以取消港币，直接流通人民币。不过目前仍有两个巨大阻力：人民币不是自由兑换货币，而港币是自由兑换货币；香港的基本法规定，香港要实施与大陆不同的货币制度。针对这两点，我认为，人民币最终的方向是自由兑换；如果香港的货币制度转而与人民币挂钩，对香港的经济更有利，香港联系汇率制度仍会持续一段时间，但最终会实现完全的人民币化。

汇率操纵有多大威力

随着经济全球化的日益加深，国际贸易的飞速增长，各国对出口贸易的依存度也在不断提高。从某种程度来说，汇率已成了各国为达到其政治目的的金融手段，它是超级大国手中天然的"武器"，对新兴市场国家而言，却是

"软肋"。

历史上，新兴市场国家的汇率危机曾反复出现，其中两次——20 世纪 80 年代的拉美危机和 20 世纪 90 年代末的亚洲金融危机甚至引起了区域性金融危机。2018 年，新兴市场国家的汇率危机再次卷土重来。究其根本，最核心的原因是货币错配。

货币错配，源于新兴市场国家的资产、收入和负债必须用两种货币计价结算，不能用本国货币借贷外债。如阿根廷、土耳其等新兴市场国家，本国货币既不是国际货币，也不是国际金融交易货币和国际储备货币。这些国家在外债借贷时，主要用美元、欧元结算；到期时，也必须用同样的货币还债。货币错配会造成非常麻烦的后果。

第一，当国家、公司借外币时，还债就必须要赚取同样的外币或者用本币兑换外币。国家和公司想要赚取外币，必须通过贸易顺差获得外汇储备资金，或者找其他国家、IMF（国际货币基金组织）借新债还旧债，有时还伴随着苛刻的条件。例如，20 世纪 90 年代末亚洲金融危机时期，IMF 牵头援助印度尼西亚和其他国家数百亿美元，同时也提出了极其苛刻的条件，包括银行重组、产业重组、汇率政策调整、金融市场开放等，而这些条件可能导致该国在经济、货币金融方面丧失部分自主权。

第二，如果某个国家或公司无力还债，又孤立无援时，就会在外汇市场上抛售本国货币来购买外汇，这必然也会造成本国货币的急剧贬值和汇率危机。

第三，汇率危机会直接引发债务危机和金融危机。

严格来说，新兴国家没有办法从根本上摆脱货币错配，只能通过一些办法尽量避免引起汇率危机和金融危机。比如严格控制外债规模；合理管理债务期限，尽可能借长期债；妥善管理外债，严防外债资金进入金融投机市场。这些是半个世纪以来，新兴市场国家总结出的最大教训。

新兴市场国家的"软肋"不易消失，但超级大国的"武器"却强大无比，拥有最强武器的便是美国。美国每年至少会发布两次《国际经济和汇率政策报告》，其依据为1988年美国《贸易和竞争力综合法案》。该法案规定，美国财政部将对外国汇率政策进行年度评估，并与IMF咨询、协商，判断其他国家是否操纵其货币与美元的汇率，以此妨碍国际收支，从而认定某些国家为汇率操纵国。

一般情况下，美国判断他国是否为汇率操纵国的依据为购买力平价理论，通过计算两国物价得出一个均衡的汇率水平，据此判断他国是否操纵汇率。如果美国认为某国汇率低估，就会认为该国是刻意操纵，想获得出口优势。然后美国很可能会动用两类制裁手段：征收惩罚性关税；强制干预外汇市场，迫使汇率发生变化。其实在当前的国际经济环境下，国际贸易商品日益繁多，很难算出均衡汇率。

历史上，美国经常会利用汇率来打压其他国家。比如20世纪80年代初期，日本对美国的贸易顺差越来越大，美国希望通过美元贬值来增加产品的出口竞争力，以改善美国国际收支不平衡的状况，所以便与日本签订了《广场协议①》。在《广场协议》签订后不到3个月的时间里，日元兑美元的汇率升值幅度达到了20%，所以很多人认为《广场协议》是造成日本产生经济泡沫及泡沫经济破灭的罪魁祸首。又如小布什执政期间，美国同样认为中国低估了人民币汇率，强烈要求人民币汇率大幅升值，造成了当时全球经济萎靡，以及对美国的贸易逆差持续增长。

实际上，事实再三地驳斥了美国指责他国操纵汇率的意图。20世纪80年代日元大幅升值和2005年人民币大幅升值后，日本、中国针对美国的贸易顺差并没有减少，反而还在持续增加。所以汇率操纵只是一个借口，美国想借此来达成其他目的。

第一，美国某些政客为讨好国内选民经常把社会问题归结为其他国家操纵汇率。比如美国大量工人失业，部分人群收入增长过慢，某些政客就会以他国操纵汇率为借口，

---

① 《广场协议》，1985年9月22日，美国、日本、联邦德国、法国以及英国的财政部部长和中央银行行长在纽约广场饭店举行会议，目的是为诱导美元对主要货币的汇率有秩序地贬值，以解决美国巨额贸易赤字问题。

并宣布制裁他国,以获得选民支持。

第二,美国利用指责他国操纵汇率,以逼迫其他国家在其他方面做出让步。比如让一些国家进一步开放市场,增加其在美国的投资,到美国投资建厂等。

美国之所以能如此霸道,其实是美元霸权的必然结果:第一,美元是全球的主要储备货币,多数国家货币的汇率都与美元直接或间接挂钩,美国的指责会影响其他国家的金融稳定和汇率稳定。第二,世界上部分国家有求于美国,不敢公然得罪美国。第三,美国拥有全世界最大的资本市场,很多国家不愿失去这个市场。

第四,美国往往会把汇率问题和国际外交战略问题捆绑,即使很多国家不愿抬高汇率,但因害怕影响和美国的整体关系,才不得已让步。

正是从这些角度综合考量,尽管美国指责其他国家操纵汇率毫无道理,其他国家却往往不得不做出一定程度的妥协,这就是汇率的威力。

外汇市场适合投资吗

按照成交量计算,世界上最大的投资市场既不是股票市场，也不是债券市场，而是外汇市场。一般情况下，外汇市场的日交易量会达到约 5 万亿美元，年交易量会超过 800 万亿美元。而全球每年的贸易量只有 20 多万亿美元，但很多经济学者认为外汇市场如此庞大的交易量，不仅对真实经济的增长没有任何帮助，甚至已经对全球经济造成了非常负面的影响。

外汇市场与股票、债券等传统市场不同，它没有具体的交易场地，只需要网络就可以在全球各地同时进行交易。除此之外，外汇市场只在周末休市，在工作日则 24 小时开放，投资者可以在任何时段进行外汇交易。

一般而言，外汇交易可以分为现货外汇交易和期货外汇交易。现货外汇交易，指以当前的汇率直接购买外币，以个人投资者为主。现货外汇交易可以通过商业银行操作，在整个外汇交易市场中所占比重较小。期货外汇交易，指根据外汇变动的趋势买卖远期的货币合约，交易对象主要为机构或公司，目的是为了套期保值①或投机买卖。套期保值的行为在外汇市场中占比很小，一般需要大量进口商品的公司，为了管理汇率风险和汇兑成本，才会进行套期保值的行为。外汇市场中最大的交易行为是投机买卖。由

---

① 套期保值，又称对冲贸易，指交易人在买进（或卖出）实际货物的同时，再卖出（或买进）同等数量的期货交易合同作为保值，主要是为避免或减少价格发生不利变动的损失。

于各国之间的汇率基本都是浮动汇率，波动幅度相当剧烈，很多个人投资者或者投资机构，都会利用期货投资的手段在外汇市场上谋利。

一般而言，外汇投机的方式有三种。

第一种，做空或者做多某种货币。比如美联储加息就会吸引很多投资者做多美元，只要美元指数上涨就可能赢利；新兴市场国家的货币出现贬值趋势，投资者就可以抛空新兴市场国家的货币，随着这些货币贬值也有赚钱机会。做空或做多某种货币的方式是最常见的外汇期货买卖。

第二种，根据汇率差距套利。同一种货币在不同市场上的汇率有所差别，投资者可以在某一市场抛售货币，再去另一市场买入同样的货币，以此赚取差价。比如人民币有离岸市场和在岸市场，有时两个市场间的汇率差距较大，就会有投资者进行套利。如此行为在客观上会增加某一市场上人民币贬值的压力，不过这也可以让同一种货币的汇率在不同市场上趋于平衡。

第三种，利用本币和外币之间的利率差额和汇率差额同时套利。比如过去十多年，人民币相对美元长期存在升值的趋势，人民币在国内贷款的利率较高，而美元在海外市场的贷款利率偏低。投机者在海外用低利率借贷美元，然后再兑换成人民币到中国市场投资，甚至可以存在银行。由于国内利率高于海外利率，中间的利差都可以赚钱。如果人民币还在升值，投机者可以过几年再把人民币换回美元，又赚一次差价。实际上，有很多个人和机构都在做这样的外汇投机买卖。

外汇市场上有很多参与者，而对冲基金是其中最特殊的一种。

对冲基金最早出现于20世纪60年代。布雷顿森林体系崩溃后，各国进入浮动汇率，全球金融市场开始整合，为对冲基金提供了有利的生长环境。从字面看，对冲基金是指投资者在金融市场上，利用各种产品价格走势出现的相反走势进行对冲操作，来管理投资风险的一种投资方式和投资基金，因此又被称为避险基金和套期保值基金。实际上，对冲基金采用的投资方式早已经超出了防范风险、保障收益、套期保值等比较保守的范畴。今天，对冲基金已成为利用金融期货、金融期权等各种衍生金融工具手段，进行各种对冲操作、套期操作，来获取高额利润的一种投资形式和投资基金。

对冲基金是一种典型的高风险基金。与其他基金相比，对冲基金的设立在法律上门槛更低、监管更宽松。在美国市场上进行操作的对冲基金一般都在巴哈马和百慕大等地区进行离岸注册，以此逃避监管。据不完全统计，现在全球范围内的对冲基金的规模已超过5 000亿美元。

对冲基金的资产管理规模经常会急剧膨胀或萎缩，它是一种"富贵险中求"的投资方式。高风险也意味着高收益，很多愿意冒风险的投资者会把资金交给对冲基金去管理，但是当收益急剧下降时，投资者通常会大幅赎回资金。比如老虎基金①，在经历 1997 年亚洲金融危机和 1998 年俄罗斯债务危机后，老虎基金的资产管理规模就从最高的 220 亿美元急剧缩减到 60 亿美元；约翰·保尔森②的对冲基金因最近几年的失败操作，资产管理规模已经不到其巅峰期的 1/4。

　　由于全球金融市场紧密关联，对冲基金并不仅限于在外汇市场上进行操作，它们可以在全球金融市场上，包括债券市场、货币市场、股票市场、期权市场、期货市场等建立各种投资组合。在金融学上，人们通常把对冲基金的操作手法称为宏观对冲，即根据各国金融市场和经济情况宏观层面的变化，同时在几个市场进行操作，从市场价格走势的差距里赚取巨额回报，这种操作手法的代表人物是乔治·索罗斯③。他在一生中率领对冲基金在金融市场上兴

---

① 老虎基金，由朱利安·罗伯逊于 1980 年创立，它是全球最著名的对冲基金之一。

② 约翰·保尔森，因在 2008 年美国次贷危机中大肆做空而获利，被人称为"华尔街空神""对冲基金第一人"。

③ 乔治·索罗斯，1973 年创建了索罗斯基金管理公司，也是量子基金的前身，他于 2015 年宣布退休。

风作浪，其中利用宏观对冲操作的最经典案例是 1992 年
狙击英镑和 1997 年狙击香港联系汇率制度。1992 年，英
国经济急剧衰退，索罗斯从宏观层面判断，英国必然要脱
离此前加入的欧洲汇率机制①。一旦脱离，英镑相对于美
元的汇率则会大幅贬值，所以索罗斯经过精心调研和计算
后，决定同时大幅抛空英国的货币、股票和债券，其原因
主要是英镑出现大幅贬值必然会打击英国的债券市场和股
票市场，他就可以在这三个市场上同时赚钱。另外一方面，
假如英国不退出欧洲汇率机制，英镑为了维持固定汇率也
必然要大幅提高利率，则会对债券市场和股票市场造成打
压，索罗斯也可以在这两个市场上赚取巨额利润。果不其
然，英国退出欧洲汇率机制后，英镑急剧贬值，股市、债
市大幅下降，索罗斯一战成名，成了全球顶级的"金融大
鳄"之一。索罗斯在 1997 年狙击香港联系汇率制度时，采
用的手法和阻击英镑的手法基本一样，即同时在港币的外
汇市场、股票市场和债券市场下手做空。但在当时，中国
政府鼎力支持香港特区政府，最终让很多对冲基金亏损巨
大，惨败收场。

　　对冲基金多为私募性质，对投资者来说门槛比较高，

---

① 欧洲汇率机制，1979 年创立，为各国货币之间设置一个固定的汇率，
　允许各国汇率在中心汇率的一定幅度内上下波动。

有的要求 100 万美元起投，有的则要求 500 万美元起投，所以中小投资者很难参与。同时，历史经验表明外汇投资没有秘诀，只有三个需要谨记的要点。

第一点是不要和政府对赌。投资者在看空或者做多某种货币时，要仔细分析政府有没有能力和意愿来稳定它的汇率，索罗斯成功狙击英镑只是一个小概率事件。

第二点是不要和大势对赌。不要去做空强势货币，不要去做多弱势货币。虽然和大势对赌，偶尔会获得意想不到的收益，但是更有可能血本无归。

第三点是拥有随时止损的意识和意志力。外汇市场的波动非常剧烈，随时出现的消息都可能都会改变汇率走势。投资者要学会及时止损，不要寄希望于形势能够逆转，不然只会造成更大的损失。

在大道理上，外汇的投资要点与其他市场的相同，只不过外汇市场的变动更剧烈、频繁、不可捉摸。

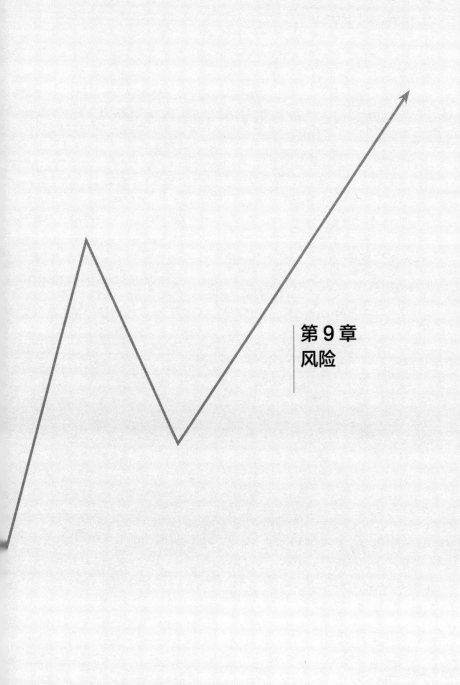

第 9 章

风险

风险：蝴蝶效应可以消除吗

金融最本质的功能之一就是管理和分散风险，因为市场的风险无法完全消除。我们只能尽可能地降低和分散风险，把风险管理到一个可控的程度。

金融体系的风险到底有哪些？严格来说，我们很难对所有的风险进行逐一的识别、计算和分析，只能从方向或概念上，对金融体系的风险进行一个归纳和分析。其中，造成投资者损失的风险主要是市场风险和信用风险。

市场风险是指利率、汇率、股票、债券等单个市场或整体金融市场出现的一种剧烈动荡。它是金融市场的整体性风险，而不是个别机构或产品的风险。金融市场有很多细分种类，比如货币市场、外汇市场、股票市场、债券市场、大宗商品市场、衍生金融工具市场、贵金属市场等，任何市场都可能会出现重大风险。比如，2018年中国股市的全面、持续萎靡，属于一种典型的市场风险。2008年全球金融危机是一种更加全面、危险的市场风险。

"覆巢之下安有完卵"，如果出现整体的市场风险，不仅市场中比较糟糕的金融企业会先遭受灭顶之灾，一些经营良好的金融机构也难免遭受池鱼之殃。2008 年，雷曼兄弟破产，引发了巨大的市场风险，一些经营稳健、资金雄厚的企业随之风雨飘摇。比如，当时美国第三大投资银行美林证券被收购，美国国际保险集团被政府接管。所以一旦出现市场风险，就是山呼海啸般的灾难。2015 年的中国"股灾"也是一种剧烈的市场风险，一些经营稳健的公司股票也被大幅抛售，几乎所有的投资者都陷入了恐慌。

如果出现市场风险，单个投资者或金融机构基本上很难进行有效防范，只能在日常投资和经营活动中，尽可能保持稳健。如果投资者的资本金比较充足，杠杆率不高，即使出现大面积、系统性的市场风险，他存活的可能性也会高一些。各国的银行、政府、监管部门都有一个根本的目标，就是要防范系统性的金融风险。

另外一大类风险是信用风险，又被称为交易对手风险或履约风险。例如商业银行贷款给一家企业，而这家企业没有办法或者没有能力按时还本付息，这就是信用风险。这种风险每天都在发生，金融机构也可能会出现这种情况。

信用风险是单个的、局部的风险，这是它与市场风险的重大区别。不过，信用风险看似是个体的、孤立的，但是如果这种风险出现的次数太多、太普遍，就会引发全面的信用风险，并演变成整体的市场风险。2008 年，导致雷曼兄弟破产的信用风险，就引发了整个市场的恐慌。2013

年夏天，中国也曾出现过所谓的"钱荒"，也是由于个别商业银行拆借资金后，没能按时履约。

我们通常都用蝴蝶效应来形容这种金融风险的复杂与传染的迅速。蝴蝶效应最早是混沌理论中的重要概念，被气象学家用来形容气候变化的复杂性。气象学家们证明，一只南美洲亚马孙流域的蝴蝶，偶尔扇动几下翅膀，就可能在两周之后引起美国得克萨斯州的一场龙卷风。蝴蝶扇动翅膀之所以会形成龙卷风，是因为翅膀的运动会产生微弱的气流，这种微弱的气流又会通过四周的空气和其他的系统产生连锁反应，这种连锁反应又被逐渐放大，最终在很远的地方产生龙卷风。蝴蝶效应也被科学家用于形容复杂系统和非线性系统变化的复杂性。

线性系统是我们在日常生活中遇到较多的一种，例如汽车、飞机、火箭，它们可以根据一组数学公式直接计算得出运行速度、轨迹等相关数值。而非线性系统无法通过一组公式或单一的参数直接计算得出结果，具有无数种参数，且我们并不清楚参数之间的具体联系，它的系统构成十分复杂。例如一战的导火索是奥匈帝国的皇储在萨拉热窝被刺杀。这种极小的偶然事件，却引发了惨烈的世界大战。

金融体系就是一个非线性的复杂系统，蝴蝶效应经常发生。例如一家小银行的倒闭会引起某种恐慌情绪，这种恐慌情绪就可能会导致大面积的银行挤兑，结果引发系统性的金融危机。在金融体系中，蝴蝶效应是指一个局部风险的爆发最终有可能不断传染、不断强化，最后酿成系统性的、全面的金融危机。

信用风险和市场风险可以从概念上区分，但在现实中，二者之间有着紧密的联系。市场风险会导致大规模的信用风险，反之，如果信用风险处理不当，一旦蔓延开来，也可能会引发系统性的市场风险，导致金融危机。因此所有的投资者和金融机构都要非常慎重地管理信用风险，仔细地评估交易对手、客户、拆借资金的对象，分析其中的交易风险。大家要把信用、守约作为最高原则。

期限错配会引发什么风险

商业银行资产负债的错配或期限错配引发的银行挤兑是金融体系中的一个主要风险，也是银行风险中一种非常极端的表现形式。当储户在某个时间点突然提走他们在银行的全部存款，而这家银行如果没有外部援助，必然会破产关门。一旦出现这种情况就意味着这家银行已陷入极其危险的困境之中。

当然，发生银行挤兑时，银行也会尽可能找各种理由拖延时间，例如限定单次提款额度，超额则必须提前预约。与此同时，银行的负责人会发表各种讲话，安抚储户情绪。世界上最著名的银行挤兑现象，是因1929年华尔街股市崩盘而引发的世界金融恐慌和大萧条，欧洲和美国有大量的银行因为挤兑而破产。所以美国总统罗斯福上台之后的第一件事就是签署行政命令，要求美国的商业银行全部休假，以此避免挤兑进一步加剧。中国在改革开放以后，有个别的城市信用社和农村信用社也出现过被挤兑的情况，但没有引起巨大的波澜。

美联储前主席伯南克的研究表明，20世纪30年代美国大萧条的出现，是因为当时美联储没有通过贷款等各种方式来救助美国的银行体系。后来美国总结经验，为防范银行挤兑建立了一系列防范措施。

第一种办法是同业相救。如果银行出现挤兑，则由同业提供存款来应付客户的挤兑。例如在1907年，美国也出现过一次严重的金融危机，很多金融机构、银行面临破产，当时美国最大的金融家摩根就起到了实质上的中央银行的作用，由他来牵头金融机构之间互相救助。

第二种办法是由中央银行实施救助。一旦商业银行遭遇挤兑，出现流动性危机，它可以向中央银行求助，中央银行可以通过再贷款、贴现和其他方式来救助。所以中央银行又被称为"最后贷款人"。

第三种办法是存款保险制度。存款保险制度从美国罗斯福新政时期开始建立，该制度要求商业银行为自己储户的存款购买存款保险，并由专门的存款保险公司负责管理和运营这笔资金。起初是商业银行自愿购买，后来就变成了法律规定，凡是美联储的成员银行都必须购买存款保险。在美国，一般而言 10 万美元以下的存款都要购买保险，所以对于美国的中小储户而言，存款保险制度可以保证他们的储蓄不会血本无归。

美国经济学家弗里德曼曾说，从货币金融的历史来看，存款保险制度的建立是美国乃至世界金融史上一个具有里程碑意义的重要发明，该制度成了应对银行挤兑最有效的一个办法。中国也建立了自己的存款保险制度，银行对 50 万元人民币以下的储蓄存款都进行了全面的保险。

因此，有了存款保险制度、多层次的货币金融市场和无限多样的金融工具，全世界出现银行挤兑的风险会越来越小，不至于引发全面的银行挤兑。

什么样的金融机构是系统重要性机构

每当提及金融危机与金融风险，人们经常也会提到与之相关的一个话题——系统重要性金融机构。这是在2008年全球金融危机之后才正式提出的一个新名词。2011年的G20（20国集团）戛纳峰会上，各国领导人正式提出要对系统重要性金融机构进行更加严格的监管。当时首批入选的全球具有系统重要性的金融机构有29家，目前，中国的工、农、中、建四大银行都被列为全球系统重要性金融机构。

根据G20下设的金融稳定理事会和巴塞尔国际银行监管委员会的共同描述，系统重要性金融机构主要具有三大特征：第一，经营规模极其庞大；第二，业务结构极其复杂，几乎覆盖了所有的金融业务；第三，金融网络覆盖广阔，基本上都是跨国金融机构。

这三大特征决定了系统重要性金融机构一旦出现风险，立刻就会影响全球金融市场，引发全球性的金融崩溃和金融危机。所以系统重要性金融机构的诞生，其核心目的就是为了防止出现全面的、系统性的金融危机。例如，2008年金融危机爆发之后，美国的货币市场濒临崩溃，流动性严重枯竭，很多大型金融机构都面临破产的风险。当时，美国政府断然采取措施，通过立法允许政府向当时美国最大的24家金融机构强制性注资，占有其20%的股份，确保它们不会破产。随着金融体系逐渐稳定，经济不断恢复，政府的资金才慢慢退出了这些金融机构。

那么该如何监管系统重要性金融机构？

巴塞尔国际银行监管委员会为此制定了严格的监管措施，其中最重要的规定是：增加系统重要性金融机构的资本金，以此遏制或限制它们的资产扩张速度和扩张规模。一般商业银行资本充足率的要求是 8%，而由于系统重要性金融机构关系到全球金融系统的稳定，它们必须具备承受额外损失的能力。

巴塞尔国际银行监管委员会把系统重要性金融机构分为四等，分别追加 2.5%、2%、1.5%、1% 的附加资本金，并且规定附加资本金不能由其他的金融工具和债券工具构成，只能是普通股权，即来自机构股东的资金。如果哪家机构未来在全球系统中的重要性出现重大提升，还有可能再额外缴纳 1% 的资本金，也就是说该机构最高需额外追加 3.5% 的资本金。所以很多金融机构并不愿意被列为系统重要性金融机构。

当然，系统重要性金融机构的名录是由全球金融稳定理事会挑选的，并不由各个国家自己挑选，这种挑选机制有一定的合理性和必要性，因为现在全球金融体系确实已高度整合，只要任何一个大国的金融体系出现问题，其不良影响立刻就波及全世界。一旦系统重要性金融机构出现问题，政府就必须救助，这就是所谓的"大而不能倒"。

对于"大而不能倒"的问题，不少学者都对此持批评态度，因为大型金融机构不能倒也会引发道德风险问题。

这些金融机构了解自己本身的重要性，它们知道如果真的发生问题，政府就会进行救助，这可能会引发部分机构滋生滥用资金、滥用权利，甚至贪污腐败的现象。

这种道德风险问题迫使很多学者提出，"金融机构如果乱来，也必须让它们倒下"。各国严厉监管系统重要性金融机构，其实也是为了回应普通民众对"大而不能倒"的抱怨，因为它们确实不能倒，那退而求其次，就必须对它们进行更加严厉的监管。相信在未来，对于系统重要性金融机构的监管措施还会更加严厉和完善，以避免这些全球性金融机构的资产负债过度扩张，引发新的全球性金融危机。

风险为何难以预测

黑天鹅和灰犀牛，是人们最喜欢用来形容金融风险的两个词。2018 年，中国人民银行前行长周小川曾这么描述中国当前的金融风险："当前和今后一个时期，中国金融领域处于风险易发高发期，在国内外多重因素压力下，风险点多面广……结构失衡问题突出，违法违规乱象丛生，潜在风险和隐患正在积累，脆弱性明显上升，既要防止'黑天鹅'事件发生，也要防止'灰犀牛'风险发生。"周小川讲了这段话以后，黑天鹅、灰犀牛这两个词在中国随之更加流行。

黑天鹅是指非常罕见、出乎人们预料的事。在 17 世纪之前，欧洲人认为天鹅都是白色的，后来有人在澳大利亚发现第一只黑天鹅，之前不可动摇的信念崩溃了。从此在西方世界，"黑天鹅"就成了一个代名词，用来形容小概率或基本无法预测的事件。黑天鹅被引用到金融领域，是因为美国学者纳西姆·塔勒布在前些年出版了一本名为《黑天鹅》的金融理论著作。在这本书里，他分析了很多人们认为不可能发生、根本无法预测的金融事件，后来却真的发生了，而且还引发了巨大的灾难。

其实在人类金融历史上有过很多类似黑天鹅的事件。例如 1929 年 10 月 29 日华尔街的股市崩盘，当时没有任何人预测到当天的股市会发生崩盘。在当年 6 月，经济学家欧文·费雪还发表文章称，美国伟大的牛市才刚刚起步。结果才过了几个月，股市就轰然倒下、彻底崩盘，最后引发了一场波及整个资本主义世界的经济危机。另一个著名的黑天鹅事件是 1998 年美国长期资本管理公司的破产。长期资本管理公司的创始人中有诺贝尔经济学奖得主、美国财政部前高官、金融界资深人士等多名"金融大鳄"。据说当时有人还用数学模型计算过，这家公司破产的概率只有四亿分之一，最后却真的发生了这种极小概率的事情，当时长期资本管理公司的破产也引发了全球金融体系的剧烈动荡。

虽然我们无法预测黑天鹅事件，但可以防范。我们首先要改变思维方式，对于很多事情，特别是金融体系这样的复杂系统，我们需要重新认识，不能先入为主。很多事情原先看起来是小概率事件，基本不会发生，但其实并非如此。我们要做好最坏的思想准备，提前建立起风险防范措施，降低黑天鹅事件的威力。

灰犀牛是形容一定会发生的、有巨大潜在危机的事件，是指大概率事件。因为灰犀牛这种动物体型巨大，很容易被人们发现，而且它的反应非常迟缓，人们即使发现了它也并不会在意，但一旦它狂奔而来会让人猝不及防，造成巨大的伤害。

金融危机发生后，人们在总结教训时才会发现，很多金融危机其实不是黑天鹅，而更像是灰犀牛。原因非常简单，金融体系的运作有其自身的规律，凡是高杠杆、高债务刺激出来的资产泡沫必然会破裂。20世纪80年代后期，日本的房地产泡沫破灭，导致日本经济长期负增长，这在当时看来是小概率的黑天鹅事件。但事后分析发现，它是必然会发生的灰犀牛事件。中国经济中最大的一只灰犀牛就是房地产泡沫，中国的房价长期高居不下，甚至还处于一种被炒作的状态，很多指标都达到全世界最高，岌岌可危。但人们仍视而不见，不认为房地产泡沫会破灭，或认为它是小概率事件，但历史经验表明，资产泡沫必将破灭，我们只是不知道它具体会在何时发生。

黑天鹅和灰犀牛其实是一个世界的两个层面，或是两个不同的观察角度。在事情没有发生之前，我们觉得它是小概率的黑天鹅。但在事情发生之后，我们却发现它是一只灰犀牛，必然会发生，只不过我们是选择性地视而不见，不愿意面对它、正视它。

实际上，黑天鹅和灰犀牛是在提醒每个参与金融市场的人，对必然要发生的金融风险，绝对不能选择性地视而不见，而是要做好一切有效的防范措施。当然更重要的是，在黑天鹅事件和灰犀牛事件出现前，我们就能对自己的金融债务、杠杆做出理性的、恰当的、有效的管理。

金融海啸为什么会爆发

近几年，"明斯基时刻"变得越来越耳熟能详，周小川也曾公开警告，中国要高度注重防范和化解金融风险，特别是要防范出现系统性的金融危机。当时他就用"明斯基时刻"来形容系统性的金融危机。

明斯基时刻是指系统性金融危机的爆发，即所有的金融市场都面临着全面崩溃和停顿，所有投资者都不再相信金融机构，想逃离金融市场，比如抛掉全部股票、赎回所有资金、提取银行存款。明斯基时刻源于美国经济学家海曼·明斯基。明斯基最主要的理论贡献是重新阐释了凯恩斯的《通论》，把形容人性弱点的"动物精神"放在了一个重要地位，并且提出了一个新的假说——金融不稳定性假说。明斯基认为，正因为有人性的弱点存在，金融风险具有内在基础，而且有极大的传染性，金融机构天生就具有内在缺陷。金融体系一开始从内部来看就是完全不稳定的，再加上管理不当、监管不到位，就很容易引发金融危机。明斯基的这一理论在 20 世纪 70 年代被提出时并没有得到太多重视，2008 年金融危机之后，人们开始重新研究为什么会发生金融危机，为什么金融体系会如此脆弱，这时才有很多经济学者重新发现了明斯基的理论，认为它非常有启发性，所以"明斯基时刻"在近几年才成为一个热词。

明斯基时刻并不只是一种极端假设，而是历史上多次出现的一种情况。

第一次典型的明斯基时刻是美国在 1907 年的金融危机。当时，美国各个金融公司的过度投机导致了很多金融机构濒临破产。最终全靠摩根财团牵头组织金融机构相互救助，才避免了大规模的破产。

第二次明斯基时刻是 1929 年的华尔街股市崩盘。当时华尔街股市急剧下跌，但影响并未扩散，不过美联储错误地判断了形势，认为华尔街之所以出现股市崩盘，就是因为利率太低，激发了人们投机的热情。因此美联储不仅没有降低利率来缓解危机，反而大幅提高利率，结果使得整个金融体系完全崩溃。

除此之外还有 2008 年的金融危机。当时美国的金融市场陷入全面恐慌，货币市场几乎停顿。在讨论救助法案的会议结束之后，时任美国财政部部长的保尔森非常着急，为了缓和紧张气氛，他竟然向众议院议长佩洛西单膝下跪，请求佩洛西的党派不要撤销对该法案的支持，因为如果不紧急通过这个救助法案，向 24 家金融机构强行注资，美国金融体系就会出现全面的崩盘。2015 年的中国股市崩盘也比较接近明斯基时刻，当时每天都在上演"千股跌停"，很多证券投资基金被大规模赎回，人们的恐慌情绪迅速蔓延，后来由政府采取强力的措施，才稳住了市场。

实际上，从金融体系的正常运转到金融风险的爆发再到金融危机的传染，最终演变到明斯基时刻，是有规律可循的，其背后的根源都是过度的金融投机，特别是利用高负债、高杠杆来进行疯狂投机。

这种过度投机首先会推动资产价格泡沫的产生，泡沫不断累积后，最终会突然破裂，人们的预期就会突然逆转，这样整个资产价格就开始急剧地下跌，恐慌的情绪也会迅速蔓延开来，最后让人们对整个金融市场完全失去信心。

什么是流动性危机

　　金融市场经常会遇到的另一个重要的风险是流动性危机，或叫"钱荒"。在最近几年，中国很多企业或个人投资者都已经感受到了流动性危机的巨大威胁和冲击。

　　这种巨大的威胁和冲击的表现方式主要有三种。

　　第一种是银行同业之间出现流动性危机。银行同业之间经常会相互拆借资金，以应付银行流动性和备付金的不足，这就是我们通常讲的货币市场。商业银行之间如果出现流动性不足，就会引发拆借利率的急剧飙升，甚至整个拆借市场会完全停顿。

　　第二种是银行收紧贷款，企业出现流动性危机。商业银行出现的流动性危机必然会造成市场拆借的流动性普遍紧张，继而引发商业银行对企业的流动性收紧。银行无法向企业提供充足的贷款和流动资金的支持，企业的资金就会变得非常紧张，甚至引发企业资金链的断裂。在过去几年，中央和国务院一再强调要去杠杆、降债务。有些商业银行已经开始加紧催收一些企业的贷款，很多企业都感受到资金紧张的巨大压力。同时，市场利率也出现了大幅飙升，现在有很多企业的贷款利息都是两位数，很多甚至高达 30%，这其实是一种典型的流动性紧张。

第三种是资产价格大幅下降，造成投资者的仓位面临爆仓的危险。有很多投资者，包括一些企业利用杠杆和融资融券来炒股票、炒期货。当股票出现大幅下跌时，就需要补仓，如果没有钱补仓，仓位就会被强制平仓，导致血本无归。这其实是一种典型的流动性危机。

由此可见，流动性危机可以体现在金融活动的每个层面、每个环节，从商业银行之间的资金紧张、企业的资金紧张，到投资者的资金紧张，都可能引发流动性危机，出现所谓的"钱荒"。在现实中出现流动性危机主要有两个原因。

第一个原因是中央银行货币政策的主动操作。例如，每当出现通货膨胀时，很多中央银行都通过大幅提高利率来遏制过度的通货膨胀，这肯定就会造成市场流动性紧张。1979 年，美联储前主席保罗·沃尔克为了遏制通货膨胀，把联邦基金利率提高到了 20% 以上，造成了美国流动性的紧张和危机，很多企业和商业银行几乎到达崩溃的边缘，这就是当时美国为了遏制通货膨胀所付出的代价。1997 年对冲基金疯狂攻击香港联系汇率制度时，香港特区政府也采取了收紧流动性，大幅提高港币拆借利率的做法，主动制造出流动性紧张的形式来击退投机者的攻击。

第二个原因是市场本身风险的急剧飙升。流动性是市场风险的一个倒数，如果人们认为市场风险非常低，甚至没有风险，那么流动性会无穷大，如果人们认为市场风险非常大，谁都相互不信任，银行之间不能相互拆借，企业也不能从银行获得贷款，流动性就变为零。而风险和利率则存在着正向关系，如果风险很低，利率也会大幅下降，如果风险无穷大，利率也会飙升到无穷大。

从这个简单的关系可以看出，当前中国的金融风险确实在不断积累，甚至在快速加剧。自 2018 年以来，中国人民银行已经多次降准，这是一种稳健，甚至有点偏宽松的动作，但市场利率仍在大幅飙升，只能说明现在的市场风险在快速上升、快速积累。并由此形成了流动性的相对枯竭，形成流动性危机。实际上，这种风险的快速累积是近几年企业投资者加杠杆、加债务所引发的结果。所以要控制和防范流动性的危机，最佳的办法当然是要防范高债务、高杠杆的诱惑，要避免陷入债务和杠杆的陷阱。

金融创新和监管有什么关系

从 20 世纪到现在，创新和监管一直是相伴相生的一对矛盾。金融从业者追求收入和高额利润，总是希望不断地创造新产品、新业务来吸引更多的客户。对于风险，他们有时选择视而不见，而监管往往又跟不上创新的速度。在金融行业、金融体系的发展中，一方面要确保金融不断创新，不断为客户提供新的产品、新的服务，更好地满足消费者的金融需求；另一方面要加强对创新产品的辨别，提前监管，守住不发生系统性金融危机和金融风险的底线。

导致 2007 年美国次贷危机和 2008 年全球金融危机的一部分原因就是金融监管没有跟上金融创新的速度。20 世纪 80 年代美国出现垃圾债券狂潮，后来引发了系统性的金融危机，也是因为金融监管没有跟上。现在金融市场上还有很多对冲基金在兴风作浪，但由于它们的注册地设在美国境外，美国监管部门也没办法进行监管。同时要注意的是，全世界也有很多金融从业人员、金融公司经常会推出"创新"的产品，有些产品对投资者的价值创造没有任何帮助，我们把这一类的创新称为伪创新。当然更可恶的就是打着创新旗号的金融骗局。

这样的现象在中国也频繁出现，例如近年大规模出现的 P2P 平台爆雷，据机构估算，P2P 爆雷至少让 1 000 多万中小投资者遭受了重大损失。除此之外，还有现金贷等各种新型金融骗局的出现。创新经常会走在监管的前面，甚至两者相距很远。这是未来全球的金融监管部门都需要深刻反思的问题：为什么一些新的，或者所谓"创新的"
金融产品、金融服务出现，监管却根本没有发现？或者发
现以后，也没有采取监管措施？

　　对于投资者而言，我们需要对创新本身有一个清醒的
认识。金融创新对经济增长、财富增长以及投资者是否真
正有帮助？事实上，这个问题也存在着争论。美联储前主
席保罗·沃尔克曾经说过，除了 ATM（自动柜员机）以外，
美国过去 40 多年来的全部金融创新都是有害无利的。他的
这个说法听起来很极端，但确实有一些道理，例如我们现
在的衍生金融工具市场，外汇市场的利率掉期、算法交易、
高频交易等金融创新对实体经济、劳动生产力、制造业的
提高有多大帮助呢？ 2003 年，巴菲特就曾经把资产证券化
里 CDS（信用违约掉期）的发明称为金融体系的"大规模
杀伤性武器"，在 2007 年，这个"大规模杀伤性武器"果
然差点把全球金融体系都炸毁。总体而言，这些创新的危
害可能要大于它们所带来的好处。

　　所以在讨论创新和监管的关系时，我们要学会区别什
么是真正的创新，什么样的创新能够为客户、投资者以及
实体经济带来价值。而政府需要做的，则是把握好金融监
管与金融创新之间的度，这其中有三个原则需要坚持。

　　第一个原则是金融从业人员必须要有基本的职业操守
和道德规范，即创新要对客户、企业或整体经济发展有实

实在在的价值，而不是为了金融机构、金融从业人员的短期利润和短期回报，更不能打着金融创新的旗号来搞诈骗。

第二个原则是任何个人、任何公司如果要从事金融创新，必须要纳入监管。

第三个原则是如果金融创新给客户带来巨大损失，金融机构、金融从业人员必须受到非常严厉的惩处，要为错误的创新、金融诈骗或伪创新付出巨大代价。

只有坚持这些最基本的原则，我们才有可能防止不当创新，甚至金融诈骗、金融犯罪披上"创新"的外衣招摇撞骗。

庞氏骗局是如何得逞的

庞氏骗局是金融骗局中最著名的一个词，也有人把它叫作金字塔骗局，简单来说就是"拆东墙补西墙"。其基本手法十分简单，即骗子通过承诺会给投资者高额的回报来骗取投资者的钱。然而这么一个简单的骗局，已经不知道骗过了多少人。

庞氏骗局这个词是以一个意大利超级大骗子的名字命名的，这个骗子叫查尔斯·庞兹。其实在他之前，庞氏骗局也一直都有，只不过庞兹把这类骗局变得举世闻名。庞

兹生活在 19 世纪末 20 世纪初，他的人生经历中充斥着各
种各样的骗局。其中最有名的一个骗局发生在 1919 年的美
国波士顿，他向当地的民众宣称，购买欧洲的某种邮政票
券，再转卖回美国就可以赚钱。并且承诺，所有的投资者
在三个月之内都可以获得 40% 的回报。

　　为什么要说在欧洲？有两个重要的原因。第一个是，
当时正值一战刚结束，全世界一片混乱，尤其是欧洲。就
是这种混乱的局面会给人造成一种百废待兴、到处都是投
资机会的错觉，庞兹正好利用了人们的这种心理。第二个
是，当时信息流通并没有今天这么发达，所以这些投资人
无法了解邮政票券在欧洲的具体情况。

　　在一年左右的时间里，庞兹骗取了 4 万多人的资金，
大约 1 500 万美元，相当于今天的几十亿美元。骗取了大
量的资金后，庞兹其实什么都没有投资，他把这些钱挥霍
一空，过上了纸醉金迷的生活。不过，庞氏骗局不可能永
远维持下去。只过了一年多的时间，他就被人告上了法庭，
但是由于当时的刑法并不严格，他只被判了 5 年。据说在
出狱之后，他又干了几件类似的勾当。1934 年庞兹被美国
遣返回意大利时，他还准备骗当时意大利的独裁者墨索里
尼，但是并没有得逞。虽然他去世了，但以他名字命名的
庞氏骗局还在世界各地上演，我们可以从各种样式的庞氏
骗局中总结出至少五个重要的特征。

第一个特征是许诺高额回报，这也是最能抓住人们心理的一个特征。你会发现很多受骗上当的人有个共同特征：贪婪、想一夜暴富。例如近几年中国的 e 租宝、泛亚、钱宝网等就是这样的庞氏骗局。

第二个特征是吹嘘。骗子会吹嘘他的投资项目有多么好，多么新奇，用一些普通老百姓听不懂的词去吹牛，就让人感到"不明觉厉"。他们还会把这个投资项目包装成一个不可被复制、独一无二的项目，还吹嘘说没有任何风险，让人们相信过了这个村，就没这个店了。

第三个特征是"诱敌深入"。骗子会很快把回报返给最早的几个投资者，让他们口口相传，让大家看到投了这个项目的确能拿到钱。庞兹在最开始设计骗局的时候，的确把高额的回报按期交到了最早的投资者的手中，以此来让更多的人相信他，把钱投给他。

第四个特征是会花钱买托儿。现在有很多骗子都不是单人行动的，都是有组织地行骗。例如有很多骗子，在最早期的时候会举办一些盛大的仪式，花钱请托儿来扮演因投资他的项目而赚大钱的人，去诱骗一些中小投资者进场。

第五个特征是玩失踪。既然是骗局，最终的结果当然就是携款跑路。

庞氏骗局的这 5 个特征是非常典型的。我们在判断一个项目是不是庞氏骗局的时候，可以从这 5 个特征去看。

甚至再简单一些，我们仅凭前两个特征就可以识破。当投资项目的时候，只要有人承诺高额回报，我们就要马上提高警惕，这很可能就是个庞氏骗局。

尽管媒体报道过各种各样的庞氏骗局，讲过各种因为庞氏骗局而上当受骗、损失惨重的故事，但可以肯定的是，设计骗局的人仍然会前赴后继，骗局也会层出不穷。因为人性的弱点永远存在。

非法收入是如何变"白"的

洗钱是全世界最著名、可能也是目前最麻烦的一种金融犯罪。据说这个词起源于20世纪初，当时，人们主要以金属货币进行交易，一个美国旧金山的饭店老板发现，钱币在交易的时候常常很脏，会弄脏客户的手套，于是他就把钱冲洗干净，这是"洗钱"最初的意思。后来"洗钱"就演变成了一种金融犯罪的代名词，常常指把不合法的收入转化成合法的收入。当然反过来也是一种洗钱，就是把合法的收入转变成非法的交易，进入非法的渠道。

洗钱与普通老百姓的生活离得比较远，因为它主要和贩毒、走私、贪污腐败、偷税、漏税等联系在一起。这些非法收入往往要通过洗钱来洗白。据国际货币基金组织的不完全估算，全世界洗钱的金额可以占到全球 GDP 的2%~3%，达到数万亿美元。所以洗钱已经对很多国家的政治稳定、社会稳定、金融稳定构成了严重威胁，几乎每个国家都有非常严格的反洗钱的法律和机构。

为了逃避法律的视线，洗钱的手法多种多样，且基本都非常隐蔽。

第一种是现金走私。现金走私最大的好处就是偷税。它不进银行体系，在银行金融体系外循环，税务部门、监管部门无法察觉。所以我们可以看到，在贩毒、色情、军火交易、地下买卖这些活动里面，现金是最普遍的一项交易。每年全世界地下的现金交易额高达数万亿美元，而且主要是大额的钞票，以美元、欧元、英镑为主。

第二种是把现金收入化整为零存入银行。比如走私、贩毒的收入都是现金收入，走私犯或毒贩可以把一大笔钱化整为零，分成一小笔钱存入不同的银行账户。当然如果一个人交易频繁，就会引起国家税务部门的高度警惕，后者甚至会去调查存钱的人。

第三种是投资现金流比较大的行业，比如饭店、酒店、洗浴中心等，这些服务行业通常都是用现金交易的。这些具体的交易有时很难查证，有人就通过这种企业把钱洗白。

第四种是购买流动性很强、金额比较大的商品，比如古董、珠宝、字画、玉石等，洗钱者买了这些东西以后再拍卖出去，经过几次交易，洗白不合法的收入。

第五种是通过匿名的存款，或购买一些不记名的有价金融债券。例如，现在国内一些沿海地区比较流行的洗钱方式是利用大额保单来洗钱，洗钱者把各种非法收入，通过投保、理赔、变更、退保等方式来掩饰它的来源，逃避法律的制裁。

第六种是搞虚假的进出口贸易，比如虚抬某个进口商品的价格，甚至是搞虚假的进出口贸易，通过伪造各种的单据，把钱转移到海外。并且，在海外进行兼并收购的交易也可以把钱转移出去。比如海外的一个收购项目本来只花了1 000万元，洗钱者可以把交易价格说成1亿元，这样就可以把资金转移出去。通过这种虚假的贸易、虚假的兼并收购来洗钱的方式，在现在变得越来越常见，因为它可以转移较为大额的资金。

第七种方式是通过赌场洗钱，这是最典型的洗钱方式。犯罪分子可以用非法收入在赌场购买筹码，象征性地输掉或者赢一点钱，然后再用那些筹码换成现金，或者是让赌场打到他们的银行账户，就把非法收入变成了合法收入。

除了这些方式之外，有人也会通过地下钱庄进行洗钱，这是很多国家洗钱犯罪的一个主要场所。地下钱庄其实就是我们日常所说的地下非法违规进行金融业务的一类组织，它们既没有金融牌照，也没有金融许可证。这类组织在形式上很丰富，它们有时处于"灰色地带"，有时是一种赤裸裸的违法组织。

在我国，地下钱庄有相当长的历史，尤其是在沿海经济比较发达的地区，比如浙江温州、广东潮汕、福建晋江等地，长久以来都存在着一些民间的金融机构、金融组织。比如在浙江温州有一种组织叫作"来会"（也叫合会、成会），就是一些亲戚朋友，或者大家都比较熟悉的人通过这个组织把钱汇集在一起，临时有资金需求的人可以从这里借钱，这样就形成了一种事实存在的类似银行的金融机构。

我们首先从正面来看一看地下钱庄。中国古老的金融机构，包括山西的票号、江浙的钱庄等，这些拥有数百年甚至上千年发展历史的金融机构，有时就是源于民间的自然发展。有市场经济的需要，有商品流通交换的需要，自然而然就会发展出类似的业务。在沿海经济比较发达的地方出现地下钱庄也有它的现实合理性。这其中最根本的原因在于，中国中小企业融资难、融资贵的问题长期存在。这个问题不仅中国有，全世界都同样如此。因为中小企业没有合格的抵押物和担保，由于存在信息不对称、道德风险、逆向选择的问题，中小企业、中小个人实际上很难从正规的商业银行贷到资金，所以在客观上，地下钱庄至少能帮助部分中小企业和个人解决一些资金问题，助推当地

318

的民营经济和私营企业的发展。

另外，从经济发展的客观现实来讲，我们不能将所有的地下钱庄一概而论，而需要进行客观认真的分析，特别是对一些运行比较规范的地下钱庄等民间金融组织。它们没有出现金融犯罪行为，贷款利息比较合理，货款不良率也比较合理甚至比较低。对于这样的地下钱庄等民间金融组织，我们可以对其进行很好的引导，甚至可以通过一些特殊的政策鼓励它们的发展，让它们为中小微企业、个人创业者提供普惠金融服务。

传统的地下钱庄在这些年也有了新的发展，甚至是快速的发展。有些地方的地下钱庄已经形成了网络化、专业化，甚至是跨国化的组织。在美国、加拿大、日本，有很多地下金融组织是为移民等特定的人群服务的，帮助他们进行跨国汇款、存款、小额借贷等。

当然与此同时，地下钱庄中也的确普遍存在非法的金融交易。这就是要严厉打击地下钱庄，特别是打击这种赤裸的非法金融交易、金融活动的根本原因。

其实有些人创办地下钱庄的初衷就是为了进行非法的金融交易、非法的金融活动，比如洗钱、非法拆借资金、非法进行高利贷等，甚至还可能参与股票、债券和房地产方面的投机等。相关部门必须要严厉打击这种非法的钱庄。

无论是通过金融体系本身来洗钱，还是在金融体系以外洗钱，方法有很多。现在网络技术日益发达，很多人会利用互联网金融的各种手段来洗钱。洗钱的方式可以说是"道高一尺，魔高一丈"。现在世界各国打击洗钱犯罪的任务确实非常艰巨。世界各国打击洗钱犯罪的主要方法只有三种。

第一种是在法律法规上要求个人、公司把所有的交易纳入银行金融体系。很多国家、地区严厉禁止和打击各种大额的现金交易。如果把人们所有的交易活动都纳入银行监管体系，相关部门当然能有效地实施金融监管。

第二种是严厉打击虚假的进出口贸易，打击伪造各种海关单据、票据的行为。在过去这些年里，中国出现过多起涉及金额巨大的此类犯罪行为，其目的有的是骗取退税款，有的也涉及洗钱。

第三种是打击地下钱庄。如前所述，地下钱庄有其存在的合理性和必然性，但对地下钱庄涉及的金融犯罪行为，特别是洗钱，监管部门必须要严厉打击。

洗钱这种犯罪可以说形式多样，不仅如此，它的花样还在不断翻新，而且数量和涉及金额也越来越大，尤其是在当今世界，恐怖活动日益频繁，很多洗钱都与恐怖活动密切相关。反洗钱不仅需要金融体系的密切配合，还需要公安部门、反恐部门的协同合作，更需各国之间相互的合作、配合，特别是在信息数据方面的交换共享，在某些行动方面的协调一致，才能够有效地打击洗钱犯罪。

总而言之，反洗钱已经成了维护国家安全、金融安全、经济安全、金融稳定的一项重要任务，也是世界上很多国家在国际事务合作上的一个重要领域。

下一次金融危机何时到来

人类有没有办法从根本上消除金融危机？答案是没有。金融危机与金融体系、金融活动相伴相生，永远会伴随我们，我们能做的只有尽可能地防范金融危机，减少损失。

历史上，世界各国都曾反复出现过多次金融危机，甚至每一次的金融危机都比上一次的规模更加庞大，损失也更加惨重。这也是人类生活的一个悖论，金融监管体系无论多么完善、健全，也永远不可能从根本上消除金融风险和金融危机。

金融体系具有不稳定性，其第一个根源是金融机构或金融业务本身客观存在的风险、不稳定性没法消除，要做金融业务就必然有这样的风险和不稳定性；第二个根源是，金融体系本身高度的相关性、复杂性会使得个别金融机构的风险迅速传染整个金融体系，引发系统性的金融风险和金融危机；第三个，也是最重要的根源是，人性的弱点。

人性的弱点没有办法消除，所以只能通过完善金融体系、金融监管，尽可能地避免金融危机反复发生，或即使它发生了，也不要造成巨大的灾难。这三个根源共同决定了金融体系的本质特征，也决定了我们没有办法消除金融危机。

其实现在全球都在讨论，也许在2019年或2020年，全球有可能会迎来一次新的金融危机。从国际环境上来看，新的金融危机爆发可能有三个源头。

第一个源头是美国股市出现大幅反转。美国股市在2008年全球金融危机之后，一路高歌猛进、迅速上涨。道琼斯指数从当时最低的6 000多点，最高涨到26 000多点。美国有很多投资者、经济学者都开始公开警告，美国股市已经过热。长期研究股市、股票价格波动的席勒教授就认为，美国股市过热有可能引发下一次金融危机。美国里根政府期间预算和管理办公室主任斯托克曼也表示过，美国的股市有可能下跌40%。

第二个源头是债务危机。2008年金融危机之后，很多国家的债务水平、杠杆水平并没有显著下降，甚至还在上升。美国就是一个典型的例子。在奥巴马政府期间，美国每年的财政赤字都接近万亿美元。特朗普上台以后，政府又继续削减税收，造成美国的财政赤字和债务规模都出现快速上升。现在美国的债务规模已经是其GDP的2倍多，国债超过了20万亿美元。意大利、西班牙、法国等部分欧洲国家的整体债务水平也居高不下。所以，有很多投资者担心，这样的负债水平会推高市场利率，导致很多企业融资困难、资金链断裂，最终造成整个经济的衰退，触发金融危机。

第三个源头是新兴市场国家的金融风险。由于土耳其、巴基斯坦、委内瑞拉等新兴市场国家大规模举借外债却无法偿还，已经引发了汇率危机和债务危机。它们以前借的外债，有相当一部分被用于进行投机生意。随着美联储持续加息，大量的资金开始从新兴市场国家撤走，而且美元指数在未来还会不断走强，所以新兴市场国家爆发汇率危机和债务危机的可能性也在不断加大。

2008 年 9 月，国际货币基金组织发布报告称，要警惕全球经济的不确定性。《华尔街日报》《金融时报》等很多主流媒体也在不断刊登文章，认为从 2018 年第三季度开始，全球经济的不确定性、风险在快速上升。

从国际上来看，这三大因素是最有可能引发新的金融危机的主要雷区。当然，还有地缘政治方面的问题，例如美国重启对伊朗的大规模制裁，这种制裁如果管理不妥当，就会引发油价的大幅攀升、全球大宗商品市场的剧烈波动以及局部的金融危机。

2017 年，在全国金融工作会议上，中国国家领导人、金融部门的负责人反复强调，要守住不发生系统性金融危机的底线。2017 年的中央经济工作会议以及 2018 年的"两会"政府工作报告更是把防范金融风险、守住不发生系统性金融危机的底线，列为"2018 年三大攻坚战之首"。从这些表述可出，现在的金融形势确实不容乐观。2018 年 10 月 31 日，中央政治局召开会议，在分析宏观经济形势时，其中有一句话是，"长期积累的风险隐患正在逐渐地暴露"。实际上，中国的金融危机，至少局部的金融危机，现在正在开始或者早已发生。

第一个是 P2P 平台。据很多媒体的报道，P2P 爆雷直接和间接的受害人数可能达到数千万，这让很多家庭个人损失惨重，实际上也引发了一些局部金融风险。

第二个是股市。中国股市已深陷危机之中，尽管在 2018 年 10 月 19 日和 20 日，监管层、国务院出台了很多稳预期、稳市场的措施，但这并不代表市场已经稳定。近年在中国的 3 000 多家上市公司中，约有 90% 以上的公司股票价格被"腰斩"，这让很多投资人损失惨重。据不完全统计，上市公司股权质押的规模已经超过 4 万多亿元，如果被强制平仓，将是中国股市的一场巨大灾难。所以相关部门正在采取各种措施缓解股权质押的问题，但只要未从根本上解决这个问题，随时都有可能引爆危机。

第三个是地方政府的债务。根据国家审计署的权威结果，地方政府债务的规模大约在 18 万亿元左右，但是贺铿教授曾在一次公开论坛上表示，地方政府的全部债务可能

超过 40 万亿元，更重要的是很多地方政府实际上无力偿还
债务，这会使得整个金融环境变得非常恶劣。债务到期还
不上，就只能借新债还旧债，市场的利率水平也会随之上
升。对于购买了债券的投资者来说，他们会产生一种恐慌
情绪；对持有地方债务的金融机构来说，它们有可能会产
生大量的坏账。地方政府的债务问题如果得不到妥善解决，
就会引发系统性的债务危机。

第四个是最危险的房地产泡沫。中国房地产泡沫非常
严重，现在居民家庭的财产配置中，房地产价值已经超过
70%，甚至接近 80%。70% 以上的银行贷款、融资都是由
房产做抵押的。一旦房价出现大幅下降，政府的卖地收入
也会大幅下降，政府的债务危机就会连带爆发。所以如何
稳定房地产市场，让房地产市场能够平稳过渡、平稳调节，
是我们能否守住不发生系统性金融危机的最具挑战的任务。

第五个是外汇市场。人民币贬值的压力客观存在，这
可能会引发一些金融动荡，所以我们可能会采取一些措施
来稳定汇率。

无论是证券市场、债券市场，还是房地产市场、外汇
市场，都已蕴含了巨大的风险，可能引发局部的和系统性
的金融危机。所以，个人投资者和企业家一定要管理好、
控制好风险，尽可能地降低在金融危机到来时所遭受的损
失，让我们的资产和财产能够得到保值。

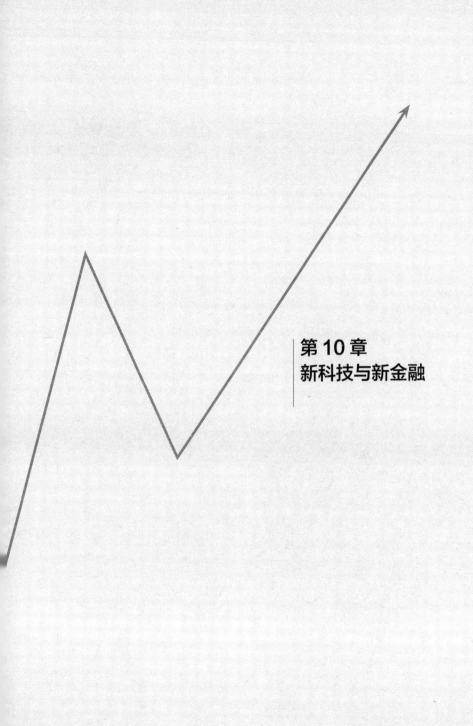

第 10 章
新科技与新金融

什么是金融科技

金融科技（Fintech）是最近几年金融领域的一个重要的新现象。什么是金融科技？不同的人对此有不同的定义。简单来说，金融科技就是把各种新科技应用到金融服务领域。随着科学技术的进步，金融科技也变得非常热门，与金融科技相关的新金融服务应运而生，例如P2P、众筹、小额信贷、移动支付、智能投顾等。

纵观人类历史，人类发明的各项新技术，都会被充分应用到金融服务上，例如印刷术带来了纸币。后来电报、电话、计算机、互联网等新技术也都被充分运用到金融服务上。所以，金融的发展史很大程度上也是一部技术的发展史。在任何时代、任何国家，只要有新科技出现，银行家、金融家都会想尽各种办法用这些新技术来改进金融服务，设计新的金融产品以及创造新的金融服务机构，这就是金融科技的本质。

如今，中国的金融科技走在世界前列。中国著名的互联网公司，如阿里巴巴、腾讯、百度、京东等都拥有强大的金融科技手段，也提供了非常丰富的金融服务。以微信和支付宝为代表的移动支付平台发展走在世界前列；从投资的角度来看，中国金融科技领域独角兽企业的数量也位居世界前列；中国从事风险投资、私募基金投资的金融科技企业的数量和投资总额位列世界第一。

为什么中国金融科技会走在世界前列？背后有两个重要原因。

第一，中国人口众多，有极其广阔的市场，以互联网为代表的金融科技最大的优势就是规模效应，即用户越多，服务成本就越低，服务创新的空间就越大。因此在这方面，中国有独一无二的优势：中国的互联网用户接近10亿人。

第二，中国有很多优秀的互联网企业和企业家，其在商业模式的创新上确实有独到之处。从全球范围来看，无论是微信，还是支付宝，这些服务模式都非常独特，很多其他国家的企业家对微信和支付宝的快速发展感到极其惊讶和羡慕。

具体而言，金融科技的内容可以从三个层面来概括。

首先，从技术层面来看，金融科技主要依靠五大类技术：人工智能、大数据处理技术、云计算、区块链和生物识别技术。在未来，主要依靠这五大类技术所创造的技术平台提供金融服务和设计金融产品。

其次，目前金融科技已经从 5 个方面帮助改造和创新金融业务：移动支付、个人信用数据的收集整理和信用的评估、小额贷款、资产证券化，以及利用人工智能提供投资顾问服务和财富管理服务。这些方面的新业务被统称为互联网银行和互联网金融公司。

最后，与传统金融服务相比，金融科技挖掘的数据更广、更深。它主要处理四大类数据：账户数据、行为数据、身份特征数据和交易数据。而由于技术手段的局限性，传统的银行和金融机构主要只处理账户数据和交易数据。有了新的金融科技手段后，银行和金融机构都可以利用更广阔的数据来分析、处理、设计金融服务和金融产品。

相比传统的金融服务，金融科技不仅能降低成本，还能利用大数据提供更好的金融服务。

未来的金融科技至少会给客户带来 4 个方面重要的变化。

一是去中心化。在传统的金融服务中，无论是数据的收集和掌握，还是产品的设计和提供，无论是金融服务中心，还是管理中心，都有一个中心化的模式，金融科技会让金融服务完全去中心化。

二是个性化。金融科技大幅度降低了提供金融服务的成本，这样一来，金融服务公司、银行就可以针对每个人、每家企业的个性化需求，设计出独特的产品和服务。

　　三是金融服务的普惠化，过去由于成本和技术的局限，绝大多数人很难享受到现代金融服务，但有了金融科技手段后，现在广大的农村边远地区也能够享受先进的金融服务了。

　　四是数字化，未来的金融科技会帮助所有的金融产品、金融服务都实现数字化，以后我们的相当一部分资产也都会实现数字化。

　　所以毫无疑问，未来整个金融业，甚至整个社会都会因为技术的进步而发生革命性的变化。短期之内，这种颠覆性的变化将会有两个主要标志。

　　第一个标志是"无现金社会"。随着支付清算手段的日益进步，特别是金融科技的飞速发展，绝大多数中国人在日常生活中几乎都不再需要现金，很多时候甚至连借记卡、信用卡都不再需要携带。实际上，人类社会的生存主要依靠的是信用，比如人们彼此之间的信用、个人和机构之间的信用，而货币本身只是信用的一种载体，所以原则上货币本身可以消失，但是信用会永远存在。因此，无现金社会下一步的发展可以被定义为无货币时代，或数字货币时代。到那个时代，货币这种所谓的媒介，会被新的科技完全取代，所以货币的重要性会慢慢消减，人们之间的信用关系会变得更加重要。

　　第二个标志是没有办公楼的银行。在金融科技浪潮的席卷之下，传统的银行确实面临巨大的挑战，甚至生存危机。有了新兴的金融科技帮助，设备、办公空间，甚至人员、分行都不需要了，银行也不再需要巍然挺立的办公大楼了。

这就是金融技术给我们创造的想象空间，这种想象的空间是永无止境的，未来的金融发展充满着不确定性，巨大的机遇和挑战并存，它值得我们去期待、去探索、去拥抱。

财富管理和智能投顾的发展前景如何

未来金融科技有两个主要发展领域，它们也是商业银行和所有金融公司未来利用金融科技展开竞争的两个主要战场：一是财富管理，或个人理财；二是智能投顾服务，即用新型科技手段来帮助人们做投资理财的决策。

过去半个世纪以来，绝大多数商业银行的主营业务已不再是传统的存款、贷款、支付清算，而是理财。这些银行的资产管理规模通常能达到数千亿，甚至上万亿美元。财富管理、资产管理已经成为金融机构最重要的收入渠道。

实际上，人类所有的金融服务都可以被简单地理解为财富管理服务。商业银行、证券公司、保险公司和其他金融企业所从事的业务在本质上都是为广大的投资者进行资产的组合、配置和风险控制，以及提供更好的收益和管理。这既是所有金融机构竞争的焦点，也是它们面临的最大挑战。

金融科技为所有商业银行、金融机构提供了极其有利的工具，所以现在银行家、金融家经常挂在嘴边的一句话是："未来金融服务的竞争就是科技的竞争。"

金融科技为什么能够为财富管理提供最佳的工具？

第一，财富管理本质上就是数据的处理和运用。传统的财务管理是由个人对数据进行分析，做出投资理财的决策，但个人掌握、整理、分析数据的能力是很有限的。通常在金融界，一个人能够管理的资金最高限度可能也就是10亿元。商业银行动辄需要管理数千亿美元，甚至上万亿美元的财富，不能仅依靠个人，还必须要依靠先进的技术手段，才能更好地管理这些资产和财富。

第二，金融科技能够帮助做出个性化的理财决策。每个人的风险偏好和收益要求是不一样的。在投资理财产品时，客户都会被要求填一张调查表，以评估他的风险偏好。用这样的方式进行评估还是比较粗糙的，也不太准确。现在我们可以利用行为数据、特征数据、历史交易数据等，通过人工智能、云计算手段，对每个人进行有效的评估，从而更好地帮助个人和家庭做出投资理财的决策。

第三，金融科技可以帮助识别和管理风险。随着越来越多的金融产品出现，市场也泥沙俱下，单靠个人能力去识别风险是非常困难的，现在，金融科技能够帮助人们更好地识别每一个金融产品背后关联的各种风险，也就能更好地规避风险。

第四，金融科技能够帮助我们设计更好的投资组合和资产配置模型。财富管理的核心就是找到一个好的资产组合和资产配置。"鸡蛋不能放在一个篮子里"，特别是对于管理几千亿元，甚至上万亿元资产的财富管理公司而言。现在市场上所谓的"基金中的基金"，就是帮助这些基金再进行资产组合和配置的。金融科技能有效地帮助我们计算当中的风险和收益，以及各种系数。因此，金融科技手段能根据不同的个人、不同机构的风险和收益要求，设计出更恰当的投资收益组合。

第二个重要的发展领域是智能投顾。智能投顾，主要运用了人工智能和机器人的技术。近年来，世界上越来越多的公司，都开始尝试用人工智能来代替股票分析师，甚至有公司聘用机器人来担任公司的独立董事，因为机器人可以利用很精确的模型进行计算，帮助公司分析财务报表，评估公司的风险以及金融产品的风险。所以在未来，智能投顾可能在很大程度上取代我们现在的股票分析师、理财师等。因为这类工作的内容主要是信息的收集、挖掘、分析和计算，从而得出收益更高、风险更低的投资组合，来帮助客户做出好的投资决策，但是人的计算能力肯定是比不上机器的计算能力的。牛津大学曾做过一个非常有名的研究，预测到 2045 年，哪些人类的工作会完全被机器人取代。研究结果表明，股票分析师、精算师、理财师的工作被取代的可能性超过了 80%。因此，智能投顾必然是未来金融服务领域的一个主要方向，也是金融科技发挥作用的一个主要方向。

区块链为什么如此重要

近年来出现了很多的金融科技的应用。在谈论未来金融趋势的时候，区块链是大家谈得最多的话题，也是最受追捧的话题，这里面有两个重要的原因。

第一个原因是比特币在过去 10 年的大起大落，创造了巨大的财富效应，吸引了很多人对区块链技术的高度关注，因为比特币的底层技术就是区块链技术。可以说正是因为比特币的发明，才让区块链技术受到人们热烈追捧，并开始逐渐成熟起来。

第二个原因是区块链技术日益成熟，让越来越多人相信区块链技术是未来人类互联网新的底层技术，甚至有人说现在的互联网要消失，并被一种新的连接方式所取代，这种新方式的原理就是区块链的去中心化技术。谷歌前任首席执行官施密特在多个场合讲过："这既是一个非常不确定的前景，也是一个无限的前景。"

那么为什么区块链技术对金融互联网如此重要呢？因为它最大的特征就是去中心化。今天的互联网还是一种中心化的网络，除了国家层面的信息管理、控制，甚至操纵外，还有很多数据是集中在一些大公司手上的，比如美国的谷歌、苹果、微软、亚马逊，中国的阿里、腾讯、百度等。在互联网这个空间里，这些大公司的地位和我们每个普通人是不对等的，它们是一种中心化的、庞大的、具有垄断性的机构，掌握了大量的信息，垄断了大量的数据，而普通人在互联网空间里几乎没有什么地位。可以的话，它们随时可以获取我们的任何信息，但是我们并不知道它们在对我们做什么。

去中心化的分布式是指在这个网络里面，每个个人、公司、甚至国家所处的地位都是完全平等的，没有人成为这个网络中的主导者或中心。万维网的发明人就多次讲过，现在的互联网非常让人失望，背离了他们当时的梦想。而区块链会受到人们的追捧，就是因为人们认为它会实现一种真正去中心化的数字化理想。

那么这种去中心化到底是什么样的？它主要表现在三个方面。

第一个方面是在一个去中心化的网络里，所有的信息数据都是共享的。每个节点无论大小，不论是个人，还是公司、政府，在这个区域里掌握的信息都一样多，这是去中心化的一个理想状态。这里不会有信息数据的垄断，所以信息不对称的鸿沟可以从根本上消除。

第二个方面是区块链上的信息有不可篡改的特征。比如我们在互联网上发了很多信息，如果我们后悔了或者觉得造成了什么问题，那就可以改掉或删除。但在区块链的技术下，信息一旦发出去是不可篡改的。如果真的完全实现了这一点，这确实会给我们带来巨大的变化。

第三个方面可能更重要，就是区块链技术实际上形成了一种新的信用生成机制。现在每个人、每家公司都需要有信用的评估、评级，有很多信用评级公司在全世界给无数的公司、项目进行信用评级，这些信用评级公司虽然有所谓的客观模型，但从另外一个层面讲，它们的信用评级其实是很主观的，也可以说是很武断的，因为这个模型毕竟是信用评级公司自己设计出来的。这在本质上是一种中心化的信用评估模式，所以这些公司拥有巨大的权力。

　　如果区块链真的能够完成这三大革命，这将会对金融产生极大的影响，并形成一种全球性的无缝连接的金融模式。这种金融模式在原则上可以不需要中央银行，因为我们并不需要一种真正中心化的货币，我们所有的金融业务也都可以结合成所谓的"金融超市"，在这里，贷款、买卖股票、融资、买保险、理赔都可以一站式完成。如果各国愿意合作，人们甚至可以建立一个真正跨国的金融平台，将全球的金融完全整合在一起。

　　个人的信息、数据、信用评级、历史记录全部都将呈现在网络上。其他人可以对你的投资需求、资金需求做出精准的评估。因此，不仅庞大的商业银行、投资银行可能被完全取代，保险公司也可能不再被需要，从而构造出一个无政府社会。

　　所谓的无政府社会其实就是一种去中心化的社会，在这个社会中，人人自我管理、自我约束、相互监督。虽然听起来很难实现，但是现在区块链在某些方面已经开始被应用到政府的档案管理、公共信息管理、支付清算、供应链金融等方面，并且已经找到了一些有实际价值的应用模式和应用场景。从这个意义上来说，区块链确实值得高度关注，它所描述的前景、预示的未来发展方向值得我们深入研究。

什么是数字货币

自区块链概念受到热捧以来，数字货币几乎成了家喻户晓的一个新名词。特别是比特币的火爆，点燃了无数人的财富梦想。有无数年轻的创业者想利用数字货币来发财，创造伟大的企业。数字货币确实是一个很重要的话题，也是一个很有趣的话题。那究竟什么是数字货币？

数字货币的定义有很多种，简单来说，就是利用数字技术发行和流通的一种交易媒介。我们可以从四个方面来对比一下传统货币和数字货币。

第一，货币的材料。在人类历史上，几乎所有货币都是有材料的实物。而数字货币并不是实物，只是网络上一串加密的字符和代码，这是它跟传统货币第一个重要的区别。

第二，货币的发行。现在数字货币的发行方式有两种，一种是分布式的发行，一种是集中式的发行。现在大家谈数字货币，基本上谈的都是分布式发行的数字货币，即人人可以创造货币、发行货币。而集中发行的数字货币则是由中央银行和政府集中发行的，它不对外公开源代码和运行程序。例如，委内瑞拉的中央银行就曾宣布要发行一种用石油做担保的数字货币。对于集中发行的数字货币，其他个人是没办法加入货币的创造和发行的。传统的货币都是由中央银行和政府集中发行的，古代有造币厂，现在由中央银行发行纸钞和硬币。所以在发行方式上，数字货币和传统货币也有着非常重要的区别。

第三，货币创造、发行的技术。传统的货币需要很特殊的铸币技术和印刷技术，它要利用非常发达、先进的防伪加密技术，否则假钞就会泛滥。而数字货币主要是利用数字技术。数字技术主要是两种，一种是密码技术，基于密码学的密码设计，另一种是密码校验技术。比特币就是这样，通过密码技术给一串字符进行非常复杂的加密，人们是无法伪造的，所以没有人能够破解比特币的代码。

第四，货币的流通。数字货币的流通也是比较特别的。传统的货币一般要通过中央银行购买债券，或通过银行的再贷款、再贴现等其他方式，把货币发行到市场上，然后在市场上开始流通。数字货币的流通则完全不同，它是一种点对点的网络流通，或去中心化的网络流通。虽然现在的数字货币，特别是比特币，也可以购买食物，还可以和其他的货币进行兑换，但是适用范围非常小。可以说，数字货币的流通方式完全是一种网络的流通，没有任何实物。

那么数字货币为什么会被发明出来？这是一个很重要的问题，也关乎我们对未来趋势的判断。

数字货币的发明和创造其实是大势所趋。整个人类货币的发展有一个基本的规律，就是成本不断降低，使用上不断变得方便、快捷。

数字货币的优势也是非常明显的，能够实现即时、免费、安全和有趣。

在数字货币支付、清算方面，现在通过区块链点对点的技术，在任何时间任何地点，只需要几个按钮，就可以完成整个的交易和清算，这就是即时。

现在通过银行汇款、通过 ATM 取钱等都需要付一定的手续费，但通过区块链数字货币的清算则完全免费。

使用传统货币有很多风险隐患，比如现金可能丢失，信用卡可能被盗刷，银行存款也可能被窃取。但区块链去中心化的技术通过分布式的网络使数据不可被篡改，所有的记录都是可追溯的，并可以通过所有的节点来集体验证。这些特点确实保证了数字货币清算的高度安全。

未来的金融服务可能会变成一个很有趣的过程。通过点对点的方式，人们在交易过程中可以附带很多有趣的信息，甚至还可以做广告，让整个的交易过程不仅是一个支付清算的过程，也是一个非常丰富的社交过程。在未来，人们可以通过数字货币把所有这些服务无缝地连接起来。

由此可见，数字货币确实具有极其广阔的发展前景，它代表了未来人类货币和金融发展的一个主要方向。

如何判断比特币的价值

毫无疑问，当今世界最有名的数字货币就是比特币。现在数字货币、区块链、金融科技之所以这么热门，很大程度上是因为比特币的兴起。无论是在人类货币发展史上，还是在人类科技发展史上，比特币都有相当重要的价值和意义。

比特币是通过一种固定的算法程序创造和发行的，它的算法和源代码是公开的。通过这一个公开的、标准化的程序，每个人都可以创造比特币，我们通常把这个过程叫作"挖矿"。自 2009 年一个叫中本聪的人最先提出比特币后，"挖矿"在过去几年变得极其热门。中本聪提出比特币的想法主要基于以下四个方面的考虑：

第一是使用区块链技术来实现货币的去中心化、发行、流通以及存储；第二是使用一个分布式的网络，让全世界的人都能参与这个过程；第三是使用开源软件系统，让比特币的源代码是完全开放的；第四个，以上这三项确保了世界上的每一个人只要愿意，都可以参与比特币的发行和创造。

实际上，比特币只是一个附属的产物，中本聪的核心产品是区块链技术和分布式网络。比特币之所以会受到这么多人的追捧，是因为它的数量有限。根据设定的算法程序，比特币最终的数量也只有 2 100 万个左右。它是限量发行的，和奢侈品一样。限量发行是它和其他数字货币的一个非常显著的区别。

经过多年的发展，比特币已经可以在网络上或现实中购买某些产品，甚至可以和一些国家法定的货币进行兑换，如加拿大元、美元、欧元等。但比特币本质上并非货币，而是一种虚拟资产。因为没有任何国家赋予比特币法定流通货币的地位，它只在极小的范围之内流通和兑换，所以它和某种特别的资产没有区别。

既然比特币不是货币，那它的价值来源于哪里？其实比特币的价值来源于一些人对它的信心。价值其实是一个主观的东西，比特币既不能用也不能吃，而且还只能在很小的范围之内做交易媒介，自身又没有任何价值。它的价值是我们主观赋予它的，就是有些人相信它有价值。这种主观价值也反映在比特币的价格上。

近年来，比特币之所以能引起人们极大的关注和追捧，与它的价格的大起大落极其相关。可以说比特币价格的波动是近十年全球货币史上一个非常奇特的现象。2010 年比特币最早开始交易时，美国的一个程序员用 1 万个比特币买了两块比萨饼，当时这两块比萨价值 30 美元，也就是说当时 1 万个比特币才值 30 美元。到了 2017 年，1 个比特

币的价格就飙升到了 2 万美元。但在 2018 年，比特币价格
又经历了断崖式的下跌，降到 4 000 美元以下。市场中一
般很少会有如此剧烈波动的商品价格。比特币价格之所以
会出现急剧的波动，主要有 5 个方面的原因。

一是监管的动向。比特币到底能不能跟法定货币进行
兑换，是不是能够取代法定货币，这个问题从比特币诞生
以来就是全世界讨论的焦点，所以每当政府发出加强监管
的信号时，比特币的价格就会急剧下降。例如，最早美国
的参议员呼吁要对比特币进行监管，比特币的价格就应声
下落。又如在 2017 年 9 月，中国发布《关于防范代币发行
融资风险的公告》，禁止比特币在国内交易，当时比特币
的价格也应声暴跌。反之，每当传出一种信号说比特币有
望获得政府的承认，它的价格就会急剧上涨。实际上，比
特币到底该如何监管，到今天也没有明确的说法，世界各
国未来对比特币会持什么态度，现在也不明确。这一点仍
然会是影响比特币价格波动的重要因素，甚至是最重要的
因素。

二是交易的活跃度。比特币交易的活跃度和监管是直
接相关的。近年来，市场上冒出了很多比特币交易平台和
交易中心，每当监管加强时，很多交易平台和交易中心便
会垮掉，而每当监管的动向稍微宽松一些，则又会冒出一
些新的交易平台，交易越活跃，它的价格上涨就越快。

三是媒体的报道。比特币价格第一次暴涨就是因为美国的媒体对比特币进行了正面的报道，引发了很多人的追捧。中国现在追捧比特币的投资者也都是因为看到了媒体报道的暴富神话，其实他们对比特币背后的技术基本不了解，或者是一知半解。

四是比特币催生了区块链技术，区块链技术的热潮反过来又带动了比特币价格的上涨。人们之所以认为数字货币是人类货币未来的发展方向，就是因为他们认为区块链代表了互联网未来的发展方向。

五是人们对数字货币的前景非常乐观。数字货币确实是人类货币发展的大势所趋，作为数字货币的鼻祖，很多人认为比特币必然会受到人们的追捧，因为它是数字货币早期最杰出、最典型的代表。

在未来，比特币不可能会替代主权国家的法定货币。原因很简单，第一，它的数量有限。法定货币可以根据通货膨胀或通货紧缩的情况进行调节，而比特币根本不具备这个特点。第二，比特币的价格波动太剧烈，如果一个交易媒介的价格不稳定，它就很难作为一个统一的支付手段和价格尺度，也就无法成为一种真正的货币。因此，比特币不具有货币的基本属性。但是比特币作为一种数字资产，可能会一直存在，总有一些人会追捧比特币，认为它有价值，自然也就会有人去买卖它。

货币民主化是否可行

随着区块链技术的发展，很多人开始畅想，在未来是不是人人都能发行货币？以后是不是就不再需要中央银行了？

人人都能发行货币的理论是由奥地利经济学派的哈耶克所提出的。奥地利经济学派有一个非常重要的特点——强烈反对通货膨胀。他们认为通货膨胀是中央银行造成的一种罪恶。因为中央银行垄断了货币的发行，如果中央银行经常过度发行货币，必然会造成通货膨胀。因此他们提出的解决办法就是消除中央银行对货币发行权的垄断，让人人都能发行货币，实行货币发行的民主化。

实际上，这只是一个"乌托邦"般的幻想，这一理论也不完全正确。中央银行垄断货币发行权、滥发货币是造成通货膨胀的原因，但是通过人人发行货币并不一定能够控制通货膨胀，甚至是完全不能控制通货膨胀。货币在本质上是一种支付手段、交易手段、价值尺度，其最大的特征就是规模效益，也就是说货币的流通范围越广，使用的人越多，流通量越大，它的使用性就越好，成本也越低。货币最本质的功能就是降低交易成本。如果人人都能发行货币，每个人都有一种货币，那么我们在市场上进行交换，到底要以谁的货币来结算？我们的工资、股票、债券，以哪种货币来标价、交易、储存？

人人发行货币这种设想其实在历史上出现过。例如，美国在 1836 年到南北战争结束这 20 多年的时间里，没有中央银行，也没有法律规定谁能够发行统一的货币。所以当时美国几乎所有的商业银行都能够发行货币，每个商人都要带一本很厚的册子进行交易，这个册子里面记载了不同银行发行的钞票之间如何兑换，兑换率是多少，价格如何变动。货币的形式非常混乱，交易的成本也非常高。这段时间通常被称为美国银行业的"野猫时代"。南北战争结束之后，美国就颁布法律统一了全国的货币。1913 年，美国又成立了美联储，专门负责管理全国的通货。

从历史经验来看，无论是区块链技术，还是未来人类发展出的其他先进技术，都不可能实现人人都能发行货币的梦想，因为货币本身需要规模效益，有形成垄断的趋势。在未来，数字货币仍然会由各国中央银行主导发行。如果你对货币的本质、货币体系的演化、货币未来的发展都有比较清楚的了解，就能判断出"人人都能发行货币"只是一种幻想。

金融科技下隐藏着怎样的风险

近年来，有很多金融服务公司、平台纷纷爆雷跑路，很多 P2P、众筹公司、区块链公司打着金融科技的旗号，许诺能给投资者带来巨大的收益，但这其实是个骗局。

毫无疑问，金融科技为金融产品、金融服务方式、监管模式等方面带来了变革，但这些变革并非意味着金融的本质发生了改变。新的科技手段可以大大提高金融服务的效率，帮助我们最充分地利用各种数据和信息来更好地管理风险和分散风险。但金融科技本身不能无中生有，它没有颠覆金融的本质，更不可能创造出无风险的金融产品。所以金融科技不是万能的，它本身可能也隐藏着很多普通人不知道的风险，这其实是任何科技手段都具备的特征。

人类的科技手段总是有两重性，一方面给我们带来很多方便，但另外一方面也会给我们造成很多麻烦。在充分运用金融科技的同时，我们也必须认识到其背后潜藏的各种风险。具体来说，主要有 4 个方面的风险。

第一，数据不安全。金融科技之所以能改造和发明新的金融产品和服务，无非就是因为它能够更好地使用数据信息，更全面、更深入地挖掘各种信息和数据。如今我们的个人信息全部存放在网上各种各样的服务器里，服务器是否能够经受住地震、海啸等自然灾害，或恐怖袭击等人为灾难，对于金融公司来说，是一个巨大的挑战。很多国家采取了很多措施以确保数据存放安全，包括完善数据的基础设施、多重备份数据等。有人说未来的区块链技术能有效解决数据丢失的问题，但是目前还没有百分之百可靠的区块链模型，数据丢失的情况在很多互联网公司仍然经常出现，这可能会对整个社会的金融体系造成毁灭性的打击。

第二，个人隐私泄露，这是一个更加复杂且更加敏感的问题。由于金融科技的发展，许多公司提供服务时都要求客户提供各种信息，所以金融机构可以掌握客户的大部分个人信息。随着金融科技的发展，人类会逐渐没有任何隐私。金融机构有了这些隐私数据以后，就可能出现隐私泄露、数据滥用的情况，甚至威胁到我们个人的人身安全、财产安全。这些问题在全球范围内没有得到完全解决。2017 年 Facebook（脸书）的数据泄漏事故引起了全世界的轰动，这样的案例并不是个案。个人信息的保护问题是金融科技带来的一个巨大挑战。

第三，出现利用新科技手段进行的各种骗局。利用金融科技手段来进行诈骗，这是当前金融体系面临的一个非常严重的问题，特别在中国，受骗上当的人很多。

第四，黑客的恶意攻击。世界上有很多技术水平高的黑客，他们出于各种原因，可能对金融机构网络发动恶意攻击。黑客的攻击会造成前述的所有问题，包括数据丢失、隐私泄露、网络瘫痪等。

由此可见，金融科技的潜在风险是非常大的。所以未来在充分鼓励金融科技发展的同时，世界各国还必须不断完善信息网络安全，完善相关的法律法规，来保护每个人的信息安全。

我们要切记，任何金融科技技术，无论怎样炫目、先进，都不会改变金融的本质。如果违背了基本的金融规律和金融法则，肯定就是骗局。我们要热烈地拥抱、积极地探索金融科技，但同时也不能有不切实际的幻想，更不能有那些完全虚无缥缈的错觉。

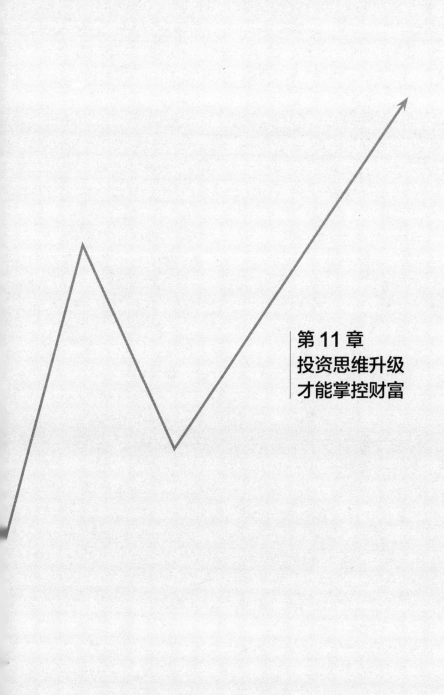

第 11 章
投资思维升级
才能掌控财富

如何用资产负债表分析金融形势

学习金融首先必须要掌握一个最基本的分析工具，就是资产负债表，它通常被称为复式记账法。

复式记账法是意大利人在几百年以前的一项伟大发明。具体地说，就是人们在记账的时候把账目分为两边，一边记资产，另一边记负债。你先把所有能带来收入的各种投资和资产记在一边，这就是资产负债表的资产项，然后把向别人借的钱、向银行借的钱或者潜在的一些负债，记在另一边，这就是负债项。把这些账记好以后，用总资产减去总负债，如果得到的数是正的，那么这就是净资产。如果得到的数是负的，就说明是负资产，在原则上你就破产了。

无论是个人、家庭，还是公司、国家，都可以编资产负债表，来看一看自己的资产到底是正的还是负的，有没有破产。资产负债表分析方法是一个非常实用的分析方法，其背后有着非常深刻的经济学原理。

这个分析方法听起来好像很简单，其实操作起来可以变得很复杂。因为我们拥有的资产和负债每天的价格都在发生变化。例如，一个人的资产里面有存款、股票、房产，听着很不错，但是包括股票、房产等金融资产的市场价格随时都会发生变化。如果市场价格大幅下降，明天的股票可能就会大幅亏损。如果房产价格出现大幅下降，房地产就会出现崩盘，并大幅贬值，甚至有的会贬值80%，甚至90%。这就是说在资产负债表里，资产方的价值随时随地都会发生变化，可以增值，也可以贬值。

而负债是刚性的，不仅不会自己减少，还会因利息而增加。比如一个人借了500万元买一栋房子，现在这个房子升值了，值1 000万元，看起来赚了很多，但如果房地产泡沫破灭，这个1 000万元的房子可能贬值到只有300万元。但500万元的负债并不会贬值。此时，他的资产的价值大幅下降，而负债的价值固定不变，甚至还要还利息。房子就变成了他的负资产。

这种事情是真实发生过的。在20世纪80年代末日本出现泡沫经济，90年代初期经济泡沫破灭，在随后的十多年时间里面，日本很多地方的房价下跌幅度最高达到90%，很多人的房子实际上就成了负资产。2007年美国爆发次贷危机，随后引发了2008年全球金融危机，也出现了典型的负资产状况。当时美国房地产市场有所谓的"三无贷款"，即买房者没有工作、没有收入、没有担保，也可以贷款买房，甚至不用给首付，可以贷全款。有些地方的做法更夸张，不仅房价能全款贷款，就连装修、买家具的钱也可以贷款。更荒唐的是，即使在买了房子以后没有收入、没有工作，银行按揭贷款的利息还不了也没关系，银行还会继续贷款给他还利息。

　　为什么会有如此荒谬的事情呢？因为当时美国社会上有一种幻觉，美国的商业银行、金融机构、房产中介一致相信，美国的房价会一直涨下去。买房子的人更是这样想的。投资者们相信过一段时间，这个房子可能会涨 20% 甚至更高，他们把房子卖掉不仅可以还掉所有的贷款和利息，还能赚一笔。为这些房产中介、购房者提供按揭贷款的金融机构，也觉得没事，明年投资者要是还不了贷款，它们可以把房子卖掉，那个时候房子已经大幅升值，它们同样可以赚钱。有一个词可以形容这种现象，叫作集体性的金融幻觉。集体性的金融幻觉是指当一种资产价格上涨时，人们会想出千百个理由去证明这些资产一定会继续上涨。例如这些年中国的房地产市场，普通人会想出各种各样的理由来证明，中国的房地产价格永远会持续上涨。很多经济学者也在媒体上给出各种虚假的理由来证明房地产上涨势头会持续。甚至很多政府官员也认为，房地产价格不可能下降。但人类历史一再证明，这种所谓集体性的幻觉总有一天会彻底崩溃。如果有泡沫，终究有一天会破灭，而且往往会伴随灾难性的后果。

2015 年中国"股灾"发生前，中国的股市也存在一种集体性的金融幻觉。当时股票指数刚刚迈过 4 000 点，连《人民日报》都发文章说，改革牛市才刚刚起步。很多股票分析师、股评家发表文章说，股市马上要超过 6 000 点，甚至还喊出来"很快要涨到 2 万点"的口号。结果股票指数在 5 124 点时轰然倒下，到了今天还"趴在地上"，很多人因此背上负资产。

所以我们每个人、每个家庭、每家企业，甚至国家都要认真地分析、编制资产负债表，要从动态的角度去看我们的资产负债表究竟是怎么样的。要高度重视我们所面临的金融风险，学会运用资产负债表的分析方法来分析我们的资产和负债。

投资理财要看什么变量

时间是金融里最基础的概念，它在金融中有着巨大的魔力，也是所有金融活动最重要、最关键的因素。金融（Finance）一词起源于法语，它的词根 Fin 就有时间终结的意思。在欧洲中世纪长达上千年的时间里，基督教认为时间是属于上帝的，从而禁止对放款收取利息，在西方文明里面，时间和金融从一开始就是紧密相连的。当然，对于每个人的生活而言，时间也是最重要的一个因素，无论一个人权力有多大、财产有多少、智商有多高，都无法改变时间，每个人一天只有 24 小时，一辈子也只能活百岁左右，所以我们也常说"时间就是金钱"。时间成了人类活动最重要的一个限制条件和变量，如何有效地利用时间，其实是每个人所面临的最大难题。

那时间怎么进入金融呢？在投资理财时，我们可能常常因时间不同、收益不同而难以选择，这时我们就可以通过欧文·费雪的财富公式来计算每一项金融投资的价值。比如投资某只股票 20 年，这只股票每年分红 1 万元，那么这只股票投资的价值等于把未来 20 年的分红除以贴现率得到的数值。在决定投资债券、投资公司还是把钱存入银行时同样可以如此计算，在原则上我们应该选择价值最高的投资方式。

我们可以运用费雪的财富公式，从原则上来估算投资收益，但实际上我们并不知道未来每年的分红和现金流实际会是多少。所以费雪的财富公式只是提供了一个分析事物的基本原则，它可以帮助我们做出基本判断和金融决策，虽然在现实运用中不一定完全准确，甚至有时无法运用，但是它也揭示了投资背后的一个基本原理，即投资最应该看重的就是收益。

时间和金融的另外一个关系是福利。例如"利滚利"，当我们借钱给别人并每年收取 10% 的利息时，虽然每年利息不变，但每过一年本金都会增长。这样利滚利下去，我们会就发现时间产生的巨大威力，这也是高利贷为什么会成为让很多人倾家荡产的一个杀手。所以我们在签订金融合约、设计金融产品时，福利是极其重要的考量因素之一，对于投资也是如此。如果我们每年能够保证 10% 的回报，资产在 7 年之内就会翻倍，如果我们每年能够有 20% 的回报，资产在 4 年之内就会翻倍。

"股神"巴菲特在 50 岁时只有 1 亿美元的资产，但是他凭借非常稳健的资产投资，平均每年保持着 20% 左右的回报率，在 30 多年的时间里慢慢拥有了约 825 亿美元的身家，这就是时间的巨大魔力。所以投资的最高境界就是在漫长的时间里能够维持稳定的收益，但是绝大多数投资者很难想到这一点。许多人会有一夜暴富的幻想，这种想法可能会让我们今年的投资赚 20%，但明年可能就亏 30%，这样过了 10 年，我们可能会发现财富并没有增长，甚至还有所缩水。

我们除了要谨记时间是投资理财中的重要变量以外，还有一个变量也很关键，那就是风险控制。任何投资理财都是收益和风险之间的权衡，追逐高收益必然意味着高风险，如果只想承受低风险，那相应的收益也会比较低。

有没有高收益低风险的投资产品呢？一般而言是没有的。那为什么世界上几乎没有高风险高收益的产品呢？简单地说，这是我们这个世界运行的一个基本规律。这个世界的运行有着很多最基本的规律，我们可以发现这些规律，但没有办法解释它们的缘由。以人类来说，每个人的性别、智商高低等，看起来好像都是随机的，但其实它也有一个必然规律。比如世界上有 70 多亿人口，男女性别的比例差不多是 1∶1，为什么全世界不会 90% 都是男的，或者90% 都是女的呢？人类的智商绝大多数都属于中等水平，为什么绝大多数人都无法成为绝顶天才呢？其实数学家、科学家很早就发现了这些现象背后的规律，并把它称为大数定律①。

高风险高收益与大数定律一样，都是这个世界运行的基本规律，也是经济、金融体系运行的一个基本规律。

实际上，大多数的金融机构，包括商业银行、投资银行、保险公司等，为了吸引投资者，往往都会刻意地夸大收益，尽可能地降低或隐瞒潜在的风险。如果你细心观察就会发现，很多银行理财、保险公司在自己的产品宣传册

---

① 大数定律，当随机事件大量重复出现时，往往呈现几乎必然的规律，偶然中包含着某种必然。

里，往往会把收益部分写得很醒目，但提示风险的部分都写得很小，其实这就是一个极大的误导。虽然收益都是大家在乎的东西，但更重要的是关注它的风险。

投资的关键是控制风险，我们在做任何理财投资时都需要高度警惕以下 5 个方面。

第一，切记不要幻想一夜暴富。追求一夜暴富，往往会导致血本无归。可以肯定地说，凡是在投资理财方面上当受骗的人都是因为一夜暴富的心理在作祟。所以我们在面对任何的理财产品、投资机会的时候，都需要提高警惕，注意风险的控制。如果对方许诺的回报是能够让我们一夜暴富，那我们一定要三思，甚至要立刻拒绝。

第二，不要过度投机。过度投机也是导致很多人倾家荡产的一个重要原因。这主要是一种盲目的、非理性的行为。所以我们在决定进入金融市场时，首先必须自我考量，树立好不能过度投机的观念。

第三，避免高杠杆、高负债。高杠杆、高负债，往往就是让我们走上资金链断裂、破产的导火索，无论是买房、买股票，还是做其他投资，我们对借钱都要慎之又慎。

第四，避免资产配置过于单一。俗话说"鸡蛋不要放在一个篮子里"，这同样是金融学的一个基本道理，我们在做投资理财时，首先要保证自己的基本生活不会受巨大的冲击。

第五，不要盲目跟风。盲目跟风会让投资者在不了解一种投资产品时就投入资金，投资者最后往往都会蒙受损失，我们不能看哪个产品赚钱就去投资哪个产品，在投资时，最好是要对这个投资产品有一个全方位的了解。

这 5 个方面大家可能经常听到，因为这也是人们最易犯的 5 个错误，大家容易忽视的往往都是最常见的问题，所以我们在投资理财时，要时刻警惕、时刻谨慎、时刻要想办法克制这 5 个主要风险点。

关于投资理财、财富增长的投资策略，其实坦率地说，没有一个人能够给出一套人人适用的理财策略，他人最多只能分享一些基本的原则。因为理财本身是非常个性化的事，每个人对理财的实际要求不同，风险承受能力也不同，投资规划自然不同。实际上，最好的投资策略是要学会控制风险，把握好时间的变量。

国家财富就是金钱吗

在物质生活极其丰富的今天，人们的收入越来越多，但有钱真的等于富有吗？这个问题看起来像个哲学问题，其实非常现实。可能每个人对于富有的定义都有所不同，对研究经济、金融的人来说，有钱并不等于富有。

欧文·费雪在《利息理论》中就把人类的收入划分成了 4 个层面。

第一个层面是货币收入，是指我们的工资、奖金、投资所得等以货币形式表现的收入。

第二个层面是真实收入。货币收入只是一串数字，我们也都知道现在的钱越来越不值钱，所以真实收入等于货币收入扣除通货膨胀通等因素，这也是在金融意义上的收入。

第三个层面是物质收入，是指人们最终所能购买的一切物质产品，把收入转成了我们的物质所需。

第四个层面是享受收入，也是一切收入的最终目的。所谓享受收入是一个主观理念，例如房子住着感到温馨，衣服穿着觉得漂亮，享用食物觉得美味等，即让我们付出成本后感受到身心愉悦的收入。

收入在经济学者的划分中，最重要的是能否帮助我们享受生活。从这个意义上讲，很多炒房的人买下房子并没有去住，房子只是一个投资品，相当于纸面富贵，仍然停留在货币收入的层面。

可能有人只停留在货币收入层面，只有金钱而不看重财富，但是实际上，很多富豪都说金钱超过一定的数额后甚至会成为一种负担。很多人可能认为他们是"站着说话不腰疼",但其实我们可以细想一下：山珍海味不能每天都吃，再多的房子也只能每晚睡一栋，衣服也不能每天换好几件，我们付出成本去做的事物，最终的目的还是在于能否给我们一种享受，所以费雪对于收入的 4 种划分有着非常高的价值。

从这个意义上讲，我们都应该问自己一个最基本的问题，什么是自己真正的财富？苏东坡有句诗"人间有味是清欢"，这句诗是说人最重要的东西在于内心与精神的追求，很多时候它比物质、现金要重要。可能有人会觉得温饱、住所都无法解决，精神的追求只是空谈。其实两者并不对立，我们需要追求一定的物质来保证基础生活，但是不能过度追求，更重要的是我们需要有内心的真正追求。不是每个人都必须成为企业家、金融家，也不是每个人都能成为科学家、艺术家、文学家、哲学家，做自己追求的事业又有什么不好呢？我们对财富需要有一个广阔的认识，货币和金融并不是人类真正的财富，清新的空气、干净的饮水、良好的生活环境才是整个人类最重要的物质财富。货币金融是为了服务人类，这也是我们研究它的初衷，不要让自己成为物质、金钱的奴隶。

当然学习金融并不只是研究当前的财富，我们经常会听到"富不过三代"的说法，意思是，第一代人艰苦创业，第二代保值或增值，第三代可能就会挥霍浪费，这种说法的确概括了世界上的一些现象，所以当我们拥有自己的财富时，也更要关心财富该如何传承和转化。

　　财富的传承和转化不仅是每个人、每个家族关心的问题，也是一个国家繁荣富强的秘密。世界上的发达国家，无一不是经过了几代人努力，并把国家的财富很好地传承下来，才有了今天这幅局面的。个人与国家的财富传承相辅相成，国家的财富传承依靠个人、家族的财富传承，而国家的财富传承源于个人、家庭、家族的财富传承，而这种传承的基本前提是国家的稳定与法制的完善。如果一个国家没有完善的法律体系，不能保障私有财产的安全，企业家、投资者就不会把个人的财富或投资储存在这里，这个国家的财富就很难传承下去。所以从国家的层面来讲，财富传承最大的秘密就是法制的完善。比如全球顶级的国际财富管理中心——瑞士，其稳定的环境、完善的法制让很多富豪愿意将财富投资或储存在那里。

　　当然，国家的财富并不是来自投资者的短期投机或炒作，而是来自长期投资，个人的物质财富最终会转化成社会财富。比如人们愿意捐资建造各种公益设施、资助科学研究等。只有当个人的财富转化为真正的社会财富、民族财富，甚至变成全人类的财富时，才能长久地传承下去，国家也会因此而繁荣富强。例如罗斯柴尔德家族、洛克菲勒家族、福特家族、安德鲁·卡耐基家族，还有比尔·盖茨、巴菲特等，这些个人和其家族的财富都有非常好的转化和传承。

以洛克菲勒家族为例，在19世纪后期，洛克菲勒是当时的世界首富，一个多世纪后，洛克菲勒家族依旧繁荣，这里面很重要的一个原因便在于财富的转化。洛克菲勒的后代们没有整天计划该如何守住自己的财富，赚取更多的钱，而是积极地参与文化、卫生与慈善事业，将大量的资金用来投资大学、医院，让整个社会分享了他们的财富。比如芝加哥大学、洛克菲勒大学、北京协和医学院、湖南湘雅医学院，都是源于洛克菲特基金会的资金支持才建立起来的。同时，洛克菲勒家族也拥有非常好的投资眼光，他们并不只会加大对原有行业的投资，也会投资很多新兴高科技企业，这也是他们的财富能够保值并增长的原因之一。

除了家族基金以外，很多国家都有相关法律和专业机构来帮助人们规划财富。金融的最终目的是让每个人变得更加富有，人们的生活变得更安心和舒适，再更高一层，就是让国家变得更加繁荣富强。所以财富的保值、增值、传承和转化，就是金融活动所能够达到的最高境界，也是所有金融活动最终希望实现的目标。

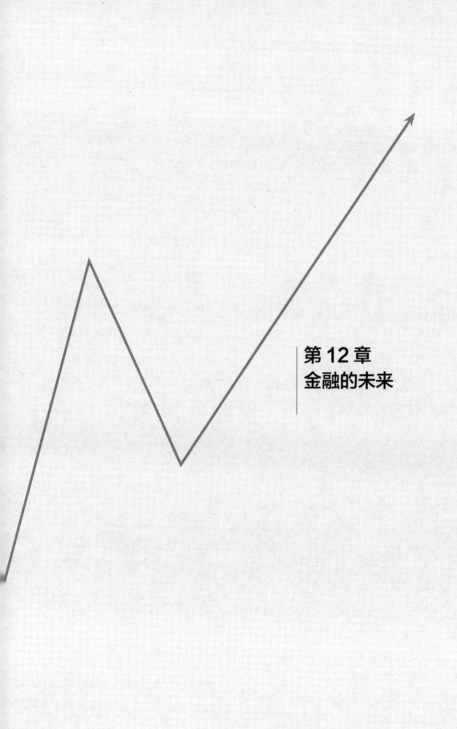

第 12 章
金融的未来

投资与实业有什么关系

中国现在有一种趋势是"人人都想玩金融，每家公司都想玩金融"，其实这种现象说明，我们的经济出现了严重的脱实向虚的局面。脱实向虚就是大家都去玩金融、玩投机，而不去从事真正创造财富的制造业和科技创新。

过去40年来，由于全球货币体系发生了革命性的变化，特别是布雷顿森林体系崩溃后，全球的货币完全失去了控制，从那个时候开始，脱实向虚的现象便更加普遍。那么脱实向虚到底表现在哪些方面？

第一个方面就是金融资产的增长速度远远超过实体资产的增长速度。金融资产包括银行存款、股票、债券、衍生金融工具等，原则上凡是金融化的投机性资产，都可以归到金融资产中。实体资产就是我们通常讲的固定资产，比如厂房、设备等。在美国、英国等很多国家，金融资产的增速远远超过实体资产的增速。

第二个方面是金融投资、金融投机的收益往往超过实体投资的收益。这主要是因为金融业的杠杆比实体公司的更高，因此它们的资本收益率就更高。

第三个方面是金融公司和金融机构的整体利润和收入，远远超过一些实体公司的整体利润和收入。

第四个方面是比较严重的收入差距。在美国就有所谓的 1% 的问题，即美国 1% 的人口差不多拿走了全部财富的一半，剩下 99% 的人口再分配另外一半。这个 1% 的问题在美国存在，在其他国家也不同程度地存在。这样的脱实向虚现象，过去几十年在西方发达国家不断地演变、恶化，是美国和一些西方国家现在出现严重社会问题的根源。现在这些问题在中国也变得日益突出，所以在 2017 年全国金融工作会议上，国家领导人严厉地批评了金融体系，说我们的很多金融机构是自娱自乐、自我循环、脱实向虚，也就是金融和实体经济脱节。

为什么会脱实向虚？坦率地说，这里面有着复杂的形成原因，也是人类经济、金融体系演变的一种必然趋势，概括起来有三个方面的客观原因。

第一个原因是随着经济的增长、财富的积累，我们的资产和财富，越来越多地表现为金融资产。金融资产的积累速度往往会超过实体资产的积累速度，所以它有内在的必然性。

第二个原因是人们对财富的观念也发生了重大变化。古代其实没有虚拟资产的概念，那时人们所说的资产都是实实在在、看得见摸得着的财富，例如一栋房子、多少亩土地、生产工具等。但随着经济不断发展，今天很多人的资产是看不见摸不着的，比如股票的市值、债券的市值、衍生金融工具等账面财富，这些账面财富就是虚拟资产。

　　第三个原因是货币制度的演变。在金本位制、银本位制、商品货币本位制崩溃之后，各国的货币发行实际上失去了约束，想发多少就发多少。所以在 2008 年金融危机之后，以美国美联储为首的中央银行都开始推行量化宽松政策，也就是中央银行无限度地发行货币。中央银行的货币发行出来，通过各种渠道必然会演变成各种金融资产。所以这种金融资产或虚拟资产的扩张实际上是无限度的。在扩张的过程中，自然也会造成很多资产价格的暴涨。

　　例如在中国，过去的货币扩张速度和社会融资的扩张速度非常迅速。因此很多城市的房价都在疯狂上涨，过去一栋房子值 100 万元，现在可能值 1 000 万元。那么中间差的 900 万元其实是一种金融资产的扩张，它改变的只是房子的虚拟资产价格，房子还是那栋房子。这种虚拟资产的扩张，本身并不代表人类财富有了实际增长。

　　当然，这三大原因并不是全部的原因，人类经济、金融为什么有脱实向虚的趋势，还有一些更深层次的原因，包括宏观经济政策等方面。① 今天人类面临的很多重大问题，包括经济结构的失衡、金融风险、金融危机、实体经济增速下降、劳动生产率增速下降、贫富悬殊加剧、社会矛盾不断尖锐等，都和经济出现的脱实向虚趋势有极大的关系。

全球性的金融投机或脱实向虚最典型的例子就是以华尔街金融市场为代表的赌场资本主义，其具有赌场一般的高投机性和风险性。很多人相信，华尔街的赌场资本主义是导致 2008 年全球金融危机的主要原因，说得严厉一点就是罪魁祸首。2008 年金融危机爆发之后，德国总理默克尔就严厉地批评华尔街是赌场资本主义。默克尔认为，华尔街这种赌场资本主义引发了过度的投机，最终造成金融危机，给全球带来巨大的灾难。美国经济领域里有很多大佬级的人物，也经常批评华尔街的赌场资本主义，例如巴菲特就多次说这种资本主义是美国经济乃至全球经济的一个毒瘤。

在 21 世纪初期，衍生金融工具非常火爆。当时美国有一种很著名的衍生金融工具叫作信用违约掉期（CDS），它在美国的交易量达到了 62 万亿美元。巴菲特在 2003 年就

---

① 如果想深入了解这些原因，建议阅读我的另一本书《新资本论》，已由中信出版集团出版。

警告说，CDS 是美国金融体系的一个定时炸弹，它一旦爆炸，就会把美国整个金融体系乃至全球金融体系炸毁，后果不堪设想。果不其然，2007 年次贷危机爆发，2008 年华尔街爆发的金融海啸席卷全球。2011 年出现了"占领华尔街"运动，数千名示威者聚集在华尔街抗议示威，抗议华尔街这种极度贪婪的赌场资本主义，抗议他们制造金融泡沫，操纵金融市场，最终引发金融危机，给普通劳动者带来了巨大的损失。

华尔街的赌场资本主义，具体表现在两个方面，每一个方面都有很多甚至无限多的操作办法。

第一是大量与实体经济无关的金融活动。这种表现不只在华尔街上有，在全世界都有。所谓的脱实向虚，就是金融机构的金融活动往往成了一种自娱自乐、自我循环、自我膨胀。比如华尔街最初发明的利率掉期——两个主体约定双方在规定时间内的一系列节点上按约定交换借款，本金相同，但双方选择的利率不同，一方是固定利率，另一方是浮动利率。初期看起来好像是为实体经济的企业创造了一个避险工具，双方可以按照各自预期提前约定利率方式，但其实最后这些避险工具完全脱离了企业的实际需要，成了一种真正的投机性的金融工具。

除此以外，还有过度的金融资产的证券化。20 世纪 90 年代到 21 世纪初期，美国的资产证券化过度发展，比如

CDS[2]，即把证券化的资产再一次进行证券化，甚至多次打包、多次证券化，不断地进行包装、分割。最后可以把一堆垃圾资产包装成比黄金还要贵的资产。他们创造了很多方法，如量化交易、高频交易、算法交易等，一般人完全不明白它们的具体作用。所以华尔街有句话说，"如果你还能搞明白你在干什么，你每年可能只能赚 5 万美元，如果你已经搞不明白你在干什么的话，那么你一年就可能赚500 万美元，甚至更多。"这句话其实刻画出了华尔街赌场资本主义的本质特征，也就是金融产品跟实体经济已经失去了联系。

扩展到全球范围，外汇买卖相关的衍生金融产品的交易量每天可以达到 5 万亿美元，每年可以达到 800 万亿美元，甚至 1 000 万亿美元。但实际上，全球每年真实的贸易量只有 20 万亿美元。这些衍生金融工具与实体经济严重脱节。

第二是公开地操纵市场。操纵市场的办法变化多端、高深莫测。华尔街可以通过操纵利率、汇率、股价，以及买空卖空等各种方式，制造各种虚假信息来获取暴利。当中最著名的案例就是 2008 年金融危机之后，全球有很多银行曾经因为在市场上操纵利率被各国中央银行，特别是被美联储、英格兰银行开出巨额罚单，每次罚款都是数十亿甚至数百亿美元，这些银行也都是耳熟能详、如雷贯耳的大银行，例如摩根大通、汇丰、花旗、瑞银等，它们每年通过操控利率赚得巨额利润，虽然被罚了上百亿美元，但实际上它们历年通过操纵利率赚了多少钱，一般人并不知道。

华尔街的一些金融机构还会相互勾结起来，为自身的利益操纵市场。最臭名昭著的就是华尔街的信用评级机构穆迪、标准普尔。当年它们和一些投资银行勾结起来，把那些所谓的证券化资产的产品评级定为 AAA。这些所谓的资产证券化的产品，就成了后来引发金融危机的主要罪魁祸首之一。

自 2008 年金融危机爆发起，如何防范、遏制过度的金融投机成为一个全球性的大问题。但在对这个问题的解决上，各国的意见存在着严重的分歧。

比如，美国在奥巴马（民主党）执政期间就通过了《多德–弗兰克法案》，以改革华尔街的金融体系，其核心就是要对金融监管进行改革，这项改革严格地限定商业银行、投资银行和金融机构的业务范围，特别是禁止金融机构利用客户的资金去进行金融投机，这个法案据说长达上千页。但特朗普（共和党）上台之后，又在某种程度上放松了对华尔街的监管。

又如德国一直反对金融投机，所以希望在全世界范围之内，对衍生金融产品以及对冲基金实行严格的监管，但是以美国和英国为首的国家就坚决反对，或者至少是不太愿意。为什么分歧这么大？当然跟国家利益有关，或者说跟既得利益团体的利益有关。

第一个原因是这些衍生金融工具主要在伦敦、纽约交易，如果进行严格的限制、监管，对伦敦、纽约作为金融中心的地位是很不利的。

第二个原因是既得利益集团的势力非常强大，华尔街和华盛顿其实在历史上具有紧密的联系。华尔街的"金融大鳄"在华盛顿有着非常庞大的院外游说集团，能够替华尔街游说政府，给华尔街更好的政策以及更宽松的空间。实际上全球的金融集团，特别是以美国为首的这些大金融集团，已经形成了一个庞大的全球性既得利益集团，其中又以犹太金融集团的势力最为强大。

第三个原因是精英主义和民粹主义之间的矛盾愈演愈烈，华尔街金融巨头和美国普通老百姓之间的矛盾愈演愈烈。特朗普之所以能够当选美国总统，就是成功地利用了这种矛盾，这种矛盾不可能在短时间内得到很好的调和。

美国如此，世界各国如此，中国也是如此。所以未来我们需要遏制过度的金融投机，要防止经济脱实向虚，这既是一个全球性的难题，也是一个突出的社会问题、政治问题、经济问题、金融问题。如何解决这个问题？还需要进行理论创新，想出各种政策手段，特别是在制度体制、机制方面进行深刻的变革。

金融如何更好地服务实体经济

党和政府反复强调金融要回归本源、回归本质，这个本源和本质就是实体经济。

简单来说，实体经济是指财富的产生经过了一个物理和化学的转化过程。例如，餐馆就是典型的实体经济，开餐馆需要炒菜、做饭，要把食材变成各种美味佳肴才能卖出去赚钱，做手机也是实体经济，需要加工各种原材料，研发各种软件、硬件，最后才能组合成一部手机。

而和实体经济相对的虚拟经济是指单纯依靠资产的价格变化来赚钱的经济活动。金融从某种程度上来说比较接近这种虚拟经济活动，因为它不直接参与物理和化学转化的财富创造过程，它也可以说是一种中介服务。

我们可以设想两种极端的情况，第一种极端的情况是这个社会完全没有虚拟经济，我们所有的财富创造过程都需要通过物理和化学的物质转换过程。如果出现了这样的极端情况，金融将不会存在，整个经济活动的活跃程度也会下降到一个很低的水平。在改革开放之前，中国的情况比较接近这种设想，当时没有什么金融活动，货币只在极小的范围之内使用。另一种极端情况是大家都不从事实体经济的产业，都去投机、玩金融，这样整个财富的创造活动也会完全停顿。

虚拟经济过度发展，实体经济发展不足；反之，假如虚拟经济不发达，实体经济也发展不起来。实体经济和虚拟经济就好像鱼和水的关系，相伴相生、缺一不可，所以我们需要在两者之间维持一个微妙的平衡。

不过今天从全球范围来讲，确实存在虚拟经济发展过度的情况，虚拟经济的发展已经超过实体经济。全世界都在讨论脱实向虚的问题，为了更好地把握金融的本质，让金融回归实体经济，有 4 个方面是非常重要的。

第一个方面，要尽量想办法让金融资源不脱离实体经济。现在有很多金融机构实际上是在做"二道贩子"，它们以低成本从银行拿到资金，转手就贷给其他实体企业，从中间再收一道手续费，实际上这变相加大了很多企业的融资成本。所以相关部门需要从政策、监管上采取措施，尽可能减少金融服务的各种中间环节，减少二道贩子的生存空间，让金融服务和金融产品直接针对实体企业和个人创业者。

第二个方面，完善监管措施，尽可能防止资金在金融体系内部循环。现在有很多的资金并没有流入实体经济，只是在金融体系内部循环。例如一家银行发行一个债券，购买者是其他金融机构，通过货币市场，大家相互拆借。金融机构之间买来买去，赚取中间的差价，就把资金的成本推得越来越高，最后成本只会转嫁到实体经济的企业身上，企业的盈利能力、收入就必然会受到压制。

第三个方面，慎重发展衍生金融工具。衍生工具曾经像脱缰的野马一样引发过度的投机，最终对实体经济造成了巨大的伤害。所以金融监管应该仔细地甄别所有的衍生工具，判断哪些是真正对实体经济有帮助的衍生工具。20世纪 70 年代，美国经济学家、诺贝尔经济学奖得主詹姆斯·托宾就曾建议对跨境炒作衍生金融工具的资金征税，后来有人把这个税称为托宾税。虽然托宾税并没有实施，但仍有一些国家在考虑利用税收的手段来限制金融衍生工具的发展。

第四个方面，严格监管上市公司的资金使用。有机构做过统计，在过去十多年里，上市公司通过 IPO、定向增发、圈钱共计获得约 10 万亿元资金，其中有相当一部分并没有被用于主业经营，而是用于搞投机炒作。所以我们要更加严格地监管上市公司，防止上市公司利用客户、投资者的资金去进行金融炒作。除此以外，我们对于企业的杠杆率也应该实施一定程度的监管，控制企业的负债。现在很多企业热衷于资本运作、金融的运作等，不去做真正的实体经济，慢慢形成庞大的金融控股集团。所以我们经常说的"某某系"，其实都是金融杠杆操作的结果。这些金融杠杆的操作实际上形成了过度的负债，这在本质上就会演变成一种金融危机。

除了这四个方面以外，政府自身也不应该过度强调金融的发展。过去这些年，有很多地方政府把"金融业的附加值占 GDP 的比重"列为政府的重要业绩考核指标，这可能适用于深圳、上海等一线城市，但是并不代表每个地方政府都应该把金融放在头等重要的位置。客观上，这样的指标会助长一些地方想方设法做金融服务，脱离实际，例如兴起的基金小镇、私募小镇等。

所以，要想真正实现金融的本质，让金融回归本源，更好地服务实体经济，在监管政策、服务政策、发展战略等重要领域，都应该做出相应的调整。

后　记

如何利用金融来创造更好的社会

这个题目其实借用了 2013 年诺贝尔经济学奖得主罗伯特·席勒教授的一本书的名字——《金融与好的社会》。

2008 年金融海啸后，很多人对金融产生了厌恶和愤怒的情绪，以华尔街为代表的金融业变成了贪婪、投机、赌博、灾难的代名词。罗伯特·席勒撰写这本书的目的就是希望为金融正名。虽然大家都不喜欢金融危机，金融危机也确实给个人、企业和国家造成了巨大损失，但是毫无疑问，如果没有金融，人类的经济、社会也不可能发展到今天的水平。

在中国，金融也需要被正名。在十多年前，国家高层就说过，银行把企业当"唐僧肉"任意宰割，普通百姓对于银行、金融也特别不满。

回顾历史，人们对金融的负面看法有着深远的根源。例如，基督教长期禁止收取利息；但丁《神曲》中的第八层地狱就是留给放高利贷的人的；莎士比亚著名的戏剧《威尼斯商人》其实讽刺的就是犹太金融家的贪婪；列宁也认为金融资本和产业资本勾结在一起，就会形成垄断资本主义，这必然意味着战争、对外扩张殖民等；很多金融大亨在世界各国都被认为是社会不公平、不正义的主要制造者。

这些负面的看法不无道理，但是也存在着对金融的很多误解。罗伯特·席勒的这本书是希望让人们从更加理性或者更加平衡的观点来看待金融，认识金融在经济、社会发展中起到的重要的历史作用。展望未来，我们如果希望构建一个更美好的社会，就需要更好地研究、发挥金融的功能。

那么金融如何能帮助我们创造更美好的社会？

第一，金融永远是我们实现资源有效配置最重要、最根本的手段。只有通过金融手段才能实现资源的有效配置，以及财富的持续增长，才能保障我们每个人的就业，保障每个家庭的收入持续增长，才能让我们拥有美好的生活。

今天，中国的资源配置是非常不平衡的，甚至可以说是严重失衡。例如，广大农民获得的资金和信用资源非常少；中小微企业始终面临融资难、融资贵的问题；大量年轻有为的人才希望创业，但是找不到创业的资金；很多欠发达地区或边远地区急需发展，但是资金往往流不到这些地方等。

当然，通过财政转移、税收优惠等手段能解决一部分问题，但从根本上来讲，最主要的手段就是充分地利用金融工具，特别是金融科技的手段，帮助实现金融的普惠化、个性化、精细化、智能化。金融帮助我们构建美好的社会，首先是帮助我们实现资源有效配置，解决就业，促进财富的持续增长。

第二，通过金融的普惠化能实现社会的公平正义。一个美好的社会，不仅财富要持续地增长，更重要的是财富分配要相对公平。实际上，社会上的抱怨和不满很大程度都是来源于财富分配的不合理，由于收入差距的日益扩大，很多人产生了仇富心理。这种情况不仅在中国存在，在全世界每个国家都存在。贫富悬殊或收入差距和金融也有非常密切的关系。

金融投机是造成收入差距扩大的一个很重要的原因。而通过新的手段实现金融的普惠化，让每个人、让欠发达地区，让中小微企业都能得到很好的金融服务，可以缓解收入差距扩大的局面，让每个老百姓有更多的获得感和幸福感。政府正在努力实施的精准扶贫战略在很大程度上也要依靠金融工具来帮助实现。

第三，创新金融产品和服务来降低我们对未来生活的不确定性。为什么大家对生活有焦虑感？为什么老是觉得不安心，对未来彷徨？因为我们的人生本来就是不确定的。金融工具可以有效地帮助我们降低这种不确定性，降低我们对未来生活的担心，让未来子女教育、就业、结婚以及我们的退休生活有一些基本的保障。

全世界很多国家都在努力完善社会保障体系，当中最重要的就是利用金融手段，包括政府的保险保障体系、企业年金、商业保险等方式来提供更好的保障。

从这三个方面来看，金融是建设一个富足、和谐、安康的社会的必要工具。现在金融面临的问题不是产品太多，而是结构不合理。所以面向未来，金融服务需要从结构方面进行大调整，最核心的还是要努力实现金融的普惠化，尽量让每个人都能享受到金融服务。同时，我们还要努力进行金融创新，设计更好的产品，以满足每个人、每个家庭切身的金融需求。